换个角度
看人生
世界更美好

每一次流泪，都是一次成长

马利 编著

内蒙古出版集团　远方出版社

图书在版编目　　　数据

每一次流泪，都是一次成长／马利编著. --呼和浩特：远方出版社，2014.8

ISBN 978-7-5555-0215-9

Ⅰ.①每… Ⅱ.①马… Ⅲ.①成功心理-通俗读物
Ⅳ.①B848-49

中国版本图书馆 CIP 数据核字（2014）第 153779 号

每一次流泪，都是一次成长

著　　者　马　利
责任编辑　胡丽娟
装帧设计　柏拉图
出版发行　内蒙古出版集团　远方出版社
社　　址　呼和浩特市乌兰察布东路 666 号
　　　　　（电话：0471-2236466 邮编：010010）
经　　销　新华书店
印　　刷　北京毅峰迅捷印刷有限公司
开　　本　880mm×1230mm　1/16
字　　数　220 千
印　　张　16
版　　次　2014 年 9 月第 1 版
印　　次　2014 年 9 月第 1 次印刷
印　　数　1—6500 册
标准书号　ISBN 978-7-5555-0215-9
定　　价　29.80 元

前言

有人说人生如棋，其实这是很不确切的。因为弈棋双方是平等的，子力相当，规则也对双方都有效。而人生就不同了，首先起跑线可能不同，条件也不同，你可能会比别人少一个马甚至少一个车，这些我们无法选择。但是，这也不意味着我们一定会输。因为我们完全可以选择自己的生活态度，选择自己的成长与成功之路。一个人有什么样的心态，有什么样的选择，就会有什么样的人生。

芸芸众生，尤如蝼蚁一般，一生都匍匐在大地上劳作，备受折磨，如学业不顺、婚姻破裂、事业失败……即使你一切都称心如意，没有任何坎坷，也终会受到最大的考验——死亡。在面对种种磨难和折磨时，有些人听天由命，最后平庸度过一生。但也有些人，他们不向生命妥协，他们超越了一切，每天都过得快乐、幸福，并将这种情感传染给身边的每一个人，甚至世界的每一个角落。每一个人都要遇到挫折，挫折是成功的必经之路，挫折让强者更强、弱者更弱。一个人如果积极进取，喜欢挑战，自信乐观，那他就成功了一半。法国启蒙思想家卢梭说过："在我一生中的苦难日子里，我却始终满怀温馨、感人、甜美的情感，这些情感为我悲痛的心灵的创伤抹上香膏，仿佛将痛苦化为快感。"是的，人不经过挫折，怎知道生之艰难？不经过创伤，怎知道命运之真谛？只有当生命与苦难结缘，才知道苦难其实也是一笔丰厚的财富。

成功，是从不断的挫折和失败中建立起来的，它不仅是一种结果，而且是一种不怕失败、在磨难中永不屈服的能力。生命是一次次的蜕变过程，唯有经历各种各样的折磨，才能使人生得到升华。如果你已是一个成功者，只要回想一下，就会发现真正促使你进步、成功的，不单是你自己的优越条件，不单是朋友和亲人的鼓励，更多的时候，是生命中那些折磨过你的人激发了你的潜能，促使你不断进步。因此，你应该感谢那些折磨你的人，不管他们是善意的还是恶意的，他们在折磨你的同时，也成全了你，正是他们让你成长、成熟、成功。

我们生活在感恩的世界里。“感谢折磨你的人”正是这样一个哲学命题。感谢折磨你的人，关键不在于受到什么折磨，而是被折磨之后得到什么。在本书中，引用了许多名人在他们生活的年代里饱受苦难、最终成就多姿人生的案例，给读者带来意料之外又属情理之中的人生领悟；阐述了“物竞天择，适者生存”的自然法则，充分说明人是在种种“折磨”中磨炼出来的“宇宙精灵”，生命中的每件事或每个人都给我们一个提升能量、演进自己、使自己向更高和更远处发展的机会。并试图以此来激励读者，不要惧怕挫折和抱怨苦难，为了心中的那份执着你可以更勇敢；不要丧失信心，不要轻言放弃，只要你的心中梦想尚存。怀着感恩之心坚定前行吧，一定能让你登上人生辉煌之巅！

每一次流泪，都是一次成长

目录 CONTENTS

第一章　生活并不完美，我依然快乐

第一节　活在当下 / 002

1. 感恩生活，善待每一天 / 002

2. 内心选择幸福，人生才会阳光明媚 / 005

3. 适者生存，积极适应环境 / 007

4. 走出失败的阴影 / 010

5. 努力做好今天的功课 / 013

第二节　活出全新的自己 / 016

1. 你不勇敢，没人替你坚强 / 016

2. 追求美，但不苛求完美 / 019

3. 用心感知，就能看到世界 / 021
4. 自己选择的路，跪着也要走下去 / 025
5. 相信自己是个强者 / 028
6. 坚持，撞到南墙也不回头 / 031

第二章　日子越难过，越要好好过

第一节　在苦难中成长 / 036
1. “吃苦”是人生的第一课 / 036
2. 穷人的孩子早成才 / 039
3. 日子越难过，越要好好过 / 043
4. 超越人生的苦难 / 046

第二节　培养不怕吃苦的精神 / 049
1. 主动用苦难磨炼自己 / 049
2. 穷养儿子富养女的启示 / 053
3. 征服苦难需要勇气和能力 / 056
4. 用苦难铸就优良品质 / 058

第三章　敞开胸怀，直面心灵折磨

第一节　近人情 / 062

1. 人情不是“关” / 062

2. 尊重他人是对生命的一种感恩 / 065

3. 拆除冷漠的心墙，心灵便充满阳光 / 067

4. 理解是座“舒心桥” / 069

5. 放开胸怀，得到的是整个世界 / 072

6. 记住别人的好处，忘记别人的坏处 / 074

第二节　因为爱 / 077

1. 爱的种子撒在哪里，哪里就会开花 / 077

2. 感恩父爱 / 080

3. 失恋是成长的一门功课 / 084

4. 为了爱，彼此多担待点 / 087

5. 真爱就在平平淡淡中 / 090

第四章 伟大的成功，来自伟大的敌人

第一节 宽忍的力量 / 096

1. 宽容比怨恨更具威力 / 096
2. 邀千百人之欢，不如释一人之怨 / 099
3. 多一个朋友不如少一个敌人 / 102
4. 嫉恨是万劫之源 / 105
5. 以德报怨，把伤害留给自己 / 107

第二节 有竞争才有进步 / 110

1. 没有敌人比没有朋友更可怕 / 110
2. 把对手当成最好的老师 / 113
3. 化敌为友，多为自己开条路 / 115
4. 学会与对手合作 / 117

第五章　心怀感恩，“磨”才有意义

第一节　“磨”的力量 / 122

1. 玉不琢不成器，人不磨不成才 / 122

2. 一切磨难都是为了让我们更强大 / 124

3. 把自己切磨成一颗钻石 / 127

4. 人生要经得起折磨 / 130

5. 在磨难中看到恩赐 / 132

第二节　学会感恩 / 136

1. 感恩无处不在 / 136

2. 感恩的力量 / 139

3. 帮助别人等于帮助自己 / 141

4. 在宽容中学会长大 / 144

5. 懂得感恩，“磨”便有价值 / 147

第六章　别抱怨工作，让工作成为乐趣

第一节　做事先做人 / 150

1. 立德方能立身 / 150

2. 人在屋檐下，该低头时便低头 / 152

3. 别总认为自己“怀才不遇” / 154

4. 当不了领头羊，就先躲在羊群里 / 157

第二节　多琢磨事，少琢磨人 / 160

1. 以责人之心责己 / 160

2. 老实做人，聪明做事 / 162

3. 职场没有绝对的公平 / 164

第三节　做更多的事，做更强的人 / 167

1. 和自己的工作谈一场恋爱 / 167

2. 压力越大，承受力越强 / 170

3. 感谢斥责你的人 / 172

4. 为自己工作 / 175
5. 让自己沸腾 / 178

第七章 攥紧双手，命运就掌握在自己手中

第一节 命运由自己掌控 / 182
1. 你就是自己的上帝 / 182
2. 坚守自己的信念 / 185
3. 自救永远胜于他救 / 188
4. 打好自己手中的牌 / 189

第二节 创造机遇 / 193
1. 命运，无法预言 / 193
2. 做好失败的心理准备 / 195
3. 命运不是机遇，而是选择 / 198
4. 行动创造机遇 / 200
5. 改造命运，活出自尊 / 204

第八章　会被嘲笑的梦想，才有实现的价值

第一节　天生我材必有用 / 208

1. 志当存高远 / 208

2. 坚持，哪怕只是小小的理想 / 211

3. 欲望是人生的发动机 / 214

4. 把梦想交给自己 / 217

第二节　你的未来不是梦 / 219

1. 把希望化为前进的力量 / 219

2. 永不放弃梦想 / 222

3. 抵达罗马的路只有一条 / 224

4. 总有一条道路适合你 / 227

第三节　看淡得失，去留无意 / 230

1. 不要跑丢了自己的灵魂 / 230

2. 看淡人生得失 / 233

3. 功过是非都付笑谈中 / 234

第一章　生活并不完美，我依然快乐

拥有过的东西会失去，想追求的还那么遥远，生活总是让我们饱尝悲欢离合、成败得失的滋味。

生活不完美，但依旧很美。对生活心怀感恩，我们才会快乐，并从中磨砺自己的心志，增长自己的才干和智慧，丰富生活的底蕴，生命将因此而充满灿烂的阳光。

第一节 活在当下

1. 感恩生活，善待每一天

人都有这样一个特点，就是总想比别人富有，总想比别人过得好。然而，自己有了车，别人却有了好车；自己有了房，别人却有了两套房；自己有了楼房，别人却有了别墅……人不能没有欲望，但是，欲望应该是有限的。城里人一个个活得像骆驼，最后一根稻草也会把自己压垮。所以，很多人有时活得很累，不知为啥活着，不知道怎样活着，更不知道要如何活着才对得起自己的一生。

其实，生活应归属于快乐，而不是嘈杂与烦乱，用一颗平常的心看待得失荣辱，让生命的真实在希冀中获得一次畅快的呼吸，就是充实而幸福的生活。

甘地夫人说："当一个人只有很有限的时间供自己支配时，他自然会花在最需要的地方。"

约翰下班回到家已经很晚了，他的工作压力很大，心里也有点烦，他想休息一下，而这时，他发现自己5岁的儿子正靠在门旁等他。

"你有事吗，儿子？""爸爸，我可以问你一个问题吗？""什么问题？"

“爸爸，你一小时可以赚多少钱?”“为什么问这个问题?”约翰问道。“我只是想知道，请告诉我，你一小时能赚多少钱?”儿子哀求道。“我一小时赚20美元，这有什么问题吗?”约翰没好气地说。“哦，”儿子低下头，接着又说，“爸爸，可以借我10美元吗?”约翰有些生气了：“别想拿钱去买那些毫无意义的玩具，给我回到你的房间并上床去。你为什么这么自私呢？我每天都在辛苦地工作，这你根本无法体会，我没有时间和你玩小孩子的游戏!”

儿子安静地回到自己的房间并关上门，约翰生气地坐在客厅里。过了一会儿，他心里平静了下来，觉得刚才对儿子太凶了——或许儿子真的很想买什么东西，再说他平时很少要钱。

约翰走进儿子的房间，发现儿子正躺在床上。他悄悄地问道：“你睡了吗，孩子?”“爸爸，还没，我还醒着。”儿子回答。“对不起，我刚才对你太凶了。”父亲边说边把钱递给孩子，“这是你要的10美元。”“爸爸，谢谢你。”儿子欢叫着从枕头下面拿出一些被弄皱的钞票，慢慢地数着。“你已经有钱了，为什么还要?”约翰又有些生气了，他不知道这个孩子今天是怎么了。

“因为在这之前不够，但我现在够了。”儿子回答道，“爸爸，我现在有20美元了，我可以向你买一个小时的时间吗？明天请早一点回家——我想和你一起吃晚餐。这是我盼望已久的事情，可以吗?”

为什么一个孩子能把与父亲一起吃晚餐看作是最重要的事呢？因为孩子的心灵是洁净的，没有世事纷扰，只有最纯粹的快乐。

凡夫俗子的生命是一团欲望，欲望得不到满足时痛苦，满足后又无聊，人生就在痛苦和无聊中摇摆不定。如今的社会太现实、太残酷，我们要工作，要挣钱，更要吃饭，要为物质而活着。我们的一生似乎都在应付吃、穿、住、行，生、老、病、死，在为满足自己的欲望不停地拼搏着，为的是谋一份稳定的职位，每月拿着固定的工资，每周有充裕的休闲时间，和喜欢的人去吃饭，和所爱的人过舒适的生活，顺顺当当地奔上小康，顺理成章地结婚生子养育下一代……这确实是一种不错的生活，但过上了之后，我们依然有抱怨、有烦恼。这是因为，我们很多时候把为自己活着放在第一位，为自己的欲望活着，活着就很累。但每当某种欲望得到满足的时候，那种欣喜的满足感又成了我们活着的重要动力。这是我们人生的一个误区。

那到底要怎样活，才能无愧于自己呢？也许每个人的回答都不尽相同，因为各有各的人生，各有各的活法，各人有各人的领悟。

不管你的回答是什么，你都应学会善待自己。只有善待自己，才能让自己过得好一些，才能让生活丰富一些。活着就要快乐，活着就要有活着的意义，活着就是一种幸福，不是吗？

但我们总是妒忌别人，谁谁赚钱怎么那么容易，谁谁运气怎么那么好，谁谁占了便宜……其实，我们都不愿意承认，自己的不幸，往往是因为自己懒惰、怯懦、贪图享乐、患得患失、意志薄弱。因此，我们要设法让自己适应现状，而不是设法让一切适应自己的欲望。

著名的盲人女作家海伦·凯勒自小就树立了“善待每一天”的生活理念，她从不为自己身处逆境而气馁、烦恼、颓废，相反，她自感每天都活得很“滋润”。

海伦·凯勒在《假如给我三天光明》中说“我们要感恩生活，善待每一天”。这位盲人作家设想了她如果有三天的视力将如何支配的实施方案。她说，她要看那些老师和朋友的脸，要到树林中散步，看黑夜如何变成白昼，要参观艺术博物馆，通过艺术的欣赏来探索人类的灵魂，最后还要看看世俗人们的活法。海伦·凯勒将视觉当作让生命更加充实的手段，虽说她几乎是先天性地失去了这一“手段”，但是，因为她“感恩生活，善待每一天”，所以，自感“内心总是一个光明的世界”。

生命是一段匆匆而过的旅程，只有把握好每一天，像海伦·凯勒那样善待每一天，让生活充满欢声和笑语，充满爱心和情趣，充满遐想和回味，才能让自己不枉此生，才能拥有一个实实在在的美好人生。

我们要感谢上苍赐予的一切，顺其自然地接受自己的家庭、事业与运道，并使自己适应它们。我们要为每一天而照顾自己的身体，要锻炼它、爱护它、滋养它，不滥用它，也不漠视它，使它成为一部完美的“机器”，以供我们差遣……

生活中有些快乐的秘诀并不在于努力地从 A 点走到 B 点，而取决于能否在路途中找到其他的点。这样，我们就会发现，我们正在进行的人生之旅是如此神奇。

不要害怕去探索未知的领域。如果迷了路，我们也许会发现生活中最有趣的东西。

我们还应该尝试那些从未走过或也许只能走一次的道路。生活不是我们要遵循的旅行指南，而是我们要进行的探险之旅。

所以，我们要心怀感恩，寻求每一天的充实，活得开心快乐，时常告诫自己：人生短暂，不要虚度。因为我们来到了这个世界，就得完成自己的人生使命。

2. 内心选择幸福，人生才会阳光明媚

许多人总觉得活得很累、很窝囊，并将主要原因归结为外界的客观因素。面对人生失败的困境，屡遭挫折的煎熬，失魂落魄的无助，往往推诿为自己没有出身于一个好家庭，没有考上一所好大学，没有一份适合自己的好工作，没有找到一个好配偶等，对自己的冷漠、无知、懒惰、迷茫、软弱、轻视等消极心态熟视无睹。

其实，每一种折磨或挫折都隐藏着让人成功的种子。著名文学家狄更斯曾说：“拥有好心态，比拥有一百种智慧更有力量。”这句话向我们揭示了一个真理：有什么样的心态，就有什么样的人生！遭遇折磨，更要保持好心态，不要让不良的心态毁了自己。危机不一定就是死路一条，想想好的方面，说不定就能把危机转化成机遇。如果一个人遇到了磨难就屈服，

他只能被磨难击垮，磨难也就会永远是磨难了。

所谓幸福的人，是只记得自己生活中满足之事的人；而所谓不幸的人，是只记得生活中不如意之事的人。做幸福的人真的很简单，从内心选择幸福，人生就能够阳光明媚。

有一幅摄影作品叫《风雨中》，看后令人赞叹不已。

在风雨中，男人踩着人力车艰难地运货，女人拖着残疾的身子为男人分担劳苦，让人不由生出"贫贱夫妻百事哀"的感慨。可是，透过雨帘，我们却看到了他们的笑意。若没有一颗感恩的心，如何能够做到于此种处境之下不抱怨、不愁苦，反将笑容挂在嘴角？是的，男人为了他们的生活是这样能吃苦，已经让女人感激上天赐给她一个这么好的伴侣了，更何况他在吃力的当儿尚不忘记挂念着她，回头关注她的状况。男人为生活所迫在恶劣的天气下还不得不辛勤劳作，他的女人拄着拐杖用足了劲帮他推车，他的心里怎能不暖融融的，怎能不欣慰于风雨路上有她相伴呢？

由此可见，幸福的感觉不是由外在的条件决定的，关键在于我们有没有一颗感恩的心。

想想我们得到过的爱，哪怕它并不多；想想亲人、朋友，甚至是不相干的人，为我们做过的事，哪怕它只是举手之劳；想想早晨扑面而来的清新的空气，想想拂过我们额前发丝的调皮的风……我们有什么理由不感谢生活？拥有一颗感恩的心，你会平和面对动荡不安，积极应付挫折困难，于寒冬里感受暖意，在风雨中体会幸福。贫苦与快不快乐没有必然的关系，一个不懂得对生活感恩的人，即使家财万贯，他仍是个贫穷的人；懂得感恩并知恩报恩的人，才是天下最富有的人。

因为快感和痛感是肉体感觉，快乐和痛苦是心理现象，而幸福和苦难则仅仅属于灵魂。幸福是灵魂的叹息和歌唱，苦难是灵魂的呻吟和抗议，在两者中凸显的是对生命意义的或正或负的强烈体验。

没有人能完全支配自己在世间的遭遇，因为其中充满着偶然性；又因为偶然性的不同，每个人的运气有好有坏。有的人运气特别好，有的人运气特别坏，大多数人则介于中间，不太好也不太坏。谁都不愿意运气特别坏，但是，运气特别好，太容易就得到想要的一切，是否就一定好？恐怕未必。得到的东西是看得见的，但可能因此失去了虽然看不见却更宝贵的东西。

运气好与坏并不等同于是否幸福。一个人唯有经历过磨难，对人生有了深刻的体验，灵魂才会变得丰富，而这才是幸福的最重要源泉。如此看来，我们一生中既有运气好的时候，也有运气坏的时候，无论何时都可以去感受幸福。现实中的幸福，应是幸运与不幸按适当比例的结合。

多数时候，我们生活在外部世界中，忙于琐碎的日常生活，忙于工作、交际和娱乐，难得有时间想一想自己，想一想人生。可是，当我们遇到突如其来的灾难时，我们忙碌的身子一下子停了下来。灾难打断了我们所习惯的生活，同时也提供了一个机会，迫使我们与外界事物拉开一定距离，回归到真实的自己。只要我们善于利用这个机会，勤于思考，就会对人生有一种新的体验，为自己设计出一个全新的人生方案。

在设计一个完美的人生方案时，你不妨海阔天空地遐想。倘若你是一个智者，你就会知道，最美妙的好运也不该排除苦难，最耀眼的绚烂也要归于平淡。原来，完美是以不完美为材料的，圆满是必须包含缺憾的。最后你会发现，上帝为每个人设计的方案无须更改，重要的是能够体悟其中的意蕴。

一个历尽坎坷却仍然热爱人生的人，胸中一定藏着许多从痛苦中提炼的珍宝。

3. 适者生存，积极适应环境

任何人都离不开具体环境而生活。“物竞天择，适者生存”，这是自然界生物进化的基本规律。在这个极速变化、充满竞争的时代，如果你能适应这种变局，你就是生活的强者；反之，就会面临巨大的危险。

有一部关于熊猫和北极熊的电视片，讲述了熊猫与北极熊演化的故事。熊猫和北极熊有共同的祖先，由于气候变化，同一祖先的熊，一批移到中国四川的温带地区，另一批移到北极的寒带地区。按一般逻辑，进入寒带地区的熊会被冻死，进入温带地区的熊则容易活下来。结果却正好相反，由于环境好，熊猫由以前比较凶猛的物种变成了好吃懒做、濒临灭绝的动物。温带地区食物多，食肉动物也多，老虎、狮子和狼常和熊猫抢食物，熊猫抢不过它们就不吃肉了，改吃草，熊猫由此退出了竞争机制。食草动物也多，熊猫决定连草也不吃了，吃其他动物都不吃的竹子。这一下，它犯了致命错误——它选择了唯一的食物来源。当竹子越来越少时，大批的熊猫被饿死，最后全世界只剩下屈指可数的少量熊猫。而北极熊却在北极生活得很好，比当地的任何动物都更凶猛，体重也发展得比熊猫大两倍。熊本来是陆生动物，但最后能在海中游泳长达几个小时，且能捕食水中的生物。实在没东西可吃时，它还能在零下 40 摄氏度的北极冬眠。北极生存环境的恶劣，使北极熊拥有了强健的体魄和强大的生存能力。

人也是一样，凡是在艰苦环境中成长起来的人，都会比较坚强，有活力，也更能取得成功。

有个人，9 个月大时就父母双亡，他被作为战争孤儿带离越南庆和，一路漂泊来到德国汉堡。周围的一切都很陌生，他无依无靠，惶恐地啼哭，不少的好心人纷纷凑过来哄逗他。其中有对中年夫妇原本育有两个女儿，一直想再添个儿子，无意中见到他，被他清秀聪慧的模样所吸引，于是费尽周折办理好领养手续，将他带回了家。一阵阵恐惧而脆响的哭声，使他成为同批遭受不幸的孤儿中的幸运者，他是第一个被当地的人家收养的孤儿。

孩提时代，他跟着养父母乔迁到比克堡，又到了汉诺威。不论来到哪座城市，他的黄皮肤、黑眼睛都被当地孩童视为异类，令他身陷窘境，屡遭愚弄嘲笑。面对无端的嘲讽，他不反驳也不争辩，只是浅浅地笑，低头走开，默默地为自己打气。没有多少孩子愿意与他交朋友，老师担心他会因此而自卑消沉，他却若无其事地回答说：“没有朋友也并非不好，至少可以有更多的时间去学习，可以得到你们的特别关心。”孤单的境遇，并未影响他乐观友善的性格，相反让他从小就养成了自我思考、独立解决问题的习惯，拥有了一份比同龄人更沉稳超脱的心智。

19 岁时，他怀着参军护国的志向加入联邦国防军，被安排到后勤保障系统，成了一名后备卫生军官。没有士兵不想舞枪弄炮，而卫生军官主要与病人打交道，少有机会接触枪炮，因此常常被其他兵种的士兵轻视。所以，其他卫生兵都对这种安排牢骚满腹，唯独他不哀怨也不吱声，暗自在心底规划起新的前程。他下定决心要在医学领域有所作为，于是格外刻苦地钻研功课，后来以优异的成绩被选派到汉堡接受专科医生培训，并在 30 岁获得了医学博士学位。

“与其临渊羡鱼，不如退而结网”，面对“低人一等”的境遇，他没有放弃追求，而是调整了姿态，在退守中选择了一片新的天地，在新天地里编织出不一样的精彩。

在加入联邦国防军的同一年，他没有跟随其他年轻人选择加入德国最大的党派，而是悄无声息地成为中间党派自民党的一员。有朋友问他为何不加入大党，他自信满满地说：“大党与小党都是相对的，当前的小党可能就是明天的大党，而我今天在小党却能获得更多的机会。”他的判断没有错，在这个以中小企业主、自由职业者为主组成的党派里，他凭借渊博的学识、充沛的精力和横溢的才华迅速得到重用，实现了快速提升，27 岁即荣升为下萨克森州的自民党总书记，此后又任下萨克森州自民党主席、副州长。在自民党内，他的名字是平步青云的同义词。更令人惊叹的是，36 岁时他又因自民党在联邦议院选举中获得大胜而成功进入德国新一届内阁成员的名单。如果说以前所遭受的逆境、所遭遇的劣势，给他带来了比常人更多的同情，让他更早地学会了坚强，而这一次，他从小党派里脱颖而出华丽登场，则赢得了比其他内阁成员更多的关注和尊敬。

他，就是当今德国政坛最耀眼的新星——德国自民党主席、德国副总理菲利普·罗斯勒。

从越南孤儿到德国副总理，罗斯勒承受了一次次劣势环境的考验，可是他没有怨天尤人，而是怀着一颗感恩之心，积极面对，始终坚定地把握住自己，乐观地利用劣势，完成了人生的一次次跨越，成为德国最年轻的内阁成员，也是该国历史上第一位亚裔副总理。

适应社会，也叫适者生存。当下，我们身边也不乏一些这样去适应环境的人，因为见到社会上或者自己小环境中一些善于见风使舵、阿谀奉承的人“吃得开”、“爬得快”，便不由自主地和现实环境“同流合污”起来；或采取“看破红尘”、安于现状、不思进取的态度；或为求得表面上对环境的适应，不恰当地使用“心理自卫”机制，如“压抑”、“愤恨”等，将个人心态进行扭曲；还有些人在遭受挫折的环境下，采取消极悲观的态度等。而强者对待事物，不看消极的一面，只取积极的一面。如果摔了一跤，把手摔出血了，他会想：多亏没把胳膊摔断；如果遭了车祸，撞折了一条腿，他会想：大难不死，必有后福。强者把每一天都当作新生命的诞生而充满希望，尽管这一天有许多麻烦事等着他；强者又把每一天都当作生命的最后一天而倍加珍惜。

美国潜能成功学家罗宾说：“面对人生逆境或困境时所持的信念，远比任何事都来得重要。”这是因为，积极的信念和消极的信念直接影响我们的成败。美国成功学者拿破仑·希尔对于心态的意义说过这样一段话：“人与人之间只有很小的差异，但是这种很小的差异却造成了巨大的差异！很小的差异是指具备的心态是积极的还是消极的，巨大的差异就是成功和失败。”是的，一个人面对生活环境所持的心态往往决定他一生的命运，积极的心态能帮助我们获取健康、幸福和财富。

4. 走出失败的阴影

生活中我们经常听到这样的话：“如果让我回到从前，我会……”“如果以前那次我抓住了机会，我就……”你是不是觉得很熟悉？因为你也许刚刚就说过或者曾经说过。不要着急否认，其实，这没什么难为情的，因为我们每个人都曾经说过同样的话并做过同样的假设。

说这些话时，实际上人们是对生活产生了失落感。我们普遍对“失落”的认识是：“任何事情无论大小，破坏了生活及自我的某些方面，即为失落。失落不是改变，但改变通常包含失落与压迫感。”所以，与个人有关的任何改变，使个人产生负面的感受时，即称为“个人的失落”。每天的生活给予我们感动和收获，但生活绝不会始终如一地带给我们快乐和愉悦。生活有时给予我们假象和欺骗，作用于我们的身体和情绪之中，常常造成我们思想上的消极，让我们掉入失落的怪圈。

心理学家早已发现，一个人被击败，往往不是因为外界环境的阻碍，而是取决于他内心对环境的反应。

曾有人做过实验，将一只最凶猛的鲨鱼和一群热带鱼放在同一个池子里，然后用强化玻璃将它们隔开。最初，鲨鱼每天不断冲撞那块透明的玻璃，奈何无数次努力只是徒劳，它始终不能过到对面去。而实验人员每天都放一些鲫鱼在鲨鱼池子里，所以鲨鱼也没缺少猎物，只是它仍想到对面去，每天不断地冲撞那块玻璃。它试了每个角落，每次都是用尽全力，但每次都弄得伤痕累累，好几次身体破裂出血。持续了好些日子，每当玻璃出现裂痕，实验人员就马上加上一块更厚的玻璃。

后来，鲨鱼不再冲撞那块玻璃了，对那些斑斓的热带鱼也不再在意，好像它们只是墙上会动的壁画，它开始等着每天固定会出现的鲫鱼，然后用自己敏捷的本能进行狩猎。

实验到了最后的阶段，实验人员将玻璃取走，但鲨鱼却没有反应，每天仍在固定的区域游着。它不但对那些热带鱼视若无睹，甚至当那些鲫鱼逃到那边去时，它就立刻放弃追逐，说什么也不愿再过去。实验结束了，实验人员说它是海里最懦弱的鱼。

这个实验启示我们，不要因为过去的灰暗而否定未来的光明。如果不走出失败的阴影，就会被失败消磨前进的斗志，最终与成功无缘。

有的人在为成功打拼的路上，或许并不缺乏拼搏的热情，却缺乏不畏挫折、坚持到底的恒心；有的人被失败打倒后，丧失了进取心，在失败与挫折面前低下了头，弯下了腰，最终只能与失败为伍。民间谚语“一朝被蛇咬，十年怕井绳 ”，说的就是这种人。

生活中有许多这样的“假象”，你应该用怎样的态度去面对呢？

失落是一种心灵的炼狱，是对人生的一种考验。只有经得起失落考验的心灵才能顶得住世间的暴风骤雨，才能经得起人生的起伏打击。失落更是认识自我、反思自我、认识他人的一种良机。在失落中反思自己，才能更好地修正自己、提升自己，使自己获得更多、更深刻的人生启迪。

19 世纪法国著名的科幻小说家儒勒·凡尔纳最初的理想是当一名水手，环游世界，但是他的父母却做主让他去巴黎学法律。此时，他又对文学创作产生了兴趣。他于 1863 年将自己的第一部小说《气球上的五个星期》的书稿先后寄给 15 家出版社，但都被退了回来。

他很灰心：“唉！搞文学太难了！这些出版商看不起我们这样的无名作者，我再也不写了。”他想，如果自己当初好好学习法律，说不定现在已经成为大律师了。这样想着，他举起手稿，愤怒地丢向壁炉，喊道：“文学，去你的吧！”他的妻子惊叫着抢过手稿，劝解丈夫说：“你写这稿子多不容易呀！别灰心，再试一次吧。”

凡尔纳听从了妻子的劝告，抱起书稿毅然走进第 16 家出版社。这家出版社的经理赫哲尔是一个很有眼光的人。赫哲尔读完原稿，立即断定凡尔纳是一个很有才华的作家，他的作品中有一种与众不同的独特魅力。因此，赫哲尔决定马上出版凡尔纳的作品，并和凡尔纳签订了一个为期 20 年的合同。《气球上的五个星期》问世后，立即受到广大读者的欢迎。从此，凡尔纳的科幻小说风行全球。到他 77 岁去世时，凡尔纳写了 104 部科幻小说，可以说是世界上一流的多产作家。

一位哲人曾经说过：“无论发生什么事，生活仍将继续。”因此，无论遭遇过什么不幸，我们依然要保持乐观心态，只有对生活心怀感恩，我们才能保持旺盛的热情。而热情是进取的原动力，是心境的营养品。我们只要让热情始终燃烧，让自己始终处于一种兴致勃勃的状态，就会一直拥有生活中瑰丽的亮色。

5. 努力做好今天的功课

比尔·盖茨说："生活是不公平的，你要去适应它。"的确，人一出生在这个世界上就开始了不公平的一生：有的人生来长得帅，而有的人生来就一副连鬼见了都觉得自己长得不够恐怖的面孔；有的人生来就有一个如爱因斯坦般的头脑，而有的人生来就有智力缺陷；有的人由于遗传原因长得又高又大，而有的人生来就残疾……不管怎么说都已来到了这个世界，那就活下去吧。这时不公平又出现了：有的人出生在一个父母可以用黄金给他铺路的家庭，锦衣玉食；有的人却生在一个每餐吃什么、吃多少都要精打细算甚至吃了上顿没下顿的家庭……没办法，还是得活着。于是你又坚强地活了下去，但那些先前留下的不公平和后来又出现的新的不公平慢慢就充斥了你的生活：一些人没有学历、才能，却靠关系进了著名的企业、政府机关，一些人有学历、能力，却经常失业……你依然坚强地走过了几十年。不觉中你已到了不惑之年，但你不得不羡慕起了别人：有人当了局长、厅长，而你依然是个科员或普通工人；别人开的是新型宝马，而你开的依然是那辆老得就差去鉴宝节目鉴定是多少年前的自行车；别人住的是别墅小区，你住的是走两步都要被桌子擦破皮的小房子；别人天天去干自己喜欢的事，而你却成天不得不干别人指定的事情，只为了那点为数不多的薪水……这些都是生活的烦恼。

佛家常劝世人要消除世俗烦恼，"活在当下"。"当下"指的就是你现在正在做的事，你所在的地方，与你一起工作和生活的人。"活在当下"就是要你把关注的焦点集中在当下这些人、事、物上面，全心全意地去体验和投入其中。

我们身边又有多少人能够真正活在当下，感悟当下，享受当下的人生呢？

不少人都是活在过去或未来之中。一些人沉陷在追忆的生活中，为失去的风光时代在感慨，为今天的冷落而悲叹。

还有些人为过去坎坷的际遇而愤愤不平，对某事、某人至今耿耿于怀。

也有的人沉陷在对未来的想象中，杞人忧天，担心如今还强壮的身体因年老而多病，担心年老失去工作能力、经济成问题。

还有的人面对衰老的生理现象坐卧不安，甚至有的人在欲望与现实的拼搏抗争中将自己折磨得郁郁寡欢、筋疲力尽。

身心疲惫引起的心理疾病已成为困扰人类的一个严重问题。无论是活在过去还是担心未来的人，他们共有的心理疾病就是失去了当下。

库里希坡斯曾说：过去与未来并不是“存在”的东西，而是“存在过”和“可能存在”的东西。唯一“存在”的是现在。

其实活在当下就这么简单：简单的人生，没有拖累，放弃欲望的包袱。只有简单轻松，才能行走得更远、更久。

一个青年去寻访住在深山里的智者，想向他请教一些人生问题。“请问大师，人的一生中哪一天最重要？是生日还是祭日？是初恋开始的那一天，还是事业成功的那一天？”青年问。“都不是，生命中最重要的是今天。”智者不假思索地回答。“为什么？”青年甚为好奇，“今天发生了什么惊天动地的大事吗？”“今天什么事也没有发生。”“那今天重要是不是因为我的来访？”“即使今天没有任何来访者，今天仍然很重要，因为今天是我们拥有的唯一财富。昨天不论多么值得回忆和怀念，它都像沉船一样沉入海底了；明天不论多么辉煌，它都还没有到来；而今天不论多么平常、多么暗淡，它都在我们手里，由我们支配。”

青年还想问，智者收住了话头说：“在谈论今天的重要性时，我们已经浪费了我们的‘今天’，我们拥有的‘今天’已经减少了许多。”

青年若有所思地点点头，然后下山了。确实，对我们每个人来说，今天都是我们唯一的资本，也是我们唯一的机会。

哈里伯顿曾说：“怀着忧愁上床，就是背负着包袱睡觉。”人生中有93%的烦恼都不是必要的，它们只存在于自我的想象中，往往不会出现。许多人心里潜藏着一只名字叫作“烦恼”的小蚂蚁，常常放出来吃掉自己难得的快乐。

不用预支明天的烦恼，也不用想早一步解决掉明天的烦恼。明天如果有烦恼，你今天是无法解决的，每一天都有每一天的人生功课要交，最好的办法是努力做好今天的功课。

生活是不公平的，如果我们无法适应，因此怨天尤人，不敢面对现实，没有足够的勇气去接受现实的挑战，整天活在忧郁之中，那么我们等于被生活击垮了。既然如此，我们不如去思考，如何更好地去适应生活的不公。唯有适应当下的环境，才会有机会去改变自己的处境。

从前，在一座深山里住着一对夫妻。男人眼瞎了，女人腿残废了，但他们总是微笑着面对生活。春天，男人背着女人撒下种子；夏天，男人背着女人除草施肥；秋天，男人背着女人收获稻谷；冬天，男人背着女人看瑞雪纷飞。有人问他们：“生活对你们如此不公平，你们为什么还能笑得这么开心？”这时，男人说：“虽然我眼睛瞎了，但她还能看得见；虽然她不能走路了，但我还能走。笑着过也是一天，哭着过也是一天，我们何不笑着过呢？”

是啊，笑着过也是一天，哭着过也是一天，我们何不微笑着度过每一天呢？人无论遇到什么事情都不要和自己过不去，更不要走进死胡同，换种方式思考会有意想不到的效果。用感恩之心去理解、去包容、去笑纳生活给予我们的幸福与痛苦，我们才能真正理解活在当下的意义。

第二节　活出全新的自己

1. 你不勇敢，没人替你坚强

每个人对生活都满怀憧憬，至少拥有一个或几个愿望，有一个理由去坚强。

在法国一个偏僻的小镇，据传有一个特别灵验的水泉，常会出现神迹，可以医治各种疾病。有一天，一个拄着拐杖、少了一条腿的退伍军人，一跛一跛地走过镇上的马路。旁边的镇民带着同情的口吻说："可怜的家伙，难道他要向水泉祈求再有一条腿吗?"这句话被退伍军人听到了，他转过身对他们说："我不是要向水泉祈求有一条新的腿，而是要祈求他帮助我，让我没有一条腿后，也知道如何过日子。"

这位士兵为所失去的感恩，也接纳失去的事实。不管人生的得与失，都应该让自己的生命充满亮丽与光彩，不再为过去掉泪，勇敢地活出自己的精彩。

其实在我们身边，也常常可以见到一些很有勇气的人。

站在 305 米深的大峡谷面前，多数人会选择站着合影留念，可昆明小伙王佚铭却是纵身跃过去，留下一张飞跃的健姿。不久前，他的一张《飞跃大峡谷》的照片在网上疯传，无数网友被他的勇气震撼，赞叹“这是用生命在摄影”。

王佚铭说：“这底下是305米深的峡谷，当我有飞过这个峡谷的念头时，我瞬间很激动。可当我走到悬崖边观察可行性时，我的腿软了。因为我知道，这一跳稍有闪失，这就是遗照了，但我还是按下了快门，10秒的倒计时，我内心依然挣扎在悬崖边。快门声毕，我成功落地！于是，我上瘾了，这张是飞了20多次后最成功的一张！”在王佚铭的网上相册中，照片《飞跃大峡谷》惹人注目。从照片下部的三脚架阴影可以看出，这是由相机定时自拍的。

20多岁的王佚铭在9天里，经历两次死里逃生和多次意料之外的惊险时刻。这一切只为追一个梦。“太多人说羡慕我，太多人说佩服我。但其实不是你们不能像我这样跳过去，只是你们身上的包袱太重，当你们把这些包袱卸下后，梦想会带你起飞！”他说。

这个世界有太多的无奈，是生活左右了我们的行为，还是我们选择了自己的生活？是谁摆脱不了生活所赐的枷锁？是谁亦挣脱不掉现实的铁链？是谁甘心做一个为生活而生活的阶下囚？又是谁成了因生活而绝望的牺牲品？

20世纪90年代初期，路边大排档遍地开花。李君在家属区大院门口摆了一个专门卖夜市的小档口。她不怕苦不怕累，每天天快黑时，她和丈夫就开始张罗搭篷布、摆桌椅。他们有着典型的夫妻档的特色：老公掌勺，老婆招呼客人。主要的客人就是那些“夜猫子”和过路司机。辛苦一晚上，天快亮时才收摊，赚的钱虽然不多，但也足以解决温饱。两口子就这么勤勉而辛苦地工作着，既发不了家，也饿不了肚子。如同中国很多老百姓一样，他们勤勤恳恳地为了基本的生存而辛劳。

后来，李君因占道经营被工商、城管部门驱赶。稍有积蓄，只得租了门面。糟糕的是，由于她的门面被征用，饭店被迫迁址。虽然老话说“树挪死，人挪活”，但李君的饭店因为这一迁那一迁，每迁一次亏损一次，让本小利薄的生意举步维艰。然而，值得欣慰的是，她始终以乐观的心态来看待生活中的麻烦，以感恩之心对待客人。

如果一个人能够乐观地接受挑战和应付困难，他就成功了一半。机遇，往往在不经意间不期而至。不久前，火爆重庆达两年之久的麻辣香锅正式登陆柳州，而引进者就是一个重庆仔，他紧邻着李君开了一间大排档。这个重庆仔不但有傲骨而且有傲气，技术精湛但盛气凌人，所做的麻辣香锅味道独特，引得食客纷至沓来。李君见隔壁生意兴旺，不禁动起了心思。她让一个朋友去隔壁那里端来一盆麻辣香锅，品尝了味道后，打算用麻辣香锅的味道做出麻辣鱼，于是开始仿做。开始几盆，味道相差太远，夫妇俩毫不气馁，不断增减配料，掌握比例，反复调试，当做到第二十盆时，味道已经非常相似了。他们马上做了一盆，请朋友们来品尝，朋友们竞相交口称赞。于是，两人趁热打铁，赶紧推出麻辣鱼。

开始人们还将信将疑，宁可被那个重庆仔奚落也要去那边吃，但随着两口子的诚实经营和热情服务，慢慢地，人们都来李君的档口。后来常常出现李君这边人潮汹涌、重庆仔那边车马冷落的场面。重庆仔接受不了这种巨大的反差，经常在夜深人静时指着李君大骂，但李君却一笑置之。

随着生意的持续火爆，原来的大排档已经不能满足需要，李君就在不远处找了一间大的门面，正式开起了饭店。为了传承重庆人刚烈的性格并突出川菜浓烈的风味，她把店命名为“红辣椒川菜馆”。

“红辣椒川菜馆”推出伊始，就创造了当年柳州餐饮界的一个奇迹。每到饭点，食客蜂拥而至，几乎张张桌子都要翻几次台。曾经出现过两拨食客为了争一张桌子而大打出手的事例，并且惊动了110。李君这时不是担心没有客人到来，而是成天想着怎样才能接待这么多的客人。包厢和大厅容不下这么多客人，李君干脆就在人行道上也摆满桌子。每每食客汹涌，人声嘈杂，蔚为壮观。

如果只是李君一个人发财，这可能称不上传奇。看到李君大把大把地数钞票，一些聪明人开始动起了脑筋。有人说犹太人聪明，如果一个犹太人在一个地方开饭店发财了，接下来一定有人在这家饭店旁边开旅馆、开咖啡厅、开蔬菜店，甚至是开诊所或电影院，慢慢地，这里就会形成一个新的社区或集镇。而中国人呢，看到一家饭店发财了，就会出现相同形式的第二家、第三家饭店，最后就会出现饭店一条街。在李君的影响之下，静兰桥头出现了川帮麻辣鱼一条街，后来一些外省籍人士陆续加入，形成了著名的餐饮一条街。这条街红火了近 10 年之久。

生活所迫又如何，环境不好又如何，困难大又如何，这一切都需要你自己去打拼！坚强，是一个多么令人神往的字眼，只有坚强，才能勇敢地面对人生困境，创造出新生活。

2. 追求美，但不苛求完美

什么是美？这是一个古老而又永远年轻的话题。

谈到生活中的美，首先想到的就是人外表的美丑。诚然，一个面目姣好、身段优美的青年女子或者一个仪表不凡、潇洒健美的青年男子，都会从直观上给人以美的感觉和享受。大自然的美有很多种，国色天香的牡丹很美，色艳幽香的玫瑰很美，纯洁高尚的水仙花也很美，但假设一个人像这些花一样，只有外在美，而没有内在美，你还能说他（她）美吗？

既有外表的美，又有内在的美，是美的更高层次，无疑是我们所期待和欢迎的。然而，这又是可遇而不可求的。

有一个男人一辈子独身，一直在寻找一个完美的女人。

当他 70 岁的时候，有人问他："你一直在到处旅行，从这个城市到那个城市，你始终在寻找，难道你就没有找到一个完美的女人，甚至连一个也没有找到吗？"

老人变得非常悲伤，感慨地说："是的，有一次我确实碰到了一个完美的女人。"

"那么发生了什么？为什么你们不结婚呢？"

他流下了热泪，说："有什么办法呢？她也在寻找一个完美的男人。"

其实，这个世上完美的男人和女人是不存在的，刻意追求的结果只能是悲伤。

生活中许多事物也是这样，十全十美是不存在的。即使存在，这种表面的美也是肤浅的、易逝的，虽然它能暂时地、直观地取悦于人，但它不久之后便要消失。而与之相对应的深沉的、永恒的美，则闪现在人们对理想事业的执著追求之中。曾经看过这样一段话："曲线为什么比直线美？就因为它不是简单的而是有转折的、富有流动的韵味，能引导眼睛做无穷的追逐。"由此可见，人生也因为有了追求才变得美丽。

2010 年 10 月 10 日晚上，东方卫视"中国达人秀"冠军诞生，可谓众望所归，边弹边唱《You Are Beautiful》的"无臂钢琴师"刘伟夺冠。这位戴着黑框眼镜、身体孱弱、两袖空空的无臂冠军虽然没有能力接过奖杯，但在"达人秀"的舞台上，人们记住了一个用脚趾弹奏钢琴的倔强身影。刘伟在舞台上说出的每句人生座右铭都掷地有声，表演结束后，他又留下了一句闪亮的话，"至少我还有一双完美的腿"。当晚的总决赛由"中国达人秀"24 强选手和以"保罗大叔"为首的世界达人们热场，接着才是 8 强选手的比赛。

刘伟令很多明星评委不由得为他拉票助选。评委伊能静为他造势，点评说："刘伟总能传达美的部分。你的灵魂真的很美！"高晓松直接呼吁观众："希望大家能投票给刘伟。你代表了很多达人应该有的东西。"周立波则带领现场观众为刚刚在 10 月 7 日度过 23 岁生日的刘伟唱起了生日歌，全场一片感动。导演陈凯歌为冠军颁奖。

成为冠军后，刘伟面前的道路很宽阔：签约世界级经纪公司，出唱片，与其他世界达人一起赴拉斯维加斯参加演唱会……但刘伟很淡定，他说："我一直是普通人，平时不喜欢和媒体打交道，但我的一位老师告诉我，我能让身边的人对他自己的人生观有所改观。所以，如果有一天我能拥有这样的影响力，我愿意继续这么做。"

在整个参赛过程中，刘伟已经赢得了世界的关注，不仅来自英美的“达人”都一致认为他是最令人震撼的，各国媒体也纷纷对他进行了报道，称他是独一无二的。更重要的是，他身上有一种令人震撼的精神力量，他的名言已成了许多青年的座右铭，他的人生故事也能承载起“中国达人”的梦想，即“小人物，大情怀”。

在现实中，有一种美是肉眼看不见的，它隐含在每一个奋斗者的言谈举止中。他们的外表很一般，有的甚至有一些缺陷，直观上，他们似乎不能给你以美感。如果以貌择美、以貌择友，他们是无法和你相遇的。

但是，在这些人中，的确有许多不屈的奋斗者。尽管他们遭受了不同程度的挫折和打击，但他们没有消沉、气馁，而是继续用崇高的信念鼓励自己走下去，努力用自己的聪明才智创造一个美好的人生。不管成功与否，他们总是在执著地追求。在这些人身上，闪耀着一种智慧之美、纯朴之美、高尚之美！这种美，需要人们在实际工作和生活中去思索、去探讨、去发现，进而获得美的感受和美的力量！

人生总是不可能太圆满，完美是一种尽心尽力的做事态度，而不是苛求极端的行为。在外在美和内在美不可兼得时，我们更应该提倡注重追求生活中永恒的美。弘扬这种追求内在美的精神，感受这种体现在跋涉者足迹中的美的力量，只有这样，人生才是充实而有意义的。

3. 用心感知，就能看到世界

有一位摄影师，他拍出来的作品有一种十分独特的风格。他的作品已经结集出版，并在世界各地展览。然而，他与一般人有些不同，因为他是一位盲人。

对于正常人来说，我们是无法想象一个盲人摄影师是如何在自己双目失明的情况下，用自己的心灵去感受世界的。但是他做到了，他通过自己的直觉与感官去构建属于自己的空间，而实际拍出来的作品也给人以极大的冲击力和表现力。

他在20岁时，因一场事故夺走了他的视力而一蹶不振。4年后的一天，他发现自己可以通过拍摄“自己想象的世界”来缓解内心的烦闷。他说：“从那时起，我发现自己可以通过这样的方式‘拥有’我无法看到的世界。尽管我的双眼失明，但并不代表我的心灵就此失明，我要以积极的心态活下去。上帝给了我这样的命运，我要克服这困难，并要成为一名优秀的盲人摄影师。”

一个正常的摄影师，只需要将眼前的事物拍下来即可，但是对于一个盲人摄影师来说，拍摄就成了将他心灵的映射呈现出来的方式。所以说，保持一种积极的心态与优秀作品的产生有着极大的关系。他承认，拍出的作品会和想象中的有些不同，但却和正常摄影师的作品同样真实。

他的作品告诉我们：世界上的美丽不需要完全靠眼睛去看。不妨闭上眼，用心灵去感受一下这世界，想象一下心目中的美好世界，用积极的心态去认知它，听听鸟儿清脆的叫声，嗅嗅花儿淡雅的芳香，触摸大地上柔软的小草。也许，世界上的美妙会以另一种方式呈现给你。

眼睛是心灵的窗户，镜头就如人的眼睛，但对失明者来说，失去了视觉能力，并不代表他们面对的世界就是一片黑暗。他，一位盲人摄影师，用积极的心态以及对生活的热爱诠释了这一切，使自己的命运彻底改变。他就是斯洛文尼亚的摄影大师Evgen Bavcar。

古希腊哲学家苏格拉底说：“未经审视的生活是无价值的。”不管你的事业成功与否，不管你的生活幸福与否，不管你的工作顺利与否，不管你的人生道路坦荡与否，都应该不时地停下来审视自己的生活，发现自我。只有这样，你的经历才会真正成为你的财富，你的生活才会真正为你自己所拥有。

同样的经历，在另外两位盲人身上，却有着不同的结局。

威尔逊先生是一位成功的商人，他从一个普普通通的事务所的小职员做起，经过多年奋斗，终于拥有了自己的公司及办公楼，并且受到了人们的尊敬。

有一天，威尔逊先生从他的办公楼走出来，刚走到街上，就听见身后传来“嗒嗒嗒”的声音，那是盲人用竹竿敲打地面发出的声响。

威尔逊先生愣了一下，缓缓地转过身。

那盲人感觉到前面有人，便上前说道：“尊敬的先生，您一定发现我是个可怜的盲人，能不能占用您一点点时间呢？”

威尔逊先生说：“我要去会见一个重要的客户，你要什么就快说吧。”

盲人在一个包里摸索了半天，掏出一个打火机，递给威尔逊先生，说：“先生，这个打火机只卖一美元，这可是最好的打火机啊！”

威尔逊先生听了，叹了口气，掏出一张钞票递给盲人：“我不抽烟，但我愿意帮助你。这个打火机，也许你可以送给开电梯的小伙子。”

盲人用手摸了一下那张钞票，竟然是100美元！他用颤抖的手反复抚摸着，嘴里连连感激道：“您是我遇见过的最慷慨的人！仁慈的富人啊，我为您祈祷！上帝保佑您！”

威尔逊先生笑了笑，正准备走，盲人拉住他，又喋喋不休地说：“您不知道，我并不是一生下来就瞎的，是因为23年前布尔顿的那次事故！太可怕了！”

威尔逊先生心头一震，问：“你是在那次化工厂爆炸事故中失明的吗？”

盲人仿佛遇见了知音，兴奋得连连点头：“是啊是啊，您也知道？这也难怪，那次光炸死的人就有93个，伤的人有好几百！”

盲人想用自己的遭遇打动对方，争取多得到一些钱。他可怜巴巴地说了下去：“我真可怜啊！到处流浪，孤苦伶仃，吃了上顿没下顿，死了都没人知道！”他越说越激动，“您不知道当时的情况，火一下子冒了出来，仿佛是从地狱中冒出来的！逃命的人都挤到一起，我好不容易冲到门口，可一个大个子在我身后大喊：‘让我先出去！我还年轻，我不想死！’他把我推倒了，踩着我的身体跑了出去！我失去了知觉，等我醒来，就成了瞎子。命运真不公平呀!”

威尔逊先生冷冷地说：“事实恐怕不是这样吧!”

盲人一惊，呆呆地对着威尔逊先生。

威尔逊先生一字一顿地说：“我当时也在布尔顿化工厂当工人，是你从我身上踏过去的！你长得比我高大，你说的那句话，我永远都忘不了!”

盲人站了好长时间，突然一把抓住威尔逊先生，爆发出一阵大笑：“这就是命运啊！不公平的命运！你在里面，现在出人头地了；我跑了出来，却成了一个没有用的瞎子!”

威尔逊先生用力推开盲人的手，举起了手中精致的棕榈手杖，平静地说：“你知道吗？我也是一个瞎子。”

威尔逊先生和故事中的盲人，便是遭遇同一挫折却拥有不同人生的见证者。诚然，威尔逊先生的成功和不懈的努力密不可分，然而更深层次的原因却在于他面对挫折的心态。是什么原因让他在遭受打击后能再次站起来呢？假如威尔逊先生没有一种乐观的心态，那么当他双目失明的时候，任何梦想都会随之破灭。“我看不见光明，看不见色彩，更看不见成功。”按照这种思维逻辑，他很可能就此安守本分，做一个普通的盲人，在自怜和贫寒中度过一生。然而，威尔逊的想法却是：虽然我看不见，但感谢上帝，我还能听，还能触摸，除了视觉我什么都没失去。上帝让我失去光明，是为了告诉我，我曾经做的努力还不够，而且被太多表面的现象所迷惑，我现在要做的是，用心去感受这个世界，这样我会变得更加强大，这既是成功路上的一次考验，也是一次契机。

正如威尔逊先生一样，乐观的、热爱生活的人遇到挫折，总会把它变为一种转折。当然，乐观并不等于不切实际的幻想，也不意味着否认问题的存在，或逃避直面痛苦的责任。它是一种思维方式，一种面对困苦迎难而上的态度。乐观可以使我们看到：生活是有希望的，每个人都可以依靠自己好好活着，它促使我们说“我能”，而不是“我不能”。

4. 自己选择的路，跪着也要走下去

生活有着自己的进程，它是无数个变化着的事情的组合。事情的变化有时很难笼统地说是好是坏，我们想把握未来的生活，首先要设想一个适合于自己的路径。

一天，有父子三人来到山脚下。父亲举手遮阳，眺望峰顶，声如洪钟："你俩比赛爬山吧。上山有两条路，大路平而近，小路险而远。选择哪条路，你们自己定。"兄弟俩思忖再三，各自凭着自己的选择踏上征程。

两个月过去了，一个西装革履的身影出现在峰顶——哥哥走来了。他骄傲地走向充满期待的父亲，说："我赢了，我赢了！这一路真是春风得意。在坦荡的大路上，我只需不断向前。舒缓的坡度让我走得从容，平整的石阶使我心旷神怡。那里没有岔道让我伤神，没有突出的山石绊我的脚。实践证明，在平坦和崎岖间，只有傻瓜才会放弃平坦，选择崎岖。我获得了胜利!"

父亲慈祥地看着他："你的选择的确聪明，一路走得也十分风光，我的好儿子……"

这之后不知过了多久，又一个身影出现了：他步伐稳健，全身充满着生命的活力。尽管身体瘦削，衣衫褴褛，但他双目炯炯有神，透着聪慧与睿智。弟弟微笑着走向父亲和哥哥，从从容容地讲起路上的故事："哦，这是多么有意义的一次旅程！感谢您，父亲，感谢您给我选择的机会。一路上，陡峭的山崖阻挡着我攀爬的脚步，丛生的荆棘刺破了我裸露的臂膊，疲惫的身心增添着孤独的酸楚。但我坚持住了，我学会了灵活与选择，学会了机敏与自保，学会了独立与坚韧。路边的美丽景色，使我放慢脚步享受自然的馈赠。在山脚下，我看见山花烂漫，彩蝶翩翩，于是我与山花同歌，伴彩蝶共舞。在山腰，我看见绿草如茵，华木如盖。我拥抱自然的和弦，追逐欢快的节奏。这些往往是我最快乐的时光，可更多的时候

是阴冷浓雾的环抱。放眼望去，黄叶连天，衰草满路，但我在黄叶林中看到丰硕的果实，从衰草丛内悟出新生的希望。我感觉自己在成熟，一寸寸地成熟。再往上，是没有一点生机的寒风和石砾，我曾想过放弃，但曾经的艰辛温暖着我，启迪着我，给我力量，给我信心，使我忘掉比艰险更艰险的死寂，抛掉比痛苦更痛苦的迷茫。我最终到达了这里！一路上，我阅尽山间春色，也饱尝征途冷暖，为此，我感谢您。”

哥哥的眼中露出不解，但旋即消失，他说：“可是你输了！”

“是的，”父亲遗憾地说，“孩子，你输掉了比赛……”

弟弟极目远方，脸上露出平和的微笑：“但是，我赢得了人生！”

人生就是这样，正因为崎岖，才多了几分韵味，才更显得丰富。平坦纵然快捷，但终究无法与崎岖之丰富相比——人生之崎岖往往在于其中包含着智慧和成熟。

人生没有两条完全相同的道路，正如世界之大却没有两张完全相同的面孔一样，可以相似，甚至惟妙惟肖，但绝不会不差分毫。比如，你可以借鉴前人的人生经验，追寻前人的脚步，但沿途看到的，绝对不会是相同的风景；与你相伴同行的，绝对不会是相同的旅伴，所以面临的，也绝对不会是相同的机会。出身的不同，学识的不同，才能的不同，以及机遇与性格的不同等，决定了我们各不相同、千差万别的人生道路。踩着别人的脚印前行，你迟早会发现，前方已经没有了路，而你要做的，是在前人没有走过的地方踏出一条新的道路——一条属于自己的人生之路。

“新东方”董事长兼总裁俞敏洪先生说：“我们未来生活的一种重要能力，叫作忍辱负重的能力。很多社会名流会遇到很多很多不堪忍受的事情，但是你不得不忍受，因为你不忍受就不可能成功。你不忍辱负重，你就没有时间，没有空间，没有走向未来的空间。如果你想走向未来，最后变得更加强大，你就必须给自己留下足够的时间和空间。如果我们准备用自己的生命为一个伟大的目标而奋斗，就必须排除生命中一切琐碎事情的干扰，因此你必须忍辱负重。”

俞敏洪当时在北大教书，却被迫以一种很难堪的方式离开了北大。他被迫创业，从此有了“新东方”。

从一开始的夫妻店，到后来俞敏洪放弃了出国留学的梦想，再到之后的三年内“新东方”有了飞速的发展，中间经历了无数的磨难。寻找同盟伙伴徐小平，再到美国去把王强拉回来，三个人成了“新东方”的核心人物。三巨头，改变公司制度。后来，又把徐小平“踢”出董事会，一切的一切，俞敏洪克服了无数困难，“被迫升华”了无数次，顶住家人和外界的无数压力，终于把“新东方”发展到今天的规模。

曾经，俞敏洪在众人面前给母亲下跪，痛哭流涕得像个孩子。母亲走后，他在办公室里摔打东西，有一个笔记本里有他两年多的稿子，也是他两年多的心血，他气过头了，摔了。曾经，他在兄弟面前历经内心苦痛挣扎叫板。曾经，他被别人抬着从医院出来，一边哭一边大声喊：“我不干了，我再也不干了……赶紧把公司关了，我再也不干了!”但是，当天晚上7点多的课他照常又去上了。曾经，他哽咽着说：“如果我的离去能为‘新东方’带来成长和进步，我愿意退出，我愿意用我的生命来换取‘新东方’。”曾经，面对执意离去的王强，他说：“我愿意用下跪这种方式挽留你。”

为什么俞敏洪能做成“新东方”？别人意气用事的时候，他不能；别人有火向他发的时候，他得“以柔克刚”。为了“新东方”，他放下了男人的面子和尊严，甚至愿意用一切换取“新东方”的成长。因为他知道，自己选择的路，即使跪着也要走下去!

不管处于什么年龄，我们都不能因一时气不过而贸然行事。因为这个世界上让你气不过的事情太多了，只有你气得过的时候，世界才能在你面前展开最光辉的一面。

屈从于现状，受制于环境的人是弱者，其才华势必要被埋没，因为他不能坚持做自己喜欢的事，不能坚持做自己认为是正确的事，而这些事往往都潜藏了他的能力。

5. 相信自己是个强者

一位“法定盲人”，双目近乎完全失明，却成了美国的州长，由此创造了美国的两项纪录——纽约第一位黑人州长和美国第一位“法定失明”州长，他就是戴维·帕特森。

帕特森出生于美国纽约布鲁克林。幼年时期，由于遭受了一次严重感染，他患上了“视神经萎缩”症，左眼完全失明，右眼视力也非常微弱。按照美国医疗协会的标准，矫正后视力在0.1以下，即可被认定为“法定失明”。

年幼时，帕特森就把自己当作一个强者，认为别人能做到的，自己也能做到。在学校里，他从不服输，只要是别人能参加的活动，他都要想办法参加，而且还要赢。他既打篮球，又跑马拉松，还参加话剧演出，已经超越了一个正常的人。

由于双眼近乎失明，又不愿意读盲文，他阅读起来很困难，阅读持续的时间也很短。为了提高阅读效率，他只有提高记忆力，别人要读三遍甚至更多遍才能记住的内容，他只要读一两遍就记住了。

超强的记忆力，为他的成功打下了基础。

高中毕业后，帕特森以优异的成绩进入著名的哥伦比亚大学攻读历史专业。在哥伦比亚大学就读初期，他的学习成绩依然优异，但却因眼疾而遭到一些同学的歧视，他开始自暴自弃，以至于破天荒地出现了不及格的课程。尽管有补考的机会，他还是接受了一位老师的建议，暂时中断学业，走出校园去找了一份工作。打工的日子对他来说是痛苦的，但工作却让他重拾了自信。

重返校园后，帕特森把自己当作强者，顺利地完成了本科学业，随后进入霍夫斯特拉大学学习法律。1983年，获得法学博士学位的帕特森从霍夫斯特拉大学毕业，进入纽约皇后区检察官办公室工作。后来，他又参加了律师资格考试，但是，长达 6 个小时的考试令他无法承受，最终没能通过。

面对似乎无法逾越的困难，帕特森没有轻易放弃，计划再考一次。

1985 年，帕特森在哈勒姆地区的参议员选举中胜出。仕途上的前进，使他没有时间参加律师资格考试。

在当议员期间，他不服输的态度给人留下了深刻的印象。他的主要工作场所是纽约州参议院。由于长期在那里工作，他对那里的环境非常熟悉，不需要别人帮忙也能来去自如。他的助手将大部分工作文件制作成语音文件，供其“听阅”。如果要发表演讲，他就事先将演讲的内容牢记在心。此外，他还参与了有关细胞的研究、替代能源和国内打击暴力等立法工作。

因为他的能干、自信，帕特森成为民主党在纽约州参议院中的领袖，同时还深得共和党对手的敬重。

2006 年，埃利奥特·斯皮策竞选纽约州州长时，看重他并邀请这个“法定失明”的人和自己搭档。在当年的竞选中，两人的组合势如破竹，以相当大的优势击败了共和党对手。2007 年 1 月，斯皮策宣誓就任纽约州州长，帕特森担任副州长。2008 年，斯皮策因丑闻被迫辞职，帕特森在众望所归中继任州长。许多人都认为：“只要帕特森能当州长，那么，纽约州的政局就不会因为丑闻而震荡，他丰富的从政经验也能让纽约州实现平稳过渡。”

帕特森曾说过：“尽管我是少数群体中的一员，同时又是少数群体中的少数群体，但是我可以做好任何事，我不需要任何借口。”

我们从故事中可以看出，帕特森之所以能够成功，创造人生的辉煌，是因为他始终把自己当作一个强者，不为自己寻找任何退缩的理由。

生活中，成功往往属于那些相信自己、勇往直前的强者。失败只是证明自身有许多缺点和不足，若你能找到缺点并改正缺点，就具备了成功的条件。当再一次经历时，成功就从失败中诞生了。

正如科学家的任何一项科研成果起初几乎都是失败的一样，他们善于挑战失败，珍惜失败，从失败中找原因，经过屡屡失败才最终拥有了成功。

英国有个叫保罗·珀特斯的年轻人，他身材矮胖，长相平庸，语不惊人，貌不出众，门牙歪斜，还有结巴，却梦想做个歌剧家。歌剧，占据着他的心。他执著地为之奋斗，到卡拉OK厅模仿帕瓦罗蒂唱歌，不计报酬地参加当地的歌剧演出。为了在唱意大利文歌剧时把感情放进去，他拿出多年的积蓄，前往意大利学习演唱技艺。

然而，等待保罗的是更多的打击：盲肠破裂住院治疗；出院后又再次住院切除肾上腺肿瘤；康复后骑摩托车又遇上车祸，导致锁骨爆裂；因病欠下了3万英镑的巨额债务……接踵而至的不幸，像切除盲肠一样切断了他奔向梦想的路，使他的人生跌入低谷。

在生活的重压下，保罗的歌剧梦变得遥不可及，他成了手机推销员。但执著的信念使他保持着一颗追梦的心，一有空闲他就练习唱歌，抓住每一个机会展示自己。在英国卡迪夫千禧剧场初赛舞台外，保罗穿着廉价西装，接受电视台摄制组的随机采访。保罗说：“我是卖手机的，但是我一辈子都想当职业歌手，我的梦想是踏上舞台。”

保罗终于有机会上场了，尖酸刻薄的“毒舌”评委西蒙·考维尔咬住铅笔，眉毛挑起，将头扭向一边。但当保罗自信满满地唱出第一句歌词时，西蒙就“吐”掉了铅笔。女评委阿曼达双手合十，随着他的歌声伸长了脖子，当保罗唱到尾声时，阿曼达泪流满面……他精彩的表演令评委们大为惊叹，现场2000多名观众掌声雷动。在泪水与掌声中，青蛙变成了王子，凡人变成了奇人——保罗的《公主彻夜未眠》震惊世人。

音乐视频网站登载了保罗的比赛录像，点击率很快超过2900万次。在半决赛中，保罗演唱的《说再见的时候》获得了最高的观众支持率，顺利晋级决赛。在决赛中，他为观众演唱了完整版的《公主彻夜未眠》，获得了最高的观众支持率，最终击败了同样深受观众喜爱的康妮·塔尔博特，成功问鼎首届“英国达人秀”冠军宝座。他的唱片《一次机会》（One chance），销量达350余万张。这个平凡的手机推销员，用歌声震撼了全英国，他的传奇故事还被搬上了银幕。

如今，保罗·珀特斯不再是那个穿着廉价西服的门牙歪斜的胖子，而是一位光芒四射，眼睛里燃烧着无限激情的艺术家！他带给观众的，除了才华，更多的是他的勇气与执著。他相信自己是个强者，在曲折坎坷的人生路上，困苦与挫折没有使他放弃梦想。他的成功证明了一点：执著是生命的种子。一粒种子，只要活着，就有希望；只要努力生长，就一定能够看到灿烂的阳光。

6. 坚持，撞到南墙也不回头

不论什么时候，生活都需要坚持。拿破仑说过：“只有在一个人坚持不肯放弃后，努力的花朵才得以完全绽放。”的确，在现实生活中，坚持可以让人看到胜利的曙光。

他是一名很勤奋的学生，但成绩总是徘徊于下游，为此他很是自卑。他羡慕那些看起来不费什么力气就能考得很好的同学，于是，他将这一切归咎于自己不够聪明。在一篇作文中，他写道：春天是花的季节，夏天是雨的季节，秋天是落叶的季节，冬天是雪的季节。我却似乎没有属于我的季节。

等到作文发下来，他一翻开，居然是一个罕见的高分。新来的语文老师在后面写着：你的季节终会来，就像毛竹，就像17年蝉。他捧着本子开心地笑了，将那句评语看了好多次。后来，去图书馆看书时，他心思一动，便去找毛竹和蝉的资料。

令他震撼的是，小小毛竹竟被称为“会魔法的竹子”，因为前5年几乎不怎么生长，矮小得令人忽略。5年一过，它就像被施了魔法般地疯长，平均每天能长1.8米，半个月后就差不多长至30米高了。原来，它一直不曾停止生长，只是在向别人看不见的地下长。毛竹用了 5 年的时间，拼命地将根牢牢扎于地下，尽最大努力占取空间。时机一到，它便飞速生长，创造奇迹。

17 年蝉，顾名思义，这种蝉的幼虫要在地底蛰伏 17 年之久，然后才能化羽而出。17 年的一个轮回，它们终于迎来了属于自己的季节，欢乐地唱着歌。

他合上书，更能体会老师写给他的那句话的含义了。有些努力不是短短时日就能看见成效的，只有坚持下去，一心一意地向前走，总有一天，会迎来属于自己的季节。

此后，他更加努力地学习，基础打得很牢。当仍是低分的试卷发下来时，他没有像以前那样沮丧，而是认真分析原因，直到把“漏洞”都修补好。他沉浸在一种自己的快乐里，因为他坚信自己是一棵毛竹，或者是一只 17 年蝉。

几年后，他听到某主持人说，以前 26 个英语字母都记不全，后来忽然有一天，就像是“开窍”了，一张嘴就往外冒英语。他笑了，因为他明白，那不是“忽然开窍”，而是之前的努力与坚持带来了质的突变。此时，他已被心中向往的北京大学录取。他知道，坚持，终会迎来属于自己的季节。

生活不会一帆风顺，我们难免会遇到无数的挫折与障碍。这个时候，坚持就是克服困难的重要法宝。从古到今，许许多多人和事让我们认识到了“贵在坚持”的重要性。而下面的这个人、这个故事，我们更熟悉。

1962 年，他出生于河南新乡，有着平凡的童年、平凡的求学岁月。从河南师范大学化工专业毕业后，他在商店工作过，也做过化工技术员，他参加工作的头两年的经历是平凡的。

26 岁时，他担任了一家小化工厂的厂长，开始了从平凡到不平凡的转变。这是一家很小的化工企业，他上任不到一年半，就由于三角债的原因，销售款难以收回，资金无法正常周转，连员工的工资都发不出来。素质较好的员工已经到别处就业，剩下的是些无法找到去处的人。当时有许多选择摆在他面前，他完全可以另谋高就，但他选择了坚持！他努力让自己冷静下来，制定了拯救工厂的具体方案。首先是冒险将厂子抵押，从银行里贷款给工人发工资，维系基本的队伍和工厂的基本运转；其次就是派人外出追债。第二年，有一家公司开始偿付欠款，工厂逐步走出困境。

这次困境，让年轻的他初次感受到了“坚持”的力量。但在成功地把工厂带上正轨之后，他却开始酝酿着离开。因为他有更大的理想，觉得在这里难以有更大发展，难以体验到更多的奋斗乐趣。

他来到了深圳——一个人生地不熟的地方。经过一番筹备，他与几位志同道合者筹集了2000万元资金，成立了深圳爱迷尔食品有限公司，要生产“太太口服液”。2000万元中的一半用于修建厂房，另一半用于购买设备，做流动资金。但更大的困难又来了，还没有正式开始生产，2000万元就花光了，他不得不再次面对资金困境。员工的工资没有着落，人心涣散，连合伙人也想散伙了，情境与他在新乡担任化工厂厂长时何其相似！只是，这次形势更为严峻。更要命的是，他在深圳没有任何途径从银行贷款。

一天，他在食堂吃晚饭，听到员工们嘀嘀咕咕地发牢骚，沉闷的情绪似乎一触即发。若任由这种情绪蔓延，后果将不可收拾。他果断召集全体员工，给员工们讲话，向他们描绘了公司的发展前景，讲述了自己的梦想，当然也表明了当前的困境。最后他说：“情况大家都知道了，困难是暂时的，但何去何从，还得由大家决定。一条路是我们承认失败，一哄而散，真要散的话，我卖厂房、卖设备也会把大家的工资一分不少地发给大家。还有一条路是坚持，只发生活费，勒紧裤腰带，渡过难关，走出困境后，欠大家的工资连本带利一起发，大家到时候都是创业元勋！”他讲了40分钟，员工们都被震撼了，大家默默地接过生活费，重新投入到工作中。

他则四处奔走，筹措资金，并以厂房和设备作为抵押，以32%的高息向地下钱庄借了500万元。32%的利息，是个足以压死很多人的赌注。可为了发展，他只能选择这条路，其后的一年多时间，他一半以上的精力都用在不断借钱上。

1993年3月8日，“太太口服液”终于上市销售，第一年卖了近3000万元，第二年卖了1.6亿元。他兑现了承诺，将拖欠的工资连本带利还给了员工。

后来，他的公司更名为深圳太太药业有限公司，他最终获得了成功。有人说他运气好，他的回应是：“运气实际上来自于很多年的辛苦和坚持，如果没有在关键时刻顶住压力，当时哪怕有一丝的退缩，也就没有今天，结果就完全不一样了。”当然，他又说，“坚持不是赌博，也不靠运气，要在方向正确、方法还能不断纠正的情况下坚持，坚持需要智慧的支撑。没有智慧的坚持，那叫固执、迂腐、不可救药！”正是在大方向正确的前提下，坚持让他渡过了难关，迎来了艳阳天。

他就是朱保国，如今旗下拥有健康元、丽珠得乐两家上市公司，多家控股子公司，员工8000多人，资产40多亿。表面上看，他似乎风光无限，其实背后有着许多艰难曲折，甚至是“九死一生”。

当许多人说他是疯子的时候，他在坚持；当合伙人离他而去时，他还在坚持；甚至当他负债累累、濒临绝境时，他还在坚持。他这样总结着自己的成功：“人家说不撞南墙不回头，我是撞了南墙，还要撞开它！”

人生不是高速公路，而是羊肠小道，到处都是曲曲折折，南墙出现是必然的，而且到处都是。如果每次碰到南墙都马上转身，估计这辈子都得在原地打转。为了不打转，撞次南墙又何妨？人不能在逆境面前低头。当狂风在你耳边呼啸，只当它微风拂面；当暴雨在你眼前倾泻，只当它屋檐滴水；当闪电在你头顶肆虐，只当它萤火流逝。千难万险全无妨，任尔东南西北墙！

第二章　日子越难过，越要好好过

人的一生若要活得尽可能完美，就要以一种积极的态度去面对人生中必然经历的苦难。一个无痛的时代，缺少“吃苦”这一课，会给我们留下很多缺憾。

苦难是一所学校，它教给我们无畏与坚强，让我们的心灵快速成长，赋予我们战胜一切艰难险阻的信心和力量。苦难这所“大学”发给我们的那张无字却无比过硬的“文凭”，无疑将使我们受益终生。

第一节　在苦难中成长

1.“吃苦”是人生的第一课

所谓折磨，就是挫折和磨难，也叫“吃苦”或承受苦难。那苦难又是什么呢？苦难是“欲渡黄河冰塞川，将登太行雪满山”的无奈；苦难是“兵革既未息，儿童尽东征”的悲惨；苦难是“辛苦遭逢起一经，干戈寥落四周星”的苦闷；苦难是“国破山河在，城春草木深”的悲凉……

人生在世，或多或少都要经历一些磨难，承受一些苦难。中国人过去生孩子时，有个习俗：孩子生下来，大人第一口喂给他的是世上最苦的东西——黄连。几乎没有人不认为，孩子是这个世界上的最美好的希望。可是，孩子的亲生父母，为什么却要在他降临到这个世界上的第一时间里，用最苦的东西来迎接他的到来呢？是父母心肠太狠，还是有其他的寓意？

有一个故事正好可以诠释其寓意。

鉴真和尚刚刚剃度入空门的时候，寺里的住持安排他做了谁都不愿做的行脚僧。每天风里来雨里去，吃苦受累不说，化缘时还常常遭人白眼，被人讥讽挖苦，成绩一点也显现不出来。鉴真为此感到愤愤不平，产生了抵触情绪。

一天，日上三竿了，鉴真仍旧睡着不起。住持感到纳闷，便亲自去了他的房间。推开门，一股臭味顿时扑鼻而来，住持向里面看了看，原来鉴真的床边堆了一大堆破破烂烂的芒鞋。住持叫醒鉴真，问道："你今天不外出化缘，堆这么一大堆芒鞋在房间做什么？"

鉴真打了个哈欠，满怀怨言地说："别人一年一双芒鞋都穿不破，可我刚刚剃度一年多，就穿烂了这么多鞋子，我是不是该为寺里节省些鞋子了？"

住持听了鉴真的话，马上就明白了他的心思，微微一笑说："昨晚寺里下了一场大雨，你随我去看看吧。"

鉴真虽然不知道住持要做什么，但还是跟着住持到了寺前的大路上。由于是黄泥路，路面经过一夜雨水的冲刷，变得坑坑洼洼，泥泞不堪。这时，住持开口问鉴真："你是愿意做一天和尚撞一天钟呢，还是想做一个能光大佛法的名僧？"

鉴真说："我当然希望能光大佛法，做一代名僧，但我一个人人都瞧不起的苦行僧，凭着一双脚和一大堆烂鞋，如何去光大佛法？"

住持问道："你昨天是否也在这条大路上走过？"

鉴真说："当然！"

住持问："你能找到自己的脚印吗？"

鉴真摸着脑袋不知所然地说："昨天这路又坦又硬，小僧哪能找到自己的脚印？"

住持反问道："那今天我俩来此走一趟，你能找到自己的脚印吗？"

住持的反问一下子便让聪明的鉴真领悟了其中的禅机：那些一生碌碌无为的人，不经风、不淋雨，没有经历人生起落，脚步抬起，什么也不会留下，不就像是一双脚踩在又坦又硬的大路上吗？而那些经风淋雨的人，他们在苦难中不停跋涉，不正像一双脚行走在泥泞里吗？表面看起来，住持是"折磨"鉴真的人，但这一课却让鉴真真正懂得了"吃苦"的价值与意义。脚印印证着生活的坎坷磨难，也印证着人生的价值。

从此，鉴真端正了自己的态度，凭着坚定的信念，踏遍了弥漫着樱花醇香的扶桑泥土，最后终于成为了一名令世人景仰的佛教名僧。

人生大抵如此：只有在泥泞里行走，生命才能留下深刻的印痕。苦难，可以丰满我们的人生！

一般情况下，苦难是一所没有人愿意上的“学校”，但从那里“毕业”的都是强者。

大漠上，某位财主拥有大量的马匹和羊群，一个牧童显然不够，于是他又找了一个穷人家的孩子帮忙。主人安排穷人家那个瘦弱一点的孩子放羊，原来那个强壮一点的孩子牧马。可是，主人离开后，强壮的孩子逼迫瘦弱的孩子跟自己交换工作。因为马的食量大得惊人，牧马要跑很远的路，而且马的性子又暴烈，牧马显然比放羊艰难。瘦孩子迫于压力只好答应了。从此，瘦弱的孩子每天要跑近百里的路到草原牧马。为了看好马群，他被马踩伤过，从马背上摔下过，被暴雨淋湿过，饿肚子更是家常便饭。正是在这样艰辛的日子里，原本瘦弱的孩子一天天健壮起来，骑马的技能也越来越炉火纯青。日子飞快流逝，牧马的孩子因为在马背上身手矫健，被主人相中做了护卫。再后来，他投身军旅，成为闻名一时的驰骋疆场的将军，以前吃的苦终于换来了好收成。而与他交换去放羊的同伴，到死都只是一个为主子放羊的羊倌。这个瘦弱的孩子就是成吉思汗的御前虎将——哲别。由此可见，学会吃苦是走进人生大课堂的第一课。

也许吃了苦不一定能成功，但不吃苦绝对不会成功。小到一个人的平凡人生，大到一个国家、一个民族的命运，都是在艰苦卓绝的前提和环境下孕育而成的。有的人只能享福、不能吃苦，其命运的结局可想而知；有的人抱定为社会、为民族、为大众的利益而顽强奋斗，对自己的所得和享受却忽略不计，这一种人，才是构建我们这个社会的中流砥柱！

面对苦难，不肯品尝苦涩的人，也无法尝到甘甜，而只能是碌碌无为，平庸一生。世上没有白吃的苦，结果如何，取决于你对待“苦难”的态度。

托尔斯泰曾给高尔基写过一封信：“真奇怪，您本来可能成为一个恶毒的人的，可是您仍然这样善良。您是一个坚强的人，这很好。”

我们知道，高尔基一辈子吃了太多的苦，“本来可能成为一个恶毒的人的”，但是他没有，而是“仍然这样善良”，所以他“是一个坚强的人”，是一个伟大的人。

我们同时也知道，世上只有一个高尔基，伟大的人也不太多。而更多的人没有越过苦难的障碍，被苦难吞没了。苦难让人在恶劣的生活环境中饱受肉体的痛苦，没日没夜地辛劳；苦难让人流离失所，衣不蔽体，食不果腹。能够在世间寻得衣食的人都活过来了，有些营养太差的人死得早些，保养好的人活得长些。从这个角度来说，苦难是对人肉体和心灵的双重折磨。但是，苦难对身体的影响毕竟有限，对心灵的影响则巨大而深远。比如，精心构筑、苦觅多年的理想终成虚空的那份失落；人在旅途，执着求索却难求善果的那份无助；倾尽真心与热情追求完美，终难觅得一个歇脚驿站、一个温馨港湾的那份孤苦；还有前路无期、征程漫漫却横遭失败打击、挫折摧残的那份绝望。

苦难这个恶魔，人们总是避之唯恐不及，但当它扬长而去之后，没有倒下的人才感受到，其实它在心灵方面给了自己很多很多，比如勇气、智慧、忍耐、毅力和尊严。

苦难是上天赐予我们的礼物，是为了提高我们的能力而安排的。如果我们把苦难看作挫折，心理就会陷入黑暗消沉；如果我们把苦难看作人生的功课，或者更积极地把苦难看作前进和自身成长的机会，心理上就会充满正能量，从而拥有战胜苦难的力量！当你顺利通过苦难的历练，你的能力一定会更高、更强！

2. 穷人的孩子早成才

古人云：“吃得苦中苦，方为人上人。”意思是说人要敢于吃苦，在苦难中成长成才，最终才能出人头地。这句话的含义很多人都明白，但它真正的价值又有多少人能领悟呢？

就成才而言，不管是顺境还是逆境，都是外因，而成才要靠内因来起作用。之所以“自古英豪出贫贱，纨绔子弟少伟男”，是因为顺境中的人容易受迷惑，往往贪图享受，不知奋进，不知道苦难为何物。而没有志向，没有进取心的人，又怎么能成才呢？逆境中的人则不同，他们饱受磨难，一次次与命运和困难做斗争，为走出逆境，大多树立了远大志向和坚定目标。人没有压力不抬头，没有动力不奋进，一旦二者兼备，就会发挥出令人吃惊的潜力。

世界球王贝利喜得贵子，有记者贺道：“看他长得多壮，今后会成为像你一样的体育明星。”贝利不假思索地答道：“他有可能成为一位优秀运动员，但绝不会有我这样的成功。就因为他很富有，缺乏先天竞争的意识，而我小时候却非常贫穷。”贝利从自己成长的道路总结出的道理确实是真知灼见。

古往今来，有许多名人是在逆境中奋进成功的。如司马迁，他因李陵一案身受宫刑，蒙受大辱，但他终于克服磨难，发愤写完了辉煌巨著——《史记》。司马迁在给他的朋友任安的信中说：“古者富贵而名磨灭，不可胜记，唯倜傥非常之人称焉。盖西伯拘而演《周易》；仲尼厄而作《春秋》；屈原放逐，乃赋《离骚》；左丘失明，厥有《国语》；孙子膑脚，《兵法》修列；不韦迁蜀，世传《吕览》；韩非囚秦，《说难》、《孤愤》。”可见，逆境可以让坚强的人取得成就。再如美籍华人张士柏，他经历了从游泳健将到高位截瘫者的巨大变更，却并未因此一蹶不振，反而将它化为动力，勤奋学习，完成了许多健康人都做不到的事情。还有张海迪、李政道等，在逆境中成才的名人不胜枚举。

现实生活中，在普通人身上也发生过不少身处逆境却毫不气馁并最终奋斗成才的感人故事。

前不久，一个网站上登载了一篇《我修自行车的老爸》的帖子，这是一个网名叫“TOBE NO. 1”的网友的自述。他在文中写道：

“说起老爸，我从来都是理直气壮。我有一个修了 17 年自行车的老爸，尽管他很普通、很平凡，却很伟大。

“我是在老爸的修车摊上长大的。记得很小的时候，父亲就修自行车。每天他忙碌着，陪我和妈妈的时间很少。早晨我醒了，他已经出摊了；晚上他回来，我已经睡觉了。在我的记忆中，爸的手总是黑黑的，布满了裂纹和老茧，就是这双手撑起了一个贫穷的家。

“时间过得很快，我上了中学，每次从学校回来都会经过爸爸的修车摊。每天中午都是由我给他送饭。一次，爸爸给一个路人补胎，可那人说忘了带钱。爸爸挥了挥手，说：‘钱不要了，以后车坏了再来修。’一些盲人、聋哑人、老人不管修什么车，他都不要钱。爸爸的吃苦耐劳、善良厚道给我上了人生的第一课。

“2010 年，我大学毕业了。实习期间，在爸爸的修车摊边上，我摆了一个水果摊。爸爸忙的时候，我便给他当帮手。一次，补胎后，我问：‘补一个胎多少钱？’爸说：‘两块。’我心里一惊，我与姐姐各上了 4 年大学，需要花费 10 万元，这 10 万元需要补多少胎呀！我用敬佩的目光看着爸爸，懂得了什么叫父爱，什么叫珍惜，什么叫奋斗。

“大学毕业后，我留校当了老师。我能挣钱了，给爸妈常寄些钱补贴家用，怕老爸冬天冷，给他买了棉皮鞋、保暖内衣。我和姐都劝他，都 60 岁了，又有胃病、老寒腿，别出摊了，可他仍然一年四季修车，又添了配钥匙的活儿。每天仍然是天一亮出摊，天黑了拖着疲惫的身子回家。

“今年回家过年，我很兴奋，一年没见到老爸了。中午回到家，进门喊了声：‘爸，妈。’可只听到妈妈应声。妈说：‘你爸在车摊上哩。’做好饭，我顾不上吃，急匆匆给老爸送去。爸爸还在忙着修车，寒风吹着他的脸，吹着他身上那件穿了 20 年的绿军大衣。老爸脸上似乎又多了皱纹，腰有些弯。我喊了一声‘爸’，差点哭出来。

“我是一个大学教师，我在学生中常炫耀我有个修自行车的老爸。我是学生的老师，可爸爸是我的老师。他留给我的精神财富比百万千万的金钱更珍贵。”

为什么穷人的孩子能早成才呢？因为环境影响了他，家庭教育了他，这些对他产生了积极向上的影响。

该文很快成为热帖被数万人转载。后经网站查证，这是一个真实的故事，作者的真实姓名叫杜传青，祖籍邢台，现任江西科技学院数字技术系教师。他在视频中与采访他的记者讲述了父亲修自行车的故事。今年春节回家他只待了10天，再一次感受了60岁的老爸修自行车的感动。过年只歇了5天，他老爸就又修自行车去了。这位老爸的脑海里没有节假日这个概念，一年四季，他总在自行车摊上忙碌着。大年三十，一家人都劝他不要去修车了，可他还是坚持要去。中午杜传青给他送的是饺子。他特意多带了一些，希望陪父亲一起吃个团圆饭。修车摊上非常寒冷，周围白雪茫茫，寒风一阵阵吹来，这位老爸的手和脸都没洗，蹲在地上，大口大口吃着饺子。可杜传青却无法下咽，一年四季老爸在这个摊上不知吃了多少顿饭，想着想着，心一酸，泪就流了出来。

杜传青的老爸叫杜义厚，60岁了，曾是个打工者，做过厨子、烧过锅炉、当过门卫，1996年开始修理自行车。杜义厚坦言，老伴没工作，他修自行车一年能挣2万多元，供儿女读完大学，家中没多少积蓄，最值钱的是儿子的10多个奖状和证书，这些是儿子从小学、中学、大学到当大学教师得的了三好学生、优秀大学生、优秀教师等荣誉称号。他说：“这些是花多少钱也买不来的。尽管我是一个修自行车的，但我有这样的好儿子，吃再多苦、受再多罪也值。”

另一件事让他感到更加荣耀，他的儿子大学毕业后因各项成绩突出留校任教，在2200名毕业生中他儿子是唯一一个被选中的。当他得知这一消息后，高兴地问儿子：“咱家那么穷，为啥学校选中了你？”儿子说：“这也有您一份功劳。”他百思不得其解。儿子说：“在修自行车摊上，我知道了吃苦、奋斗，所以我在学校发奋学习。为了勤工俭学，我在学校打扫卫生、捡塑料瓶，去饭店端盘子，不仅使我获得了一些收入，还赢得了师生们的尊重和赞扬。”杜义厚又对记者说：“听了儿子的话，我心里宽慰了许多。尽管也有人用异样的眼光看着我，但我感到我并不比别人矮。我用辛勤的劳动挣钱，儿女大学毕业后都成了才，这比拥有别墅、高级轿车还珍贵。”

面对逆境，有的人跨了过去，功成名就；有的人甚至是高智商人才却陷了进去，被淘汰出局。因此，身处逆境要善于忍耐，沉得住气，受得起委屈，吃得起苦头，坐得住冷板凳，要学会韬光养晦。如果在逆境中错判情势，急于求成，就可能招致更大的灾难和祸患。只有坦然处之，奋发有为，有“突围”的勇气，才可能在时机成熟时化不利为有利，成其大才。

3. 日子越难过，越要好好过

苦难是一把双刃剑。从正面意义上来讲，苦难能磨炼一个人的意志，从而使一个人变得坚强和伟大；而从负面意义上来讲，在很多情况下，苦难毁坏了人的尊严，伤害了人的心灵，扼杀了天才的创造力。正如巴尔扎克所说：“世界上的事情永远没有绝对的，结果完全因人而异。苦难对于天才是一块垫脚石，对于能干的人是一笔财富，对于弱者是一个万丈深渊。”

我们之所以要感谢那些使我们吃苦和受折磨的人，是因为我们可以从正面意义上吸取正能量。

这涉及我们如何对待苦难的问题。苦难在一定意义上，提升了我们的精神品质，增强了我们自我实现的能力，使我们可以最大限度地摆脱生命的庸碌，激发我们脱离和战胜苦难的斗志。但并不是所有的苦难都能转化为创造的动力，苦难转化为创造的动力是有条件的。其首要条件就是承受苦难的人要有非凡的毅力、超人的心智，以及对自己牺牲较低价值换取更高价值的坚定不移的信念和决心。

当然，在任何时代、任何社会，为了取得更高的成就，有时不得不牺牲在我们看来价值较小的目标。但对于处在历史关头的承担者来说，这种选择有时会变得异常残酷，因为他不仅要牺牲自己的健康、安逸和生命，甚至会影响到别人的健康、安逸和生命。而且，更令人丧气的是，即便牺牲了自己和别人的健康、安逸和生命，也不一定能达到所期望的目标。可以想见，在大多数情况下，人们的创造精神被苦难和凄惨的生活所扼杀。在荣誉、金钱和地位的诱惑面前，在只有按照既定的方式生活才能获得尊严的社会里，要让所有人都顶住贫困、疾病以及各种世俗专断势力的压迫而从事自己所心仪的事业，几乎是一种奢望；在离婚、抄家、监禁、杀戮、秘密处决，甚至灭门九族的威慑面前，只有极少数人能够扼住命运的咽喉“向撒旦宣战”，而大多数人则选择了妥协，因为在他们看来，自由虽然是好东西，但要牺牲世界上那么多的好东西来保全它则未必值得。

即使是在和平年代，日子也不一定好过。很多人都在抱怨自己现在的生活艰难，网络上曾流传的一篇名为《谁叫我们是80后》的短文特别发人深省：

> 我们上小学时，上大学不要钱；我们上大学了，上小学不要钱了；我们还没有工作时，工作是分配的；当我们可以工作的时候，撞得头破血流才勉强找到一份饿不死的工作；当我们不能挣钱的时候，房子是分配的；当我们挣钱的时候，却发现房子已经买不起了；当我们没有进入股市时，傻瓜都在赚钱；当我们兴冲冲地闯进股市时，才发现自己成了傻瓜。

是的，生活往往就是这样捉弄人。但正是因为这样，我们才能更深刻地体会到吃苦的价值。正是因为日子难过，我们才更要好好地过。

如何才是好好地过呢？毕淑敏告诉我们，苦难就像感冒，几乎不可避免。它埋伏在我们前进的拐弯处，不知何时会突袭我们，与我们不期而遇。我们不能取消苦难，只能迎难而上、临危不惧、坚韧不拔！苦难是一把双刃剑，可以从精神上摧毁我们，也可以把我们锤炼、打磨得更加坚强。对于何时何地会遭遇苦难，我们无法预期，更无力控制，但我们可以选择如何面对，我们可以掌握和控制如何渡过苦难！

曾有这样一个“倒霉蛋”，他是个农民，做过木匠，干过泥瓦工，收过破烂，卖过煤球，在感情上受到过欺骗，还打过一场长达3年之久的官司。后来，他独自闯荡在一个又一个城市里，做着各种各样的活计，居无定所，四处漂泊，生活没有任何保障。但是在他看来，日子越难过，越要好好过。现在他的模样仍然像一个农民，但是他与乡里的农民有些不同，虽然他也日出而作，但是不日落而息——他热爱文学，写下了许多清澈、纯净的诗歌，每每读到他的诗歌，人们都不禁为之感动，同时为之惊叹。

“你这么复杂的经历怎么会写出这么纯净的作品呢？”他的一个朋友这么问他，“有时候我读你的作品总有一种感觉，觉得只有初恋的人才能写得出。”

“那你认为我该写出什么样的作品呢？《罪与罚》吗？”他笑着问。

“起码应当比这些作品更沉重和黯淡些。”

他笑了，说：“我是在农村长大的，农村家家都储粪种庄稼。小时候，每当碰到别人往地里送粪时，我都会掩鼻而过。那时我觉得很奇怪，这么臭、这么脏的东西，怎么就能使庄稼长得更壮实呢？后来，经历了这么多事，我发现自己并没有学坏，也没有堕落，甚至连麻木也没有，就完全明白了粪便和庄稼的关系。

“粪便是脏臭的，如果你把它一直储在粪池里，它就会一直这么脏臭下去。但是它一旦遇到土地，就和深厚的土地结合，成了一种有益的肥料。对于一个人，苦难也是这样。如果把苦难只视为苦难，那它真的就只是苦难。但是如果你让它与你精神世界里最广阔的那片土地去结合，它就会成为一种宝贵的营养，让你在苦难中如凤凰涅槃，体会到特别的甘甜和美好。”

土地可以转化粪便的性质，人的心灵则可以转化苦难的性质。在这种转化中，每一场沧桑都成了唇间的美酒，每一道沟坎都成了诗句的源泉。

他文字里那些明亮的妩媚原来是那么深情、隽永，因为其间的一笔一画都是他踏破苦难的履痕。

其实，对于每一个人，苦难都可以成为礼物或是灾难，选择权就掌握在你自己手里，你无须祈求上帝保佑、菩萨显灵。一个人的尊严和非凡之处，就在于不轻易被苦难压倒，不轻易因苦难而放弃希望，不轻易让苦难占据自己蓬勃向上的心灵，而是踏踏实实认真地过好每一天。

4. 超越人生的苦难

世界上有这样一种动物，它的名字叫帝王蛾。它们要经历一个过程——那就是出茧。出茧对于它们虽说是非常痛苦的事情，但它们只有靠自己破茧而出，将来才能飞得更高。而有一只帝王蛾畏惧苦难，在人类的帮助下同样破茧而出，但这只帝王蛾永远都没有飞起来，最后它死了。原来，帝王蛾破茧而出是用自身的翅膀破茧，这样可使自己的血流通入翅膀，让翅膀变得更加壮硕，也就飞得更高。

帝王蛾的故事告诉我们一个道理：若想飞得高，壮大自己的翅膀是唯一选择。人生之路，不如意事常八九，一帆风顺者少，曲折坎坷者多。我们只有不断克服苦难，主动磨炼自己的意志，才能超越困难，使自己蜕变成一个强者。

人和帝王蛾一样，有缘来世上走一遭，也是来之不易。可以说，每个人的诞生都是一个奇迹。出生后，人们顺从命运给自己指定的角色，演绎着一世的沉浮。悲与欢，得与失，爱与恨，把这个世界点缀得五彩缤纷。其实，来世间已是不易，能够在这人间的大舞台上洒脱而尽情地演绎自己的角色就更是不凡了，那需要富有弹性的生命力和对苦难隐忍的勇气。

现实生活中，很多人把苦难真的当成苦难，终日徘徊其中无力挣脱，于是，旧的苦难尚未化解，新的苦难又接踵而来，苦难越积越厚，越积越重，逐渐形成一座大山，压在他们的脊梁上。结果，要么被这座山压死，要么背着这座山走下去。即使费尽九牛二虎之力，也难以走远。相反，有的人把苦难当成一种磨砺，当成一种智慧的提炼，当成一种对人生的启悟，他经过苦难，然后从中走出，从而看到了一片湛蓝的天空。

这个世界有太多不如意在等着我们，刚刚送走爱情的烦恼，又迎来了孩子的困扰；刚刚闯过住房的关口，又踏进了工作的迷城。生活似乎永远动荡不安，人生似乎处处皆是烦恼，我们揪住一道伤口不放，自怨自艾不休，不肯给它愈合的机会，换回更多的伤口加诸己身。直到有一天，血流尽了，对疼痛的忍耐也到了极限，要么疯掉，要么死亡。

的确，苦难是残酷的，但如果你能充分利用苦难来磨炼自己，苦难也会馈赠给你很多。

下面这则故事就是个很好的说明。

由于经济破产和从小落下的残疾，人生对格尔来说已索然无味了。

在一个晴朗的日子，格尔找到了牧师。牧师现在已疾病缠身，脑梗彻底摧毁了他的健康，并遗留下右侧偏瘫和失语等症，医生们断言他再也不能恢复说话能力了。然而仅在病后几周，他就努力学会了重新讲话和行走。

牧师耐心听完了格尔的倾诉。“是的，不幸的经历使你的心灵充满了创伤，你现在生活的主要内容就是叹息，并想从叹息中寻找安慰。”他闪烁的目光始终燃烧着格尔，“有些人不善于抛开痛苦，他们让痛苦缠绕一生直至毁灭。但有些人能利用悲哀的情感获得生命悲壮的感受，从而对生活恢复信心。让我给你看样东西。”他向窗外指去，那边矗立着一排高大的枫树，在枫树间还悬吊着一些陈旧的粗绳索。他说：“60年前，这儿的庄园主种下这些树护卫牧场，他在树间牵拉了许多粗绳索。对于幼树嫩弱的生命，这太残酷了，这种创伤无疑是终身的。有些树面对残酷的现实，能与命运抗争；有些树则消极地诅咒命运，结果也就完全不同了。”

他指着一棵被绳索损伤并已枯萎的老树：“为什么有些树毁掉了，而这一棵树却成为绳索的主宰而不是牺牲品呢?”

眼前这棵粗壮的枫树看不出有什么疤痕，格尔所看到的是绳索穿过树干——几乎像钻了一个洞似的，真是一个奇迹。

“关于这些树，我想过许多，”牧师说，“只有体内强大的生命力才可能战胜像绳索带来的终身的创伤，而不是自己毁掉这宝贵的生命。”沉思了一会儿后，牧师又说：“对于人，有很多解忧的方法。痛苦的时候，找个朋友倾诉，找些活干。对待不幸，要有一个清醒而客观的全面认识，无法排除就将它纳入，就像这棵枫树纳入绳索一样。有一点也许是最重要的，也是最困难的——你应尽一切努力愉悦自己，真正地爱自己，并抓住机会磨炼自己。”

苦难宛如天边的雨，说来就来，你无法逃避，无法退却；苦难也似横亘的山，赶也赶不跑，你只有超越，只有征服。

贝多芬，一位伟大的作曲家，正当他在音乐方面有所成就之时，突然患了耳疾，从此，他生活在一个没有声音的世界里。试问，对于一个作曲家来说，还有什么打击能比这更大呢？但也正是在这种情况下，他完成了一生中最辉煌的著作——《第九交响曲》。

聋子能作音乐，已是奇谈，何况是人世间最伟大的著作。可见，只有能超越人生最大苦难的英雄才能为之。

因为能够超越苦难，双目失明的阿炳，用一手漂亮的二胡拨亮了他在音乐殿堂的明灯，从而使坎坷的人生充盈了凄美的诗意。

因为能够超越苦难，高位截瘫的张海迪用手中的笔在轮椅上捕捉到了飞翔的梦想，她漂亮的文字、优美的图画和响亮的歌喉，使她的人生几近完美……

很多时候，阻挡我们前进的不是别人，而是我们自己。“自我”可以使你走向成功的坦途，同时，它也可能会让你坠入失败的深渊。作为一介俗人，完全超脱或许非我们能力所及，但是，适当地超脱却是人生之必需。那是一次和解，一缕释然，一种超越，一份旷达，是生命的坚忍，是天人的交融，是生的艺术，也是活的艺术，这便是生活。

第二节 培养不怕吃苦的精神

1. 主动用苦难磨炼自己

很多人都说，现在生活越来越富裕，再谈吃苦、艰苦奋斗是不是太落伍了？事实真的是这样吗？

其实，“吃苦”可以分为两种形式，一是为生活所迫，不得不吃苦；二是生活富裕，主动吃苦磨炼。如今中国人逐渐走向富裕，没有多少苦可吃了，面对财富对子女教育的挑战，如何让子女早日成才，很多父母常常显得茫然失措。

“穷人的孩子早当家”，这是我们耳熟能详的谚语，也一直被望子成龙的中国父母视为金科玉律。其实，“穷人的孩子早当家”是一种无奈，是环境和生活所迫。现在生活富裕起来了，不可能让所有的孩子都过早成熟，但“有钱难买幼时贫”却是很有实际意义的。

据报载，在经济发达的德国，小学生的课本每学期用过后都由老师收回发给下个年级的学生再用，反复多次，直到不能再用才“吐故纳新”。这既节省了学生的费用，减少了重复印刷的浪费，更有利于教育孩子养成节俭的习惯。而中国现在有些孩子却被宠成了“小皇帝”，什么都要新的、贵重的、时髦的，互相攀比，唯恐落后。学校对学生也缺乏节俭方面的教育，这是值得深思的。

当然，懂得主动吃苦的人生是有意义的。

1993 年 9 月的一天，一位面带菜色的年轻人走进了湖北大学。他的全部行李，就是一个装着书和几件旧衣服的尼龙袋。他叫黄海涛，是行政管理系文秘专业新生。他在交上带着体温的 1000 元后，又写下了一张 1400 元的学费欠条，之后他身上就只剩下 40 元了。他知道，从此他必须靠自己生存并完成学业，再艰难也必须坚持下去，因为，为了圆这个大学梦，他已付出了很多很多。

黄海涛 3 岁时，母亲不幸去世，六七岁时就拿着根竹竿跟在父亲后面放鸭，直到 9 岁他才上小学。每年寒暑假他出去放鸭，身边总带着书读。

他刚上初三，24 岁的大哥便因肺癌去世，留下了一堆债务。嫂子走了，父亲有病，17 岁的他不得不辍学回家，挑起了生活的重担。他一边干活一边自学。第二年夏天，他回校参加中考，考取了红安县一中。全家人都在勒紧裤腰带还债。那 3 年他是怎样在饥饿中熬过来的，他不愿说，他只说直到今天他仍认为人生最可怕的莫过于饥饿。他要上大学，要圆儿时做的大学梦。他决定自己出去打工，挣了钱再回来读书。

1992 年夏天，他带着高中课本，揣着借来的 10 元钱离开了家。当他来到武汉时，身上只剩下 2 元钱。白天他四处找活，晚上就睡在火车站的凳子上。他找了两天，没找到活，2 元钱买的 5 个烧饼也吃完了。第三天中午，他饿着肚子来到一个工地上，老板见他身体单薄，便说："你把那堆沙给我筛出来，干得下来，你就留下。"

中午的太阳像个火球，加上从头天晚上开始他就没吃过东西，胃里像有尖锐的东西划过，他难受极了。但是他必须挺住，他不能失去这个能生存下去的机会。他终于将最后一锹沙投进了筛子，几乎要倒下了，但他仍硬挺着，不让老板看出他的虚弱。老板过来拍着他的肩膀，说："好，小伙子，留下来吧，每天给你 6 元工钱。"

挑砖、扛水泥、运沙子、打混凝土，每天要干11个小时，赚来的6元工钱只够买简单的饭菜，可是他舍不得吃，他要攒钱回去读书。他常常空着肚子干活，而且一有加班任务就抢着上，为的是干一天一夜可拿两份工钱，有一次他竟一连干了三天三夜。每天干完活，他就在灯下拿出高中课本复习。民工们熄灯睡觉了，他则点燃蜡烛继续学习，半年里用掉了100多支蜡烛。他知道，多挣一分钱多用一分功，就与大学的门靠近一步。半年后，他带着500元血汗钱回到家乡，回到了学校。

如此几个夏冬，他终于走进了大学校园。

人活着若仅仅是为了苟活着，那就失去了生存的意义，必须在生存中求发展。他找了份家教，每个周末去上两次课。为了节约车费，尽管来回十几里路，他都步行。虽然每个月有120元收入，可是除了吃饭，他还要还欠下的1400元学费。半年后，他又找了一份周末帮人挨家挨户送广告的活儿，送一份5分钱，干了几个月，脚上的球鞋都跑烂了，他拿到了400多元劳务费。他还在校印刷厂干零活儿。每年寒暑假，他都留校，一边打工，一边看书学习。1994年暑假，他给一个啤酒商打工，在酷热的太阳下，他每天坐在闷罐子一样的封闭车里绕武汉三镇几周，给一家家用户送啤酒，70多斤重的啤酒桶他一个人背上背下。他还要帮老板算账，讨债，干家务活。他每天早上7点钟上班，深夜才腰酸背痛地回到宿舍。

学校两次要给他困难补助，他都坚持不要。如果说他之前打工是被迫的话，那么，在有困难补助的情况下，做出这样的选择则是在主动培养吃苦精神了。

有一位住在附近的党校老师听说了他的情况，几次找到他，愿每个月给他提供200元生活费，他也婉言谢绝了。有人不解地问他："你生活这么困难，为什么送上门的援助不接受？"他笑了笑，说："苦难也是一所大学，也是一笔财富，我得到的要比失去的多得多。"

许多同学只知道他总是十分匆忙，只知道他一到周末就失踪了，却不知道他在学习之余必须自己养活自己。在同学们眼里，他总是那么乐观，他的综合测评在班上总是名列前茅，年年获得奖学金。他还担任学生会干部、学生通讯社社长。他办讲座、组织征文、举办写作研讨交流等活动，无不有声有色。

他们不知道，每天早晨，当他们还在睡梦中时，黄海涛就起床了，在校园里读书，背英语。晚上，他们熟睡后，黄海涛点着蜡烛仍在学习、写作。周末，他们去跳舞、旅游，黄海涛打工回来不是泡在图书馆，就是在宿舍看书。他说，人不仅仅是为了活着而活着，在生存中求发展才是根本目的。上大学二年级时，他就获得了英语四级证书。从 1994 年 11 月发表第一篇作品到现在，他已先后在《人民日报》、《中国青年报》、《文汇报》等 20 多种报刊上发表了 10 余万字的作品，并被几家报刊聘为特约记者。不久，他光荣地成为了一名中共党员。

吃苦耐劳是一个人，尤其是青年人，应该具备的优良品质之一。从现实生活来看，大凡在单位里受到领导重视、得到同事尊重、事业发展良好的，莫不是那些在工作中吃苦耐劳、踏踏实实、兢兢业业的实干苦干者。

但这些年来，吃苦耐劳的精神对许多年轻人来说已经越来越陌生了，这从他们的择业观便可窥一斑。有的人自我感觉良好，找工作愿留大城市，找单位讲究舒适度，在单位愿到办公室……至于进工厂、去一线、下基层或者去农村创业，则是想也不去想。就算“委屈”一下自己先就了业，很多时候也是身在曹营心在汉、这山望着那山高，难以安下心来踏实工作。结果，一段时间过去了，大事干不来，小事做不好；单位换了很多，水平和能力却没长多少。凡此种种，都是心浮气躁、缺乏吃苦耐劳精神所致。

古人是比较实际的，在多年的生活实践中，他们总结出“吃得苦中苦，方为人上人”的良训。正所谓“话糙理不糙”，这句话既说明了苦与利的因果关系，又阐释了人应主动去吃苦而不是被动地受苦的道理。这是我们经营人生必取的一种姿态。

2. 穷养儿子富养女的启示

面对种种苦难，需要我们以正确的观点去对待。“穷养儿子富养女”是民间的一句古训。对古训的理解，要从哲学和广义上去领会，不能从狭隘的角度去接受，否则，每条谚语与古训都会有偏差。

也有人说“男孩放养猛如虎，女孩家养秀如花”。穷是磨炼，男孩是泥土身，将来得成长为男人，所以须经得起摔打、经得起风雨。富是呵护，女孩是莲藕身，磕不起，得娇贵点养。

古人还认为“从来富贵多淑女，自古富饶少伟男”，所以应当“穷养儿子富养女”。

富养的女儿不贪小利，气质非凡；富养的女孩，从小会被带着出入各种场合，增强阅历，等到花般年纪，再到尘世里增长见识，便不易被各种浮华和虚荣所迷惑。而一个没见过大世面的女孩，在富家花花公子的糖衣炮弹下，很可能被花言巧语所蒙蔽。富养的女孩，因为见识多、独立、有主见、明智，很清楚自己真正追求的东西。富养女更浪漫。女孩被称为千金，估计也有这方面的渊源。虽说相貌是天生的，可也需要后天的精心呵护，需要平日的精雕细琢，这显然需要一定的物质基础。从另一个角度来说，除了给予较好的物质条件外，更需要开阔女孩的视野与见识。富也是“丰富”的意思。懂得美，懂得欣赏，懂得辨别，也就懂得了自我保护，而不会被外界的种种所诱惑。

生活的磨砺让穷养的儿子意志更坚强。男孩以后要走上社会，承担社会责任与家庭责任，要穷养以励其志，否则花钱大手大脚，花花公子一个，如何上奉父母、下养妻儿？

穷养男更实在。做一个真正的男人，这一生要蒙受的磨难、冷眼、屈辱、挫折不知有多少。古人说：“天将降大任于斯人也，必先苦其心志，劳其筋骨，饿其体肤，空乏其身，行拂乱其所为，所以动心忍性，增益其所不能。”男孩从小就应培养艰苦朴素、吃苦耐劳的作风，仁义孝道的思想，尤其在物质上不能给予过多，否则容易成为一个纨绔子弟。

人们希望得到的结果是，富养 20 年，芙蓉出水；穷养 20 载，宝剑出炉。

也就是说，男孩“穷”养，吃苦受罪，历尽沧桑，日后方能有所作为、有担当；女孩“富”养，生活精致，无忧无虑，优越的生活就像一针强劲的免疫针，使她以后能对抗诱惑、明辨真伪，成为一个知情识趣、优雅美丽的女子。

众所周知，美国是世界上的强国，美国人育儿方面也有类似的观念，不过他们不怎么重视子女的性别，而是强调富孩子要穷养，要让他们先遭遭罪、经历一些痛苦，干粗活、干脏活，让他们了解什么叫劳动和金钱的价值，了解生活的艰辛和不易，了解财富需要努力创造的道理。

美国不少富人在孩子身上花的钱简直可以用“吝啬”来形容，但也正是这种“吝啬”换来了“富二代”们的自强，换来了国家经济和社会的持续发展。

在日本，有一个拥有亿元资产的大企业家，他的独生女正在念大学。令人想不到的是，这个“大款”的女儿白天上课，晚上还要外出打工，以赚取自己的学杂费。对此，“大款”平静地说：“我这样做只是为了让孩子从小知道生活的艰辛，这样，她长大后才能知道怎样把握自己，才能在社会上站住脚。”

日本人教育孩子有句名言：“除了阳光和空气是大自然的赐予，其他的一切都要通过劳动获得。”日本一些家庭利用挫折教育手段，从小培养孩子的吃苦能力。每到冬天，他们就让幼儿赤身裸体地在风雪中摸爬滚打。天寒地冻，北风怒吼，不少幼儿冻得嘴唇发紫、浑身发抖，父母们则站在一旁置之不理。日本的小学启蒙教科书告诉学生：你生活在一个面积狭小、资源贫乏的国家……生活是很艰辛的……从孩子很小的时候，父母就给他们灌输一种思想：不给别人添麻烦。全家外出旅行，仅四五岁的孩子都无一例外地要背上一个小背包，“自己的东西应该自己来背”。许多日本学生在课余时间外出劳动挣钱，勤工俭学非常普遍。他们靠在饭店端盘子、洗碗，在商店售货，在养老院照顾老人，做家庭教师等，来挣取自己的学费。

中国现在还是一个发展中国家，经济实力与日本、美国相比还有很大差距。但中国孩子常埋怨学校饭不好吃，寝室太冷无法睡觉；早上赖床不起，要父母帮忙穿衣服；稍微头疼、眼疼、肚子疼就向老师请假，在学校待两天就想回家；打扫一下教室卫生就叫苦不迭，做一点家务就厌烦痛苦，更有甚者写一会儿作业就忍受不了，请人代劳。家长的表现也令人费解，即便在一个算不上富裕的小康人家，对孩子也是娇生惯养，如“皇帝”一般伺候着，对于孩子的教育更是“不差钱”，大把大把地投入，孩子想要什么大人即使勒紧裤带也要想办法满足。这种抚养模式容易让孩子养成以自我为中心的性格，孩子也从不体谅父母和他人的感受。富人家的孩子，更有可能横行霸道，不知天高地厚，最后出现“坑爹门”，出了事情连累老子；穷人家的孩子如果有一天虚荣心得不到满足，也有可能铤而走险，走上违法犯罪之路。

由此可见，一个不愿意吃苦的孩子怎么可能成才？将来又怎么能担负起社会责任和国家重任？

吃苦有三重境界：一是“挨苦”，二是“适应”，三是“超越”。

“挨苦”是被迫受苦，会对艰苦的劳作感到厌恶和惧怕，但又不得不做，只能以熬时间来度过吃苦的时日。

“适应”是一个人进行一段时间的锻炼后，具备了一定的承受能力，不再有恐惧，可以适应同样的环境。

“超越”才是吃苦的最高境界。处于这种境界时，人虽然肉体十分疲惫，但内心却充实和满足。从这个意义上说，吃苦可以涵养浩然正气，孕育卓越英才，成就辉煌人生。

所以，让孩子劳动、打工，赚钱并不是主要目的，而是让他们通过实践接触社会，培养独立自主、吃苦耐劳的精神，同时也提高实际动手能力。通过培养吃苦精神，让他们具有较强的适应能力和纪律性。如此，在未来的日子，他们将会以充沛的精力、刻苦钻研的精神努力工作。

3. 征服苦难需要勇气和能力

苦难，你战胜它，它便会成为你的财富；如果它战胜你，你便成为它的奴隶！世界上不能逃出困境的人实在太多了，为什么呢？因为承受和征服苦难不仅需要勇气，还需要能力。

在一次聚会上，一些实业家、明星谈笑风生，其中有著名的汽车商约·艾顿。艾顿向他的朋友——后来成为英国首相的丘吉尔回忆起他的过去。

他出生在一个偏远的小镇，父母早逝，是姐姐帮人洗衣服、干家务挣钱，将他抚育成人。姐姐成家后，姐夫将他撵到舅舅家。当时，他正在读书，舅妈规定他每天只能吃一顿饭，还得收拾马厩、草坪。刚工作时，他租不起房子，有一年时间，他都在郊外一处废旧仓库里睡觉……

丘吉尔惊讶地问："以前怎么没有听你说过这些？"

艾顿笑道："正在受苦或正在摆脱苦难的人，是没有权利诉苦的。"他接着说，"苦难变成财富是有条件的，这个条件就是，你战胜了苦难并不再受苦。只有在这时，苦难才是你值得骄傲的一笔人生财富。别人听到你的苦难时，会觉得你意志坚强，值得敬重。但如果你还在苦难之中，你能说什么呢？在别人听来，你诉苦无异于请求廉价的怜悯甚至乞讨……这时，你能说你正在享受苦难，在苦难中锻炼品质、学会坚韧吗？"

艾顿一席话，使丘吉尔重新修订了他"热爱苦难"的信条。他在自传中写道："苦难是财富，还是屈辱？当你战胜苦难时，它就是你的财富；当苦难战胜你时，它就是你的屈辱。"

征服苦难需要勇气和能力。构成人类行为的原动力无非有两点：一种是本能需要，欲求生理的满足；一种是高级思维的驱使，规划前程，去实现理想和愿望。

每个人都渴望成功，但真正想付出努力而又最终达到目的的毕竟是少数，因为懒惰、求安逸，也是人的天性之一。

的确，人有先天的差异、智商的高低，但所处的环境与实践，对于塑造或使其成为怎样的一个人尤为重要。

美国前总统克林顿并不算是天才人物，但他能登上美国总统的宝座，与他个人的勤奋和磨炼不无关系。

克林顿的童年很不幸。他出生前 4 个月，父亲就死于一次车祸。他母亲因无力养家，只好把出生不久的他托付给自己的父母抚养。童年的克林顿受到外公和舅舅的深刻影响。他自己曾说，他从外公那里学会了忍耐和平等待人，从舅舅那里学到了说到做到的男子汉气概。他 7 岁随母亲和继父迁往温泉城。不幸的是，父母之间常因意见不合而发生激烈冲突，继父嗜酒成性，酒后经常虐待克林顿的母亲，小克林顿也经常遭他斥骂。这给从小就寄养在亲戚家的小克林顿的心灵蒙上了一层阴影。

坎坷的童年生活，使克林顿形成了尽力表现自己、争取别人喜欢的性格。他在中学时代非常活跃，一直积极参与班级和学生会活动，并且有较强的组织和社会活动能力。他是学校合唱队的主要成员，而且被乐队指挥定为首席吹奏手。

1963 年夏，他在“中学模拟政府”的竞选中被选为参议员，应邀参观了首都华盛顿，这使他有机会看到了“真正的政治”。参观白宫时，他受到了肯尼迪总统的接见，不但同总统握了手，而且还和总统合影留念。

此次华盛顿之行是克林顿人生的转折点，使他的理想由当牧师、音乐家、记者或教师转向了政治家，梦想成为肯尼迪第二。

有了目标和坚强的意志，克林顿此后 30 年的全部努力，都紧紧围绕这个目标。上大学时，他先读外交专业，后读法律——这些都是政治家必须具备的知识修养。离开学校后，他一步一个脚印，从律师到议员再到州长，最后达到了政治家的巅峰——总统。

人生来都希望在一个平和顺利的环境中成长，但上帝并不喜爱安逸的人们，他要挑选出最杰出的人物，再让这些人历经磨难，最后成才成功。

4. 用苦难铸就优良品质

人们常说，苦难是上帝对人们的试验。此话不无道理，这与古人“天将降大任于斯人”的经典成功学完全吻合。的确，人类的许多优良品质都是在苦难中形成的。

我们都知道中国工农红军进行二万五千里长征是何等的艰苦，但在艰苦卓绝的斗争中，红军战士经受住了考验，铸就了优良品质，为人们树立了一座精神丰碑。长征精神“就是把全国人民和中华民族的根本利益看得高于一切，坚定革命理想和信念，坚信正义事业必然胜利的精神；就是为了救国救民，不怕任何艰难险阻，不惜付出一切牺牲的精神；就是坚持独立自主、实事求是，一切从实际出发的精神；就是顾全大局、严守纪律、紧密团结的精神；就是紧紧依靠人民群众，同人民群众生死相依、患难与共、艰苦奋斗的精神”。概括起来，长征精神就是“不怕苦、不怕死”的崇高境界，是中华民族百折不挠、自强不息的民族精神的最高体现。

那么，是什么锤炼出人类最深邃和最高尚的思想呢？不是人类的学识，不是商业行为，更不是感情的冲动，而是苦难。

人类有着多种坚强的品格，是与苦难势不两立的，比如自信、勇敢和坚韧。许多人虽身处困境，遭遇患难和不幸，但他们有着自信和勇敢的秉性，最终战胜了苦难这个恶魔。

从某种意义上说，苦难本身并不可怕，可怕的是贫苦的思想、观念，以及没有征服苦难的勇气、能力和决心。大千世界里，造物主为每个人都预备了美满的结局，我们应该下定决心、集中精力，去努力争取，并要百折不挠。

很多人都听说过这样一个故事。

一个农民，初中只读了两年，家里就没钱继续供他上学了。于是，他辍学回家，帮父亲耕种3亩薄田。19岁时，他父亲去世了，家庭的重担全部压在了他的肩上。他要照顾身体不好的母亲和瘫痪在床的祖母。

20世纪80年代初，农田承包到户。他把一块水洼挖成池塘，想养鱼。但乡里的干部告诉他，水田不能养鱼，只能种庄稼，他只好把水塘填平。这件事成了一个笑话，在别人眼里，他是一个想发财但又非常愚蠢的人。

听说养鸡能赚钱，他向亲戚借了500元，养起了鸡。但是一场洪水后，鸡得了鸡瘟，几天内全部死光。500元对别人来说可能不算什么，但对一个只靠3亩薄田生活的家庭而言，无异于天文数字。他的母亲受不了这个打击，竟然忧郁而死。

他后来酿过酒、捕过鱼，甚至还在石矿的悬崖上帮人打过炮眼……可都没有赚到钱。

35岁的时候，他还没有娶到媳妇。即使是离异的、有孩子的女人也看不上他。因为他只有一间土屋，而那土屋随时有可能在一场大雨后倒塌。娶不上老婆的男人，在农村是没有人看得起的。

但他还想搏一搏，就四处借钱买一辆手扶拖拉机。不料上路不到半个月，这辆拖拉机就载着他冲入一条河里。他断了一条腿，成了瘸子。而那辆拖拉机，捞起来后已经支离破碎，他只能拆开它，当废铁卖。

几乎所有的人都说他这辈子完了，但是后来他却成了大城市里一家公司的老总，手中有两亿元的资产。

记者问他："在苦难的日子里，你凭什么一次又一次毫不退缩？"

他坐在宽大豪华的老板台后面，拿起一只玻璃杯子握在手里，问记者："如果我松手，这只杯子会怎样？"

记者说："摔在地上，碎了。"

他手一松，杯子掉到地上发出清脆的声音，却没有破碎。他接着说："即使有10个人在场，他们都会认为这只杯子必碎无疑。但是，这只杯子不是普通的玻璃杯，而是用玻璃钢制作的！"

记者不禁感叹：这样的人，即使只有一口气，他也会努力去拉住成功的手，除非上苍剥夺了他的生命……

在苦难中练就的品质犹如钢铁般坚不可摧。这个故事最让人钦佩的就是主人公坚韧不拔的品质和百折不挠的精神。现实中，很多人不会经历那样的磨难，但是各种困难却会经常遇到，如果有了这样的“玻璃钢”精神，就可以坚定我们的信念，引导我们走向理想的彼岸！

人的一生就是在不断追寻中成长的。处于逆境，便要经历苦难；经历苦难，便会拥有苦难给予的种种品质；拥有了这些品质，便能一跃龙门，铸就坚实而辉煌的人生。

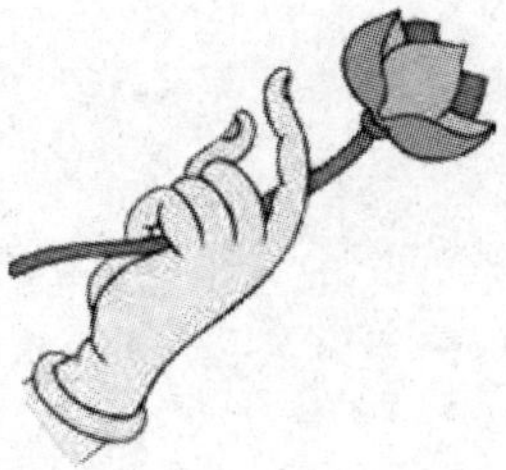

第三章　敞开胸怀，直面心灵折磨

生命中有太多的磨难和眼泪，但是，不经历风雨，怎能见彩虹？当我们以海纳百川的开放心胸去看待人生中的每一段经历、每一个故事，用感恩的心态接纳这个世界，我们才会获得最崇高的幸福，拥有生活下去的信心和勇气。

第一节 近人情

1. 人情不是“关”

人情是指一种礼节应酬的习俗，在中国已有几千年的传统。重视人情的处世哲学被我们继承了下来，并且发扬光大，所以，人们始终很难绕过人情这一关。

人情本无罪，中国人历来重情义，“千里送鹅毛，礼轻情义重”，生活在人情的周遭，自然没有寒冷的道理。

然而，如今的我们是怎样异化了人情？功利、贪婪、投机……变异、变质的人情让我们对这个社会人与人之间的关系充满了厌恶，却逃不出这座围城。

有人说人情是笔债，不要总欠着别人；有人说人情是张罚款单，开出去人家总会回报；还有人说，人情是润滑剂、腐蚀剂，一些官员就栽在了这上面。要不要欠，要不要还，内心经受了许多折磨后，最终还是觉得一来二去，攀一点人情才好。

人情，有关给不给人面子的问题。

2012 年 2 月 17 日凌晨，年仅 45 岁的广东省韶关市武江区委书记苏力在其住所内自缢身亡。来自当地司法系统的消息显示，苏力的死因很可能与计划建设的涂料工业园有关。“涂料老板们已经交了一部分土地订金，但因为种种原因，目前仍办不成厂，苏力自己觉得没脸回老家见人。”一名知情人士向外界透露。

作为从广东顺德出来的干部，苏力凭借自己的个人魅力说服了“涂料之乡”顺德的100多家涂料企业落户该工业园区。顺德企业家做生意是很看人的，能够把这么多家涂料企业拉到韶关，除了韶关的土地便宜具有吸引力外，说明这些顺德企业家信任苏力。3年过去了，这些涂料企业进驻工业园的日子还遥遥无期，带给企业的损失让重视乡情的苏力备感压力。

在苏力眼里，人情就是面子。他凭借老乡关系和区委书记的面子拉来了投资商，却在政策困境中没有为人家办成事，失去了面子，人情压力之下的他选择了一条不归路。由此可见，有些人重面子胜过自己的生命。

万通集团董事局主席冯仑曾经讲过一个故事：开车违章，恰逢熟人“卖个面子”，省下了50元罚款；回头“买个面子”，安排熟人亲戚进公司上班，那人根本不适合这个岗位，自己还不得不付出薪水两万余元。这样的窘境，不少人都会遇到。面子，在中国是一种混合了交情、信用、自尊、声誉等的特殊标签。

人情，有关世态炎凉。

几年前，山西省大同市副市长王伟国被其妻兄周云所杀。官方称，周云多次要求王伟国将他从企业调到事业单位工作，均遭拒绝，遂对王伟国产生了报复念头。

周云为什么会给王伟国提出一个在一般人看来很难办的事情呢？无非是因为他觉得作为副市长的妹夫应该给他这个面子和人情，所以才会找上门来求助。而当年王伟国结婚时，只是机关的一般办事人员，而且出身农家，周云对他并不感冒。

我们常常听到“人情冷暖，世态炎凉”这句话，确实，这就是现实的残酷之处。一些掌权者在位时，逢年过节前来拜访的人可以踏破门槛，家里人来人往，好不热闹；可一旦退位，甚至有的在快退休的时候，就会“门前冷落车马稀”。不少官员退休后都感叹“人在人情在”、“人走茶凉”。一些落马的贪官可能更能体会“人情冷暖”的另一层含义。

人情，有关权力与利益。

河南省某县原县委书记王某因受贿入狱后痛悔道：“当一副冰冷的手铐铐住我双手的时候，我才如梦初醒，认识到给我送钱的人所谓‘啥时候也不会说出去’的承诺是靠不住的。假如我不是县委书记，我手中没有他们所期待的‘生杀予夺’的权力，他们还会与我‘礼尚往来’吗？他们为什么不把钱送给那些急需用钱的贫困农民、下岗工人呢？那些为了一时之利在我面前极尽奉承谄媚的人，在我出事后没有几个来看过我。”所谓“贫居闹市无人问，富在深山有远亲”，正说明人情与利益的关系。

人生的关系有三种：人和自然，人和人，人和自己的内心。一般人只注重人和人的关系——人情，而人情是一个让所有人心灵都饱受折磨的东西。人情关过不了，就会为人情所害。

其实，人情不仅仅是中国人特有的，整个人类社会都是少不了的。从理论上讲，人类社会有两种交换：商品交换和社会交换。前者是为生理生存的需要，有等价、及时交换的特点；而人情涉及情感问题，简单地说是为了社会互动，联络感情，增进友谊。人情是中国人的千古智慧。中国绵延数千年成为现存的文明古国，人情对维系社会稳定的作用不可忽视。朝代可以更替，人情始终未变，社会由此存续。血脉相连，人情温暖，这是一个让中华民族骄傲的传统。

但是，人情一定要用在正途上。凝聚社会道德力量，让人与人之间充满关爱之情，这才是人情的魅力所在。从这个意义上说，人情是付出，既要付出金钱与物质，也要付出感情。生活中常常见到有人抱怨人情冷漠，朋友缺乏友情，甚至不讲交情。其实说穿了，抱怨的一方往往是由于自己的某种需求没有得到满足，而这种需求往往也是非常功利的。

因此，过好人情关首要的是平衡好利害关系。在人情问题上要辨明真伪，分清哪些是纯洁无私的真情，哪些是营私谋利的假意。古人说：“人情似纸翻翻薄，世事如棋局局新。人情翻覆似波澜，白首相知如按剑。”这话也许有点言过其实，但据实而论，在“人情”上弄虚作假的却不少。有的人“道是无情却有情”，像暖水瓶，外冷内热，是诤友，直言不讳地给你提意见，真心实意地帮你改缺点；有的人“挂着羊头卖狗肉”，打着“人情”的旗号，背后是赤裸裸的利益驱动和利害考虑，目的无非是沾光得利，追求的不过是权力资本。多少贪官正是在“人情”幌子下贪饵食钩、陷泥不拔，直至锒铛入狱，掉了脑袋。

当然，你也应该感谢那些做假人情的人，因为他们增长了你的见识，提高了你的心智。

2. 尊重他人是对生命的一种感恩

生活中，我们天天都要与人打交道。做人最基本的原则，就是要懂得尊重别人，懂得感恩。一个人的性情，经外力改造后，以一种什么样的状态示人，实际上就是这个人的处世态度。

尊重他人就是给人面子。面子代表了一个人的脸面，是中国人自尊心、尊严、利益等的代名词。给面子是中国人自觉遵守的一种人际交往准则。给人面子，就是尊重别人的人格；扫了面子，就是侵犯了他人的尊严……所以，中国式面子是人情关系中最为敏感的问题。

汉高祖刘邦平定天下之后，开始论功行赏。刘邦认为萧何功劳最大。大家都说“平阳侯曹参身受七次伤，而且攻城略地，功劳最大，应当排第一”，但刘邦心中还是想将萧何排在首位。

这时，关内侯鄂君已经揣摩出刘邦的意图，于是不顾众大臣的反对，挺身上前说道：“群臣的评议都错了！曹参虽然有攻城略地的功劳，但这只是一时之功。皇上与楚霸王对抗 5 年，难免会有战线上的漏洞，而萧何却常常从关中派兵员填补战线上的漏洞。楚汉在荥阳对抗了好几年，军中缺粮，都是萧何转运粮食补给关中，粮饷才不至于匮乏。再说皇上有好几次暂居山东，都是靠萧何保全关中，才能接济皇上，这才是万世之功。如今即使少了100个曹参，对汉朝又有什么影响？我们汉朝也不必靠他来保全啊！我主张萧何第一，曹参其次。”刘邦听后非常高兴，把萧何排在了首位。

鄂君之所以这么说，就是为了维护刘邦的尊严，给骄傲自大的皇帝面子。

在为人处世中，保全自己面子或给人面子都不是一件容易的事情。有的人为了使别人对自己有个好印象，或为了给对方一个台阶下，往往对对方提出的一些要求不加分析地接受，结果弄得自己很难受。

因此，给人面子要讲技巧。每个人都有所长，亦有所短，要运用好“避免矛盾、稳中求安”之术，关键是善于发现对方身上的优点，而不是抓住别人的隐私、痛处大做文章。

明太祖朱元璋出身贫寒，做了皇帝后自然少不了有昔日的穷哥们到京城来找他。有位儿时与朱元璋一起光屁股长大的好友，千里迢迢从老家凤阳赶到南京，几经周折总算进了皇宫。一见面，这位老兄便大嚷起来：“哎呀，朱老四，你当了皇帝可真威风呀！还认得我吗？当年咱俩可是一块光着屁股玩耍，你干了坏事总是让我替你挨打。记得有一次咱俩一起偷豆子吃，背着大人用瓦罐煮，豆子还没煮熟你就先抢起来，结果把瓦罐都打烂了，豆子撒了一地。你吃得太急，豆子卡在嗓子眼还是我帮你弄出来的。怎么，不记得啦？”他当着众人的面揭皇帝的短处，让这个万人之上的皇帝的脸往哪儿搁？盛怒之下，朱元璋下令将之痛打一顿然后逐出宫去。

这就是揭人之短的下场。揭短，有时是故意的，那是互相敌视的双方用来攻击对方的武器；有时又是无意的，那是因为某种原因一不小心犯了对方的忌讳。但是总的来说，有心也好，无意也罢，在为人处世中揭人之短都会伤害对方的自尊，轻则影响双方的感情，重则导致友谊的破裂。

所以，我们要善于择善弃恶，多夸别人的长处，尽量回避对方的缺点和错误。“好汉不提当年勇”，但也极少有人愿提及自己不光彩的一页。这是人的本性。

每个人都有自尊心，失去自尊对一个人来说是件非常痛苦的事情。而伤害别人的自尊往往也会让自己失去尊严。美国诗人惠特曼曾说：“不尊重他人，就是对自己的不尊重。”

“感恩”是一种认同和尊重，并不是说有人帮助了你，你才要去感激他，而对平时与你没有什么往来的人就可以不抱着感激之情。如果缺乏尊重，感恩只能流于形式，只是单纯的利益交换。不懂得尊重他人的人，也无法真正理解为什么要感恩，以及如何去感恩。2005 年的电影《外交官场现形记》中的维克托虽然是驻乌拉圭的波兰大使，身居要职，但是他不懂得尊重，不会感恩，虽然最后通过种种手段达到了自己的目的，但是他的亲人和朋友都因此离他而去，使他同样陷入窘迫的境地。

以尊重为基础的感恩，会成为一种自发性的行为。这时候的感恩，已不是一个简单的感激行为，而是一种充满了爱意的行动，可以消除自己和他人心中的狭隘和蛮横。这不仅使得大家的心胸更加宽广，也可以使得自己的人际交往资源变得更加丰富。一个人只要胸中怀着一颗感恩的心，随之而来的，必然会是诸如温暖、自信、坚定、善良等美好的处世品格。

3. 拆除冷漠的心墙，心灵便充满阳光

人活在这个世界上需要沟通，需要情感的交流，更需要表达彼此的情愫和倾诉，可如今，一道道冷漠的围墙让我们望而却步，长久地徘徊在围墙之外。怎么会有墙？为何要有墙？是安全还是屏障？是美的界限还是丑的篱笆？是阻止里面的人出来，还是防止外面的人进去？这壁垒森严的墙，怎么也无法轻易地越过，人心又是如此深不可测。

久而久之，冷漠的围墙变成了帐幕，使人蜷缩在狭小的空间里，没有关爱，没有温暖。

其实，何必冷漠，我们有时不过是在用冷漠提升自己的内心感觉，我们以为冷漠能让自己产生更大的气场，这是完全错误的，冷漠不但使我们

没有了人格魅力，更缺失了一种做人的真诚态度。

一位建筑大师阅历丰富，一生杰作无数，但他自感最大的遗憾就是把城市空间分割得支离破碎，而楼房之间的绝对独立加重了都市的人情冷漠。大师准备过完65岁寿辰就封笔，而在封笔之作中，他想打破传统的设计理念，设计一条让住户交流的通道，使人们不再隔离，而拥有充满大家庭般的快乐和温馨。

一位颇有胆识和超前意识的房地产商很赞同他的观点，出巨资请他设计。图纸出来后，果然受到业界、媒体和学术界的一致好评。

然而，等大师的杰作变为现实后，市场反应却非常不好，乃至创出了楼市价格的新低。房地产商急了，急忙进行市场调研。调研结果出来后，发现人们不肯掏钱买房子的原因竟然是嫌这样的设计使邻里之间交往多了，不利于处理相互间的关系；在这样的环境里活动空间大，孩子却不好看管；空间一大，人员复杂，对防盗之类的问题也不得不心存顾虑……

大师没想到自己的封笔之作会落得如此下场，心中哀痛万分，决定从此隐居乡下。临行前，他感慨地说："我只认识图纸不认识人，是我一生最大的败笔。"

是啊，我们可以拆除隔断空间的砖墙，但谁能拆除人与人之间那厚厚的心墙呢？

从成长的角度来看，心理学家普遍认同这样一个规律：心改变，态度就跟着改变；态度改变，习惯就跟着改变；习惯改变，性格就跟着改变；性格改变，人生就跟着改变。感恩之心改变我们的态度，诚恳的态度改变我们的习惯，良好的习惯升华我们的性格，健康的性格美化我们的人生。

可能不少人都还清楚地记得"2006年感动中国十大人物"之一——洪战辉，他在年幼时就失去了无忧无虑的生活，取而代之的是全家生存的重担。他四处求学，虽然饱经磨难，但他在生活中学会了"滴水之恩，当涌泉相报"的道理。他带着自己的妹妹去大学求学，有许多人向他提供援助，他却没有接受。面对困境，他毫不畏缩，想着世界上还有更多像他甚至比他更贫困的人需要帮助，便自筹资金，建立了一个慈善基金会，帮助那些最需要帮助的人！在颁奖典礼上，他真诚地说："我只不过是记着别人对我的帮助，用一颗感恩的心去帮助更多比我更困苦的人。"

是啊，一双援助之手将拯救无数生灵，一声细心呵护将感化无数心灵。只要我们心中常常装着别人，我们就会在不经意间发现，我们会因为别人而更容易发现生活中的美，发现人生的希望。

一天，一个中年妇女见自己家门口站着三位老人，便上前对老人们说："你们一定饿了，请进屋吃点东西吧！""我们不能一起进屋。"老人们说。"为什么？"中年妇女不解。其中一位老人指着同伴说："他叫成功，他叫财富，我叫善良。你现在进屋和家人商量一下，看看需要我们当中的哪一位？"中年妇女进屋和家人商量后，决定把善良请进屋。她出来对老人们说："善良老人，请到我家来做客吧。"善良老人起身向屋里走去，另外两位也跟了进来。中年妇女感到奇怪，问成功和财富："你们怎么也进来了？""善良是我们的兄长，兄长在，我们也必须在，因为哪里有善良，哪里就有成功和财富。"另外两位老人回答说。其实，就像后两位老人说的那样，财富和地位总是伴随着善良而来的。我们善待每一个人，珍惜每一个人，其实也是在善待我们自己。

冷漠是堵心墙，只有拆除这堵心墙，我们的心灵才会充满阳光。在与人交往时，请将你的心窗打开，不要吝啬心中的爱，因为只有爱人者才会被爱。

4．理解是座"舒心桥"

人与人之间，最重要的是信任与理解。

理解是人与人之间心灵的沟通，是站在别人的角度看问题。理解会使人际关系变得更融洽，使生活变得更美好。

杰克和约翰是多年的同事、好朋友，两人都有看报的习惯。

一次，他们一起去曼哈顿出差。第二天早上，当他们在旅店点完早餐之后，约翰说：“我出去买份报纸，一会儿就回来。”

过了 5 分钟，约翰空着手回来了，嘴里嘟嘟囔囔地发泄着怨气。

“怎么了？”杰克问道。

约翰说：“我走到马路对面的那个报亭，拿了一份报纸，递给那家伙一张 10 美元的票子，让他给我找钱。他不但不找钱，反而从我腋下抽走了报纸。我正在纳闷，他倒没好气地开始教训起我来，说他的生意正忙，绝不能在这个高峰时间给人换零钱。看来，他是把我当成借买报纸之机破零钱的人了。”

两人一边吃饭，一边议论这一插曲。约翰认为，这里的小贩傲慢无理、不近人情、素质太差，很可能都是些“品质恶劣的家伙”，并劝杰克少和他们打交道。但杰克心里并不同意约翰的看法。

他们吃完早餐后，杰克请约翰在旅店门口等一会儿，自己则向马路对面的那个报亭走去。

杰克面带微笑、十分温和地对报亭主人说：“先生，对不起，您能不能帮个忙？我是外地人，很想买一份《纽约时报》看看。可是我手头没有零钱，只好用这张 10 美元的票子。在您正忙的时候，真是给您添麻烦了。”

卖报人一边忙着，一边毫不犹豫地把一份报纸递给杰克，说：“嗨，拿去吧，方便的时候再给我零钱！”

当约翰看到杰克高兴地拿着“战利品”回来的时候，疑惑不解地问道：“杰克，你说你也没有零钱，那个家伙怎么把报纸卖给你了？”

杰克真诚地说：“你我之间是无话不说的好朋友。我的体会是，如果先理解别人，那么自己就容易被别人理解。如果总想让别人先理解自己，那么自己就总觉得别人不可理解。如果用理解来表达需要，那么自己的需要就容易得到满足。”

人际交往中需要理解，理解是相互的。福特汽车公司创始人亨利·福特曾经说过：“如果说成功有任何秘诀的话，那就是因为它存在这样的能力——了解他人的观点，从你自己的角度看问题的同时，也从他人的角度看问题。”

生活中，每个人都希望能够得到自己最在乎、最亲密、最爱的人的理解与信任。得到别人的理解是一件幸福的事，被别人信任则更能体现一个人的价值。被理解与信任是人一生追求的最高境界。

杰奎琳的33岁生日就快到了，丈夫凯恩斯试探着问她希望得到什么生日礼物。杰奎琳想了一会儿，笑着说："其实不必特意准备什么礼物，如果你能在生日那天帮忙照看一下孩子就好了，这样我就可以出门和姐妹们聚一聚了。"凯恩斯听后一口答应下来。

到了生日那天早上，杰奎琳照顾好4个小家伙吃完早饭，特意又把注意事项向从未照看过孩子的丈夫交代了一遍。凯恩斯听得都有些不耐烦了，催着她赶快去好好享受生日时光。杰奎琳见他如此自信，便放心地出门了。大约到了傍晚时分，享受完温泉水疗的杰奎琳满面春风地回到家中，这时，凯恩斯正被4个孩子团团围住，满脸倦容地讲着故事。看到妻子归来，凯恩斯如释重负，连忙递给她一张纸，只见上面记着：给贝莉换尿不湿3次；为淘气的蒂娜擦眼泪8次；弯下腰来替孩子们系鞋带11次；防止他们跑到院子外面去14次；应付他们吃东西的要求19次；艾里和艾伦要玩小气球，共吹气球27个；绞尽脑汁编故事5个；更绞尽脑汁地回答他们的"为什么"17次；还想再做"代理妈妈"的次数是0次。

晚上，凯恩斯面露愧色地对杰奎琳说："直到今天我才真正明白一个母亲意味着什么，一个妻子的责任有多重。"而杰奎琳的回答是："你的理解便是我最好的生日礼物。"

无论是外人还是最亲密的朋友、最爱的亲人，都得互相理解。每个人的经历不同，对事物的认知、感想与领悟自然也不同，不管怎样，你应学会理解与信任身边的每一个人，千万不要在自我猜测中去批评或是指责别人——那是一种非常愚蠢的自我折磨。

人性中最本质的需求就是渴望得到赏识、尊重、理解和爱。理解，是一方沃土，以其深厚孕育着绿色的希望；理解，是一片海洋，以其宽广承载前行的孤舟。

5. 放开胸怀，得到的是整个世界

《周易》云：君子以厚德载物。《格言联璧》云：度量如海涵春育，应接如流水行云。包容，体现了一个人的胸怀，是一种精神、一种哲学、一种智慧。

生活中既没有完美无缺的事物，也没有十全十美的人。学会包容，懂得包容的人，就能洞明世事、练达人情，看得深、想得开、放得下。

在现代社会，一个人要成就一番事业，不可能靠单打独斗，必须要有强有力的团队和广泛的人脉，而这一切的拥有都得靠包容的胸怀。我们身处的往往是由若干人组成的集合体，既然是若干人，就可能个性、气质、能力、特点迥异。不同类型的人，既有所长也有所短，这就要求我们有海纳百川的度量。俗话说："一个人的心里能容多少事，他就能获取多少财富。"这句话说得一点儿也不错。做大事者要有容人之量，这样才会有人与你共事，为你效劳，你的事业才能不断发展壮大。

春秋时，楚庄王励精图治，国富民强，手下良将众多，个个都肯为他卖命。楚庄王也极力笼络这批良将，经常宴请他们。一天，楚庄王又大宴众将，君臣喝得极其痛快。天色渐晚，楚庄王命人点上蜡烛继续喝酒，又让自己的宠姬出来向众将劝酒。突然，一阵狂风吹过，把厅堂里的灯烛全部吹灭了，四周一片漆黑。猛然间，楚庄王听得劝酒的宠姬尖叫一声，忙问何事。宠姬在黑暗中摸过来，附在楚庄王耳边哭诉："灯一灭，有位将军无礼，偷偷搂抱臣妾。我已悄悄扯掉了他的帽缨，请大王查找无帽缨之人，重重治罪，为臣妾出气。"

楚庄王听了宠姬的哭诉，出乎意料地表现出很不以为然的样子。他想：怎么能为了爱妃的贞节而使部属受到污辱呢？于是，楚庄王趁蜡烛还未点上，便在黑暗中高声说道："今天宴会，盛况空前，请各位开怀畅饮，不必拘礼，大家都把自己的帽缨扯掉，谁的帽缨还在谁就是没有喝好酒！"群臣哪知楚庄王的用意，为了讨得楚庄王欢心，纷纷把自己的帽缨扯掉。等蜡烛重新点燃，所有赴宴者的帽缨都没了，根本就找不出那位调戏宠姬的人。就这样，调戏楚庄王宠姬的人没有受到惩罚，尴尬的场面也没有出现。

楚庄王为什么故意为犯错之人开脱，不加追究呢？他对宠姬解释说："酒后失态是人之常情，如果追查处理，反而会伤了众人的心，使众人不欢而散。"

时隔不久，楚庄王借口郑国与晋国在鄢陵会盟，于第二年春天，倾全国之兵围攻郑国。战斗十分激烈，历时三个多月，发动了数次战役。在整个战斗过程中，有一名军官奋勇当先，与郑军交战斩杀敌人甚多，郑军闻之丧胆，只得投降，楚国取得了胜利。在论功行赏之际，楚庄王才得知，奋勇杀敌的那名军官叫唐狡，就是在酒宴上被宠姬扯掉帽缨的人。他此举正是感恩回报啊！

容人之过，方能得人之心。有过之人非常希望得到他人的宽容，得到悔过自新的机会。这种需要一旦得到满足，其对立情绪便会立即消失，得人"滴水之恩，必当涌泉相报"的情感很快会在心理上占据主导地位。感恩之心一生，就会产生像"戴罪立功"那样的心理效果。

心理研究表明，心理素质、信心与胸怀总是成正比的。心理素质越好，自信心越高，宽容的度量也就越大。做大事必然要有做大事的气量，过于执著和计较眼前的一些事，会把我们的心变小了。心小了，怎能装得下大千世界呢？

包容是一种理想的处世哲学，是对别人的释怀，也是对自己的善待。

海明威在他的短篇小说《世界之都》里，描写了一对住在西班牙的父子，经过一连串的事件后，他们的关系变得异常紧张。男孩离家出走，父亲心急如焚地寻找他。遍寻不着之际，父亲在马德里的报纸上刊登了寻人启事。

儿子名叫帕科，在西班牙是个很普通的名字。寻人启事上写着："亲爱的帕科，爸爸明天在马德里日报社前等你。一切既往不咎。我爱你。"

海明威接着给读者展示了一幅惊人的景象——隔天中午，报社门口来了800多个等待宽恕的“帕科”们。由此可见有过之人对宽恕的渴望。

一个具有包容心的人，在生活中必是心态平和、目光远大、胸怀开阔、善明事理的，他不会只看重眼前利益，而是追求多彩的将来。因此，我们必须学会以感恩的心态、宽阔的心胸去包容。请相信，你的胸怀有多大，你的世界就有多大。

6. 记住别人的好处，忘记别人的坏处

有一种人，凡是别人得罪了自己，总想找机会报复，以取得心理平衡；但是对方帮助过自己，却转眼就忘了，好像从来没有过这回事。这就是不近人情，不懂得感恩。

人情复杂，正如人性。近人情，就要多了解人性。给别人的恩惠和帮助，不要挂在嘴上念念不忘；对不起别人的地方，则一定要时时反省。别人对你的帮助不能忘记，而对不住你的地方，则需要你有一颗体谅之心。以责人之心责己，就会减少很多过失；以恕己之心恕人，就可以维护良好的人际关系。

阿里、吉伯和马沙一起旅行。三人行至一个山谷时，马沙失足滑落，幸而吉伯拼命拉他，才将他救起。马沙就在附近的大石头上刻下：“某年某月某日，吉伯救了马沙一命。”三人继续走了几天，来到一条河边，吉伯与马沙为了一件小事争吵起来，吉伯一气之下打了马沙一耳光，马沙就在沙滩上写下：“某年某月某日，吉伯打了马沙一耳光。”

旅游归来后，阿里好奇地问马沙为什么要把吉伯救他的事刻在石头上，而将吉伯打他的事写在沙滩上？马沙回答：“我永远都感激吉伯救我。至于他打我的事，随着沙滩上字迹的消失，我会忘得一干二净。”

著名诗人萨迪说：“谁想在困厄中得到援助，就应在平日待人以宽。”记住别人对我们的恩惠，洗去我们对别人的怨恨，人生才会快乐而有意

义。事实上也应该如此——别人给我们的帮助切不可忘，而别人有愧于我们的地方，应该乐于忘记。

在日常生活中，凡是帮助过你的人，一定不要忘记，要懂得感恩。而如果你帮助过别人，就不要企求回报了。别人得罪了你，本是一件芝麻大的事，笑一笑就过去了，你却气愤难平，好像对方在故意刁难，就会把小火星烧成冲天大火。到那时，你的人际关系会糟糕得不可收拾，大家见了你就绕道，唯恐避之不及。等你遇见困难、摔了跟头，谁还会帮你？下面这个真实的故事，也许会给你一些启示。

他是一个孤儿，曾经先后被3户人家收养。

第一户人家从5岁到8岁共养了他3年，后来他们因为有了自己的儿子，便将他送了人。他不肯走，结果被养父母打得浑身是伤。实在挨不过了，痛不过了，才断了回去的念头。

第二户人家养了他5年，到他13岁那年，还是把他送了人。原因是他们收养了自己亲戚家的一个儿子，觉得比这个没有一点血缘关系的人更亲近些。

他还是不想走，哭着喊着："爸爸妈妈，你们别赶我走，我一定会听话的，我会做很多事来养活自己，只求你们别赶我走……"

最终他还是没有留下来，又去了第三户人家。

第三户人家只养了他1年，因为不愿意拿钱供他上学，将他赶出了家门。

已经习惯被人抛弃的他，居然再也没有了哀求的欲望，只想早点逃出牢笼。才14岁，他就成了街头的一名流浪儿。

刚开始，他只能从垃圾桶里捡些剩饭吃，后来他结识了一些流浪儿，于是便跟着他们一起卖花，给人擦皮鞋，还四处捡破烂。困了就睡在关门的商店门口，第二天天不亮便被商店的主人用脚踢醒。

过了6年流浪生活后，他到一家建筑公司当泥瓦工，算是有了一份正当工作。他用那点可怜的收入报考了夜校。获得自考文凭那年，他已经22

岁，顺利进入一家公司当起了推销员。

还有什么苦他没有吃过呢？正是因为他能吃苦，他的业绩很快便排在了所有推销员的前面。后来，他当上了销售部经理。

再后来，他开起了公司，当上了老板。有了钱，也就有了房子、车子，凡是应该有的也都有了。

他什么也不缺了，唯一缺少的就是父母亲情。他决定将他的三对养父母都接来与自己同住，两层近300平方米的房子，完全能够住得下。他还叫他们爸爸妈妈，让他们过上舒适的生活。

他的助理，也是曾经跟他一起流浪过的朋友说："你疯了，你的养父母们曾经那样对你，你还想给他们养老送终啊？他们抛弃你、虐待你的事情，难道你都忘记了吗？"

他说："是的，我都忘记了，我为什么要记住呢？我的苦难已经够多的了，我不想全都记在心里。"

他接着说："我只知道，他们曾经给过我一口饭吃，给过我睡觉的地方，我才没有被饿死冻死。如果没有他们，我很难活到今天！"

他的名字叫王永忠。从粤北山区流浪到广州，他成功地拥有了一家资产达数千万元的公司。他常说，自己是幸福的，别人只有一对父母，而他却有三对。每天下班回家都能够叫一声爸爸妈妈，是他人生中最大的幸福！

现实中像王永忠这样在颠沛流离环境中长大的孩子，通常有两种人生走向：一种是心理严重失衡，对世界和别人充满仇恨，长大后沦为罪犯，报复社会；另一种则由于看尽世态炎凉，以超强的心理素质化解全部委屈。后一种人或许没有上过几天学，但在社会上早已把人情世故这本无字天书背得滚瓜烂熟，他们在社会大学的学位已经是博士。这样的人，一旦出手亮剑，就意味着无往而不胜。于是，他们从一无所有到腰缠万贯，从穷困潦倒到飞黄腾达，通过自己的努力与这个世界达成了和解，不仅懂得如何操纵人与人之间交往的复杂游戏，更懂得宽恕和感恩的深刻含义。从某种意义上说，第二种人不仅是名副其实的成功者，更是生活的智者。

第二节 因为爱

1. 爱的种子撒在哪里，哪里就会开花

爱有许多种：长辈的爱，让人感到温馨，给人以自信；朋友、同学的爱，让人懂得关爱，致人以完美；陌生人的爱，让人学会感激，使社会更和谐……心怀感恩之情，生活会是一朵永不凋谢的花；爱的种子撒在哪里，哪里就会开花。

有这样一个女孩，不管走到哪里，她每次推开门的时候，都会静静地站立一会儿，等她后面的人进去后才松手。有人问她为什么这样做。她说："我的妈妈已经很老了，而且胳膊有些无力，你看现在的门越来越沉，越来越难推，我希望我妈妈遇到这种情况时，能有人帮她推门。"

有这样一位父亲，60 岁才开始读书、认字和学电脑。有人问他为什么。他说："我的儿子是个记者，工作很忙，很少回家。我学会认字和上网，看看报纸上儿子写的文章，晚上和儿子上网聊天，就知道儿子生活得好不好。"

有这样一位母亲，子女都不在身边，她独自一人生活。但每逢晴天，她都会把子女房间的被褥抱出去晾晒。有人问她为什么这样做。她说：

“说不定哪天他们会突然回家来，晚上睡在晒过的被褥里，会非常温暖。”

有这样一位丈夫，他的妻子非常粗心，经常会把钥匙锁在家里，害得她自己进不了家门。为此，丈夫配了好几把钥匙，每次出差，他都会悄悄地在粗心的妻子不同的手提包里放入一把钥匙。这样，不管妻子把钥匙落在哪里，她只要带着包，就不会进不了家门。

有这样一位妻子，丈夫上夜班，每天都在凌晨1点才回家。他们家住在一楼，而他们住的这幢楼前没有路灯。为了让在黑夜中行走的丈夫看见灯光，妻子习惯了开着灯入睡，并准时在凌晨1点钟醒来，在听到丈夫掏钥匙声音的一刹那把房门打开……

生活中有很多种爱，很小，却很真。有多少个瞬间，爱在细节里流淌。

还有一种爱，也许不是来自亲情，却胜过亲情。这种爱叫作“人间大爱”。

村里人都说他俩是双胞胎，可他却看不出一点相似之处：一高一低，一黑一白，难道双胞胎会如此不相像？这个大问号在他的脑海里整整游荡了15年。

他和哥哥都在村里上初中，学习成绩都是数一数二的。父亲因病早早去世，母亲面朝黄土背朝天地为生活忙碌着，日子很是艰辛，但却很有奔头。

转眼他与哥哥都初中毕业了，家里实在负担不起兄弟俩上重点高中的昂贵费用。母亲咬咬牙告诉他俩：“家里只供得起一人读书，而另一个必须跟着村里人下矿挖煤。”看着母亲眼里莹莹的泪光，兄弟俩狠狠地点了点头，似乎一场命运的赌注就要开始。因为从小到大，无论大事小事，只能满足一个人的时候，母亲都会用抓阄的办法决定。他明白，母亲真的很无奈。

这天早上，母亲小心翼翼地拿出每次抓阄都要用的那个土瓦罐，淡淡地说：“这次让弟弟先抓吧，绿豆是去下矿，红豆是去上学。无论谁抓到了绿豆，都不能怨恨。”

他颤抖着把手伸进瓦罐，犹豫地在里面摸索着，轻轻地抬起头，注视着母亲似乎就要淌出泪水的双眼，这种感觉是他一辈子都无法忘记的。他闭上眼睛咬咬牙，抽出了手。绿豆，竟然是绿豆！他疯狂地喊：“不！不！”他像一只刚被放出笼的野兽，高高地举起放在床上的那个神圣的瓦罐，狠狠地摔在地上，碎片和另一颗豆犹如烟火般四射开来。母亲惊慌地呆立着，因为兄弟俩谁也没有想到，剩下的一颗豆竟然还是绿豆。他狠狠地看着母亲，满腔的怒火灼伤着母亲的心。

第二天一大早，他就带上行囊离开了家，发誓从此不再回来。母亲病重那年让人托口信给他，让他回家，他冷漠地回答，他早已没有母亲、没有家。那人留下信，说是母亲给他的，他不屑地将它压在箱底整整三年。

在一次无意的整理中，他发现了那封信。让他震惊而又无法原谅自己的是，母亲在信中告诉他：“哥哥并非亲生，是捡来的。你才是我的亲生子。”

人间大爱，使世上的弱势群体有了希望的曙光；人间大爱，使天下漂泊的灵魂有了皈依的天堂。只有心怀感恩，才能领会爱的真谛。

还有一个爱的故事，也很令人动容。

一个五六岁的男孩捏着一美元硬币，沿街一家一家地询问：“请问您这儿有上帝卖吗？”店主要么说没有，要么嫌他在捣蛋，不由分说就把他撵出了店门。

天快黑时，第二十九家商店的店主热情地接待了男孩。老板是个60多岁的老头，满头银发，慈眉善目。他笑眯眯地问男孩：“告诉我，孩子，你买上帝干吗？”男孩流着泪告诉老人，他叫邦迪，父母很早就去世了，他是被叔叔抚养大的。叔叔是个建筑工人，前不久从脚手架上摔了下来，至今昏迷不醒。医生说，只有上帝才能救他。邦迪想，上帝一定是种非常奇妙的东西，“我把上帝买回来，让叔叔吃了，伤就会好”。

老板的眼圈湿润了，问道：“你有多少钱？”

“一美元。”

“孩子，眼下上帝的价格正好是一美元。”

老板接过硬币，从货架上拿了瓶“上帝之吻”牌饮料说：“拿去吧，孩子，你叔叔喝了这瓶‘上帝’，就没事了。”

邦迪喜出望外，将饮料抱在怀里，兴冲冲地回到医院。一进病房，他就开心地叫嚷道：“叔叔，我把‘上帝’买回来了，你很快就会好起来的!”

几天后，一个由世界顶尖医学专家组成的医疗小组来到医院，对邦迪的叔叔进行了会诊。他们采用世界上最先进的医疗技术，终于治好了他的伤。

邦迪的叔叔出院时，看到医疗费账单上的那个天文数字，差点吓得昏过去。可院方告诉他，有个老人帮他把钱付清了。那个老人是个亿万富翁，从一家跨国公司董事长的位置上退下来后，隐居在本市，开了家杂货店打发时光。那个医疗小组就是老人花重金聘来的。

邦迪的叔叔激动不已，立即和邦迪去感谢老人。可老人已经把杂货店卖掉，出国旅游去了。

后来，邦迪的叔叔接到一封信，是老人写来的，信中说：“年轻人，您能有邦迪这个侄儿，实在是太幸运了。为了救您，他拿着一美元到处购买上帝……感谢上帝，是他挽救了您的生命。但您一定要永远记住，真正的上帝，是人们的爱心!”

保加利亚的哲学家吉里尔·瓦西列夫在《情爱论》一书中说：“爱的微笑像一把神奇的钥匙，可以打开心灵的迷宫，它的光芒照亮周围的一切，给周围的气氛增添了温暖和同情、殷切的期望和奇妙的幻境。”是的，爱的力量就是这样神奇，你把爱的种子撒在哪里，哪里就会开花。

2. 感恩父爱

在孩子们的心目中，父亲是一个家的顶梁柱。通常，我们一想起母亲，总能立刻在脑海中浮现出甘甜的乳汁、温暖的怀抱、慈母手中线等丰富的、生动的母爱意象……而且，“母亲”还是一种神圣的孕育象征。相对来说，我们关于父爱的意象就比较贫乏了。我们不得不承认，母亲在生育、养育上享有天然优势；我们不得不承认，母亲的慈爱是如此的自然、直接、感性。与之相比，父亲不仅“先天不足”，而且“严父”严厉的面孔怎么说也不是为人子女者直接的感性需求。因此，我们对父亲的赞美总是那样苍白无力。

其实，当母亲含辛茹苦地照顾儿女时，父亲也在努力扮演着自己的“严父”角色。很多人只体会到父爱就是父亲扬起的手掌、颤动的双唇和恨铁不成钢的怒容，而很少有人能体会得出父爱也常常藏在每一件生活琐事之中，也许你看不见它的色彩，甚至感觉不出它的温馨，但它却实实在在地存在着。当你长大后，回首往日的每一个生活片段，你才会有深刻的体会——父爱如山！

她是一个不幸的孩子，一出生就被亲生父母丢到了乡下的桥头边。

后来，她被一个40多岁的男人捡回家。男人娶不起媳妇，是村里的老光棍。他把米磨碎了煮来喂她吃，抱着她睡觉，用破布给她当尿布，教她叫“爹”。当她第一次奶声奶气地叫“爹”时，男人高兴得一下子将她举过头顶，恨不得向全村的人炫耀，他有女儿了。

她刚来的时候很瘦弱，每天都哭个不停。男人抱着她向刚生过孩子的人家讨教带孩子的经验。人们可以看到40多岁的男人每天下午都在河边洗成堆的尿布。农忙的时候，男人把她放在一个篮子里带到田边。男人收割，她就坐在篮子里玩：有时吃泥土，有时拽青草。她的小脸和小手都是黑的，男人不时回过头来看看她，嘿嘿地笑。

小女孩一天天长大，仍然瘦，但却很健康。男人不识字，给她取名“丫丫”。

丫丫7岁的时候，同龄的孩子都开始念书了。男人看在眼里急在心里。他开始帮人做更多的活计，把微薄的酬劳一点点攒起来。一年后，他把丫丫送进了小学，老师为丫丫改名叫王水仙。为了存下更多的钱，他开始跟着年轻的男人一起上山砍柴烧炭。看着他背着是自己体重两倍的大树往山下走，乡亲们都说：“女孩子家，认不认字没什么两样，你何必这么拚命?”山崖陡峭，稍不留神就可能摔个残疾，但他没有一天落下工。

一个冬天过去，他烧的炭一共卖了800多元，够女儿两年的学费了。他觉得有了女儿后，日子忽然就有追求、有计划了。

水仙的成绩果然很好，语文和数学每次都是100分。后来，她考上了镇上的初中。男人怕她冷，把家里仅有的两床被子都装进蛇皮袋，背到她学校。父亲从学校走后，她都不好意思把被子拿出来。同寝室的女孩，被子要么是缎面的，要么和崭新的床单是一个花色。只有她，被子上净是破洞，里子发黄，面上是大红大绿。她心里难受，既担心父亲会在家里受冻，又不想拿出这两床奇丑的被子被同学笑话。但夜里实在是冷，她把被子拿出来，裹在身上，嘤嘤地哭了。她渴望的，只是一床漂亮的没有异味的被子。

初二的一天，父亲忽然找到学校来，他身后跟着一对激动的夫妻。那个女人说：“一见到她，我就觉得是……”两人把她的脸摸了又摸，她看着局促不安的父亲，忽然明白了什么。

父亲过来整了整她的衣服，悲伤地说：“不是爹不要你，这是你的亲生父母，他们家条件好，以后还可以供你上大学……”她茫然地看着这一切。那对夫妇要给她养父2万元，但被他拒绝了。她甚至还没来得及回村里一趟，就被新爸爸妈妈带走了。她听话地改口叫他们爸妈。每当在他们面前提起养父时，她都聪明地称呼“王叔叔”。她的名字也改成了“李楚楚”。她被送进了市里最好的学校，她的房间有一个小阳台，有自己的钢琴和电脑。父母给她很多零用钱，她一点点把它们攒了起来。虽然她不愿回到村子里，但是她惦记着“王叔叔”，惦记着他在冬天没有一床保暖的被子。

每到放假她就回去看望“王叔叔”，每一次回去，整个村子都会轰动。

父母告诉她，他们是在没有结婚的时候生下了她，不得已丢到了乡下的桥边。很多年后两人结婚了，母亲却再不能怀孕了。

父母对她是否亲生从来没有怀疑过，直到有一天他们带她去注射疫苗，查肝炎抗体的时候，顺便查了一下她的血型。结果出来以后，夫妻俩都呆住了：这个15岁的小女孩，根本不可能是他们的孩子。夫妻俩商量了一夜，决定不把这个消息告诉她，但是夫妻俩对她明显冷淡起来。

她以为自己不够乖，便更加刻苦地学习。放学回到家里后，做饭、洗碗她全包了，可还是不能让父母满意。他们嫌弃她吃饭时发出声音，嫌弃她在家里来客人时不够大方，嫌弃她做事笨手笨脚。

她开始想念“王叔叔”，虽然家里穷，但是他从来没有嫌弃过自己。她在10岁的时候还尿过床，他都没有说过她一句。

上初三的一天，她忽然昏倒在地。被老师送到医院后，检查出她脑袋里长了瘤，需要做开颅手术。

父母动了把她送回乡下的念头。养父什么话也没说，就把她拉进了屋子。他拉着她的手，眼泪就淌了下来：“闺女，你不是他们的呀？他们不要你，爹带你去看病!”

得知水仙得了大病，被送回了村子，乡亲们都来看望她。她躲在屋子里哭，哭够了，趴在窗口看着自己叫了两年多的父母灰溜溜地开着车走了。她知道，他们再也不会回来了。

她又开始管“王叔叔”叫“爹”。爹带着她去城里看病，医生说，医疗费用至少要3万元。3万元，对他来说无异于天文数字。走投无路之下，他决定去找那对夫妇，当初他们曾那样执意地要塞给他2万元。但是他们的回答是：“如果我们肯给钱，何必把她送还给你?”

他不肯妥协，日夜坐在那对夫妇门前，对过往的每一个人讲述水仙的命运。他知道也许这样做有些下作，但是为了救女儿的命，他没有别的办法。那对夫妇不胜其烦，终于抛下2万元给他，加上他的积蓄和乡亲们的帮助，他勉强支付了医药费。

由于是良性肿瘤，手术做得很成功。他接女儿回去的时候，村子里放起了鞭炮。大家看着这对父女蹒跚地走进家门，不知道是谁先抹起的眼泪，整个村子唏嘘声一片。

他的背更驼了，腿也更跛了。可她开始觉得，他是世上最伟岸的男人。因为他给了她其他人都不曾给予的，她曾经以为并不那么重要的，像那两床被子一样卑贱微薄，却足以温暖一生的父爱。

在人类丰富而复杂的感情世界中，父爱是一个非常重要的因素。心理学家格塞尔指出："失去父爱是人类感情发展的一种缺陷和不平衡。"父爱的缺失无疑会给孩子带来难以弥补而深远的影响。

一个男人既然承受了父亲的名义，就得担负起父亲的责任，给子女以父爱。通常来说，生活的磨难越多，父爱就越深沉。对此我们感动、感激、感怀，因为完整的父爱为我们注入了生命原动力，坚定了我们前行的步伐。

3. 失恋是成长的一门功课

在人类的诸多情感中，爱情是奇妙的。人们常说，爱情是盲目的，特别是青春年少时那一眼的萌动。也许两人之间隔着天与地，但爱一个人，即使有绵长的痛苦，也是世上最大的快乐。就算最后分离了，就算最终失去了，对方的影子也会永埋心底最深处，怎么也忘不掉。这就是失恋的滋味，求而不得，舍而不能，得而不惜，这是对人最大的精神折磨。

失恋，首先是一种幸运，其次才是不幸。对于诗人，它可能是一些缠绵悱恻的诗篇；对于画家，它可能是一幅真挚深沉的绘画；对于作家，它可能会是一部催人泪下的小说；对于普通人，它可能是一个值得反复咀嚼的忧郁而美丽的深长的回忆……

著名作家毕淑敏曾说：悲伤是人的原始情绪之一，因自己喜爱的对象消失或希望的东西幻灭之后，所引起的一种伤心难过。爱过的人对这种体验深有感触，因为爱，人们有了太多的悲伤和无奈。但悲伤是理解世界的途径，是理解人生哲学需要的天赋，是一种另类的才能。

失恋虽然让你悲伤，但也证明你真正爱过了；如果没有真正爱过，也就无所谓失恋。要知道，在这个世界上，一辈子也没有真正爱过的人大有人在。和这些人相比，你在人生旅途上已经赢得了值得别人羡慕的重要一分，尽管最终失去了，那也不过说明比分是零。但是，你的人生已由此变得丰富，感情已由此变得深沉，气质也由此变得成熟。

你以痛苦为代价，收获了一笔宝贵的财富。恋爱是一次已经完成的选择，失恋面对的是随之而来的重新选择。恋爱是对一个人的选择，失恋是对一些人的选择。只要在已经相识或将要相识的人中，有一个能与你彼此心心相印的人，你就可以回过头去对岁月说："谢谢！我庆幸那次失恋。"

真的，对情感折磨没必要那么悲伤，或许那个真正能够使你幸福的人，正在不远的前边等你。

一般来说，失恋的痛苦源于对往事的沉湎和精神上的无所适从。对此，减轻失恋痛苦的方法可以是一次短途或长途的旅游。大自然有一种神奇的魅力，她的博大和美丽，可以让你从对往事的沉湎中或多或少地解脱出来。你也可以做自己喜欢做的事，使精神有所寄托。但在失恋后匆匆忙忙再进行一次恋爱，多半是不理智的。由于你急切寻求精神上的安慰和寄托，很容易接受一份在冷静的时候并不乐意的感情馈赠。

"范妮，正如全世界都知道的那样，她是什罗普郡以及伯明翰地区最漂亮、最丰满和最迷人的人。"1828 年 12 月 24 日，19 岁的达尔文在给表哥福克斯的信中，如此介绍他的初恋对象。范妮是伍德豪斯乡绅欧文的二女儿，只比达尔文大一岁，是个热情奔放的女孩。

达尔文是在 1827 年秋天认识范妮的。当时他从爱丁堡医学院退学，预备第二年年初去剑桥大学上学，中间有几个月的空闲，正好以他钟爱的狩猎活动来打发时光。欧文拥有一大片布满猎物的林地，吸引着达尔文频繁拜访。范妮也是达尔文的猎物，或者反过来说，达尔文才是范妮的猎物，别人很难确定究竟是谁在猎捕谁。他们两人经常一起骑马到森林中打猎，由达尔文手把手教范妮开枪。在简・奥斯汀的时代，如此开放的年轻女子难得一见，她激发出了达尔文一生中最大的激情。

在达尔文离家上学时，两人也互寄情书。达尔文写给范妮的信已一封不存，很可能是范妮在嫁人时销毁了。范妮给达尔文的信还有 16 封存世，其中有几封要求达尔文阅后烧毁，但达尔文却一直珍藏着。在信中，达尔文被称为“御夫”，范妮则自称“女仆”。在剑桥，受表哥的影响，达尔文迷上了采集甲虫标本。于是，达尔文和范妮的林中幽会便多了一项活动：两人并排趴在地上，寻找甲虫。

但是，到 1829 年秋季，激情开始消失。好几个月的时间，达尔文都没有收到范妮的来信。那年的圣诞节，达尔文留在剑桥大学采集甲虫，没有去拜访范妮。1830 年 1 月，范妮终于来了一封长信，抱怨达尔文对甲虫的兴趣超过了一切，只有等她抓到奇异的甲虫才会吸引达尔文到访，并暗示有其他更合适的人在向她求婚。达尔文对此毫无反应，全身心地投入到甲虫的采集中——那是他的科学初恋，比男女之情更为牢靠。

1830 年秋天，达尔文回家时，收到范妮一封短信，她的父亲希望能和他谈谈。达尔文忐忑不安地去了，原来欧文是要当面通知他，范妮即将与一名牧师订婚。就在达尔文待在剑桥大学抓甲虫的时候，这名牧师开始追求范妮。

这个婚约并没有持续多久，1831 年 9 月，牧师提出解除婚约。此时达尔文已经从剑桥大学毕业，正准备随“贝格尔”号环球考察。范妮重新燃起了激情，送给达尔文一个荷包作为“黑森林女仆的纪念”，并接连给达尔文写了 4 封信。“我亲爱的查尔斯，我无法想象我们将长达 3 年无法见面！”她写道，“从我们作为‘女仆’和‘御夫’在一起的时候起，我们共度了许多快乐时光，它们不会被遗忘，它们也不会消失！”

带着希望，达尔文在 1831 年 12 月 27 日乘“贝格尔”号扬帆起航。1832 年 4 月 5 日，“贝格尔”号抵达里约热内卢，收到了第一批英国来信。达尔文的姐姐在信中告诉达尔文，范妮在年初与一名富裕的政客毕度尔普订婚，并在3月份结婚。达尔文的心碎了。

达尔文的姐姐后来告诉他，范妮的婚姻生活非常悲惨，她的丈夫是一个极其自私的怪人，范妮曾经轻佻地向她们打听达尔文的情况，并说“我根本忘不了我们过去‘御夫’和‘女仆’的日子”。但是，一切已经太迟了。此后达尔文的激情只属于科学研究。1838年春天，年近而立的达尔文才开始认真考虑是否结婚。

他在一张纸上列出了结婚的好处和坏处，好处是有孩子，有人一直做伴，“胜过一条狗”，有人管家；坏处是失去了旅行的自由，浪费时间，被逼迫访问亲戚，等等。最终他认定结婚的好处胜于坏处。他想要的是一个不爱社交，不会干扰他的工作，并有嫁妆的温柔妻子。在他的社交圈中，只有一个人符合这些条件而且还是单身——他从小熟悉的表姐爱玛。

1839年1月29日，达尔文和爱玛举行了婚礼。这个婚姻完全是理性选择的结果，非常功利，毫无浪漫与激情可言，但它却是个持续一生的美满婚姻。如果没有这样的婚姻，达尔文不太可能取得那么丰硕的学术成果。我们得庆幸达尔文的初恋没有结果。如果换了性格与爱玛截然相反的范妮做达尔文的妻子，世界也许就大不一样了。

哲人说，不要为旧的悲伤，浪费新的眼泪。当你明白了这句话的含义，就会在失恋中成长。

4. 为了爱，彼此多担待点

“夫妻本为同林鸟，大难临头各自飞。”在这个物欲横流的时代，这句话也许已经成为现代爱情与婚姻的真实写照。

两个来自不同家庭、不同环境的人在同一个屋檐下生活，朝夕相处，自然会有意见不合或出现问题的时候，这时的关键在于我们如何看待这些不同。结婚之初，双方通常会以宽容的心态对待对方，说话也都轻言细语，总想把自己最好的一面展现给对方，似乎在告诉对方，你和我结婚是非常正确的选择。这时的婚姻似乎是甜蜜的、令人沉醉的。随着时间的推移，生活中的柴米油盐酱醋茶足以熄灭恋爱时炙热的激情。婚姻靠的是感觉，是记着、被记着和爱着、被爱着的感觉。舍此，即使婚姻的躯壳还在，也形同虚设。

有人说，婚姻就是在物质上互相帮助，在精神上互相毁灭；也有人说，婚姻是一种修行，要苦修苦磨才得善果。

的确，好的婚姻是天堂；坏的婚姻是地狱，是对两个人的折磨。人终究是要回归平凡生活的。恋爱时闭着的眼睛，结婚使它睁开了；恋爱时披着的华丽外衣，结婚后也逐渐失去了光彩。她和他惊讶了："原来你是这样的？"接着气愤了："你竟然这样！"而事实上的他和她，虽然比从前想象的差些，却要比现在发现的好些。

结婚是一个信号，表明两个人如胶似漆仿佛融成了一体的热恋有它的极限，然后就要降温，适当拉开距离，重新成为两个独立的人，携起手来走完人生之路。然而，很多人误解了这个信号，以为结了婚便是一体了，结果纠纷不断。

现实生活中，我们经常可以看到一些夫妻为一点点的小事而吵架，有的因为爱人回家抽烟吵架；有的因为爱人挖鼻孔吵架；有的因为爱人没有做好饭吵架；有的因为爱人没有收拾屋子吵架；有的因为与爱人教育孩子有分歧吵架；有的因为爱人上床没有洗脚吵架；有的因为忘记了爱人的生日吵架；有的因为爱人没有及时看望老人吵架；有的因为爱人没有接自己下班吵架；有的因为爱人丢了东西吵架；有的因为争电视遥控器吵架……

吵架与双方的习惯有直接关系。

两个人由于生长环境不同，刚刚走到一起的时候必定有不同习惯，不能够很好地适应。

一对夫妇经常吵架，颇羡慕隔壁一家的快乐、和睦，便前去请教。邻家男主人回答道："我们家都是'坏人'，所以不会吵架。"问的人不明所以，只好悻悻然离去。不久，邻家的脚踏车被窃了，他们的对话无意间被常吵架的那户人家听到了："我没关好门，我错了。""不，我忘了上锁，是我不好。""其实，我不应该把车子放在院子里，是我不对。"那户经常吵架的人家恍然大悟，终于明白了家庭美满的秘诀——为了爱，彼此多担待点。

人的习惯是可以改变的，如果你愿意为爱多担待一点，那么你就会努力地改变自己的习惯，以保持家庭的和谐。在多数情况下，婚姻生活是恩爱和争吵的交替，因比例不同而分为幸福与不幸。

家庭矛盾还与个人的秉性有密切关系。

婚姻中的一个原则：不要企图改变对方（性格）。

两口子争吵，多半是因为性格的差异，比如你性子急，我性子慢；你细心，我粗心，诸如此类。吵多了，便会有怨恨，责备对方总也改不了。平等的两人中，当一个人要被另一个改变时，他（她）的内心是抗拒的，而且，人的性格本身就难以改变，冲突往往由此而起。人的性格不可能被其他人改变，只有自己主动要求改变，才能真正改变。

爱，需要包容与感恩。理解这一思想，我们就会用欣赏的目光看待对方、理解对方，无论苦乐都将是婚姻的黏合剂。这样，爱的屋檐下就会住着道德和仁爱，婚姻的天平上就会有责任和义务。当洪水来临时，爱就会成为一艘诺亚方舟为彼此增加生存的信心、勇气和力量。

习惯也好，性格也罢，人们都希望别人能发现自己的优点并认同自己。适当的赞美与肯定，可以激发一个人的潜能，使他的腰挺得更直，干劲更足。夫妻毫无血缘关系，大多是由陌生逐渐磨合，最后达到相濡以沫。赞美、感恩是处理好夫妻关系的法宝，从未见过有哪一对夫妻是因为相互之间的真心赞美而吵架的。有人说，他（她）没有优点怎么办？我们承认人无完人，但是说一个人没有优点是不可能的。所有事物都有两面性，只是我们在日常生活中习惯了看别人的缺点罢了。

有一个女人结婚后，经常回娘家哭诉她丈夫是多么不好。她父亲说："这样吧，我这儿有一张白纸、一支毛笔，你现在拿着毛笔往白纸上点点，你丈夫有一个缺点，你就在纸上点一个点。”女儿含泪接过毛笔，边哭边点，最后在纸的中央密密麻麻地点了一些点，递给父亲。父亲把纸拿起来展示给女儿，说：“女儿啊，你看到了什么?”女儿说：“我看到了黑点，都是缺点。”父亲说：“你再看一下。”女儿说：“都是缺点，全都是黑点。”父亲说：“除了黑点呢?”女儿说：“除了黑点都是白纸。”父亲说：“对啊，白纸比黑点大得多了，你怎么只看到黑点呢？你一定是只看他的缺点了。来，你再数一下他的优点。”女儿停止哭泣，开始数起丈夫的优点来。数着数着，她脸色好转，最后甜蜜地笑了，说：“爸爸，我知道了。”

其实，每个人都背着两个口袋，一个叫作优点，一个叫作缺点，优点放在前面，缺点放在后面。因此，每个人都很容易看到别人的缺点和自己的优点，而很难看到自己的缺点和别人的优点。

婚姻学家认为，包容与感恩是夫妻间和睦相处的前提，更是幸福婚姻的基础。如果你的左口袋里装的是包容，右口袋里装的是感恩，那么今天会在你的左口袋里收获幸福，明天会在你的右口袋里收获快乐，时间久了，身边就自然充满着幸福与快乐；如果你的左口袋里装的是埋怨，右口袋里装的是嫉恨，那么今天会在你的左口袋里出来痛苦，明天会在你的右口袋里出来烦恼，时间久了，身边就都是痛苦和烦恼了。妻子能包容丈夫的缺点，丈夫能原谅妻子的错误，这就是一种爱。

5. 真爱就在平平淡淡中

很多人想象中的爱情必须是经典、激情、浪漫，充满诱惑且让人感动的，还希望这份爱情能够永恒，能够地老天荒。爱情像燃烧的火柴，刹那间放射出绚丽的光芒，能将两颗心融化。有人甚至愿意用一生的激情去燃烧，只为了享受这短暂的幸福。然而，所有划过的火柴都只能带来瞬间的美丽，所有的心动都会慢慢沉淀下来，它无法温暖你漫长的一生。

他和她结婚整整10年了，夫妻间已经没有任何冲动与情趣，他越来越觉得自己对她几乎就是一种程序与义务，开始厌烦她。尤其是单位新调进了一个年轻活泼的女孩，对他发起了疯狂的进攻，他突然觉得这女孩是自己的第二春。经过再三考虑，他决定和她离婚。她似乎也麻木了，很平静地答应了他，两个人一起走进了民政局。

手续办得很顺利，出门后，两个人已经是各自独立的自由人了。不知为什么，他心里突然有种空落落的感觉，他看了看她，说："天已经晚了，一起去吃点饭吧。"

她说："好吧，听说新开了一家'离婚酒店'，专门提供离婚夫妇的最后一顿晚餐，要不咱们到那儿去看看。"

他点了点头，两人一前一后默默地走进了"离婚酒店"。"先生、女士，晚上好。"两人在包间刚坐下，服务小姐便走了进来："请问两位想吃点什么？"他看了看她："你点吧。"她摇了摇头："我不常出来，不太清楚这些，还是你点吧。""对不起先生、女士，我们'离婚酒店'有个规矩，这顿饭必须要由女士点先生平时最爱吃的菜，由先生点女士平时最爱吃的菜，这叫'最后的记忆'。""那好吧，"她理了理头发，"清蒸鱼、熘蘑菇、拌木耳，记住，都不要放葱姜蒜，我爱人……这位先生他不吃这些。""先生呢？"服务小姐看了看他。他愣住了。结婚10年，他真的不知道妻子喜欢吃什么。他张着嘴，尴尬地愣在了那儿。"就这些吧，其实这是我们两个人都爱吃的。"她连忙打起了圆场。

服务小姐笑了笑："说实话，到我们'离婚酒店'来吃这最后一顿晚餐，所有的先生和女士其实都吃不下去什么。所以，这'最后的记忆'咱们还是不要吃了吧，就喝我们酒店特意为所有离婚人士准备的晚餐——饮料吧，这也是所有来的人都不拒绝的选择。"

他和她都点了点头："那就来饮料吧。"很快，服务小姐送来了两份饮料，两份饮料中，一份淡蓝一片，全是冰碴；一份满杯红润，冒着热气。"这份晚餐名叫'一半是火焰，一半是海水'。两位慢用。"

服务小姐介绍完就退了下去。包间里静悄悄的，两人相对而坐，一时竟不知道该说什么好。“笃笃笃！”传来一阵轻轻的敲门声，服务小姐走了进来，托盘里托着一枝鲜艳的红玫瑰：“先生，还记得您第一次给这位女士送花的情景吗？现在一切都结束了，做不成夫妻就当朋友，朋友要好聚好散，最后为女士送朵玫瑰吧。”

她浑身一抖，眼前又浮现出10年前他给她送花的情景。那时，他们刚刚来到这座举目无亲的省城，什么都没有，一切从零开始。白天，他们四处找工作，努力拼搏；晚上，为了增加收入，她去夜市摆小摊，他去给人家刷盘子。很晚很晚，他们才一起回到地下室里那不足10平方米的小屋。日子很苦，但却很幸福。到省城的第一个情人节，他为她买了第一朵红玫瑰，她幸福得流下了眼泪。10年了，一切都好起来了，可两个人却走向了分离。她想着想着，泪水盈满了双眼，摆了摆手说：“不用了。”

他也想起了过去的10年，他这才记起，自己已经有五六年没有给她买过一枝玫瑰了，于是摆了摆手：“不，要买。”

服务小姐拿起了玫瑰，“刷刷”两下撕成两半，分别扔进两个人的饮料杯里，玫瑰竟然溶解在了饮料里。

“这是我们酒店特意用糯米制成的红玫瑰，也是送给你们的第三道菜，名叫‘应景的美丽’。先生、女士慢用，有什么需要直接叫我。”服务小姐说完，转身走了出去。

“我……”他一把握住她的手，有些说不出话来。

她抽了抽手，没有抽动，便不再动弹。两个人静静地对视着，什么也说不出来。

“啪！”突然，灯熄了，整个包间里漆黑一片，外面警铃大作，一股烟味飘了进来。

“怎么了？”他们急忙站了起来。

“店里起火了，大家马上从安全通道走！快！”外面，有人声嘶力竭地喊了起来。

“老公!”她一下扑进他的怀里，“我怕!”

“别怕!”他紧紧搂住她，“亲爱的，有我呢。走，往外冲!”

当他们冲到外面，发现包间外面灯光通明，秩序井然，什么都没有发生。

服务小姐走了过来：“对不起，先生、女士，让两位受惊了，酒店并没有失火，这是我们的第四道菜，名叫‘内心的选择’。请回包间。”

他和她回到了包间，灯光依旧。他一把拉住她：“亲爱的，服务小姐说得对，刚才那才是你我内心真正的选择。其实，我们谁都离不开谁，明天咱们复婚吧?”

她咬了咬嘴唇：“你愿意吗?”

“我愿意，我现在什么都明白了，明天一早咱就去复婚。小姐，买单!”他说着喊了起来 。

服务小姐走了进来，递给两人一人一张精致的红色账单：“先生、女士好，这是两位的账单，也是本酒店的最后一道赠品，名叫‘永远的账单’，请两位永远保存吧。

他看着账单，眼泪淌了下来。

“你怎么了?”她连忙问道。

他把账单递给她：“亲爱的，我错了，我对不起你。”

她打开账单一看，只见上面写着：一个温暖的家；两只操劳的手；三更不熄等您归家的灯；四季注意身体的叮嘱；无微不至的关怀；六旬婆母的微笑；起早贪黑对孩子的照顾；八方维护您的威信；九下厨房为了您爱吃的一道菜；十年为您逝去的青春……这就是您的妻子。

“老公，您辛苦了，这些年也是我冷落了你。”她也把自己的那份账单递给他。他打开账单，只见上面写着：一个男人的责任；两肩挑起的重担；三更半夜的劳累；四处奔波的匆忙；无法倾诉的委屈；留在脸上的沧桑；七姑八姨的义务；八上八下的波折；九优一疵的凡人；时时对家对子的真情……这就是您的丈夫。

两个人抱在一起，放声痛哭。

结完账，他和她对经理千恩万谢，手牵手走回了家。看着他们幸福的背影，经理微笑着点了点头："真幸福，咱'离婚酒店'又挽救了一个家!"

生活中很多人都刻意去追求那种轰轰烈烈、荡气回肠的爱情生活，完全没有意识到日常的生活本来就应该是平淡的，平淡也是一种幸福。爱情带给我们的幸福首先是心灵的幸福。当你守住了属于自己的一份平淡的生活，你就是一个幸福的人。

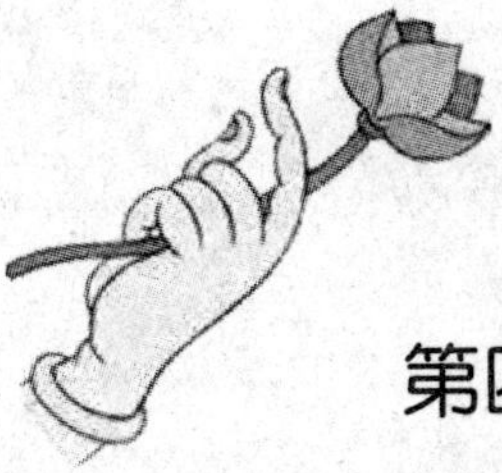

第四章　伟大的成功，来自伟大的敌人

当今社会，竞争无处不在。职场、商场之中同事、同业相互比拼、搏杀，能作为对手者，总会有一些能力和本事。这时，只要你有一颗进取和宽容之心，就能从对手那里学习到很多自己所不具备的东西。

第一节　宽忍的力量

1. 宽容比怨恨更具威力

作家安德鲁·马修斯在《宽容之心》中说：“一只脚踩扁了紫罗兰，紫罗兰却把香味留在那脚跟上，这就是宽恕。”是啊，高尚的紫罗兰不把人心险恶放在首位，宽恕了无情的脚跟，用自己的芳香打动了麻木的脚跟。脚跟苏醒了，感谢紫罗兰的高风亮节，从此做到了脚下留温柔之情，空中扬文明之风。宽容是一种生存的智慧、生活的艺术，是看透了社会人生以后所获得的那份从容、自信和超然。

“二战”结束后不久，丘吉尔在一次大选中落选了。作为一个名扬四海的政治家，落选是件极狼狈的事，但他却极为坦然。当时，他正在自家的游泳池里游泳，是秘书气喘吁吁地跑来告诉他：“不好了！丘吉尔先生，您落选了！”不料丘吉尔却爽朗一笑说：“好极了！这说明我们胜利了！我们追求的就是民主。民主胜利了，难道不值得庆贺？朋友劳驾，把毛巾递给我，我该上来了！”

看到这里，相信很多人都会佩服丘吉尔，那么从容，那么理智，只一句话，就成功地再现了一种极豁达大度、极宽厚的大政治家的风范！

还有一次，在一次酒会上，一个女政敌高举酒杯走向丘吉尔，并指了指丘吉尔的酒杯，说："我恨你，如果我是您的夫人，我一定会在您的酒里投毒！"显然，这是一句满怀仇恨的挑衅，但丘吉尔笑了笑，挺友好地说："您放心，如果我是您的先生，我一定把它一饮而尽！"

妙！果然是从容不迫，不是吗？既然对方的话是假定，我们也就不妨再来个假定。于是就这么一个假定，也就给了对方一个极宽容的印象，并给了人们一个极重要的启示——原来，你死我活的厮杀既可做刀光剑影状，更可以做满面春风状。

是的，这就是宽容！莎士比亚名剧《威尼斯商人》中有这样一段台词：宽容就像天上的细雨滋润着大地。它赐福于宽容的人，也赐福于被宽容的人。

有个故事很好地诠释了宽容的巨大威力。

在一场惨烈的战争中，几乎所有士兵都丧命于敌人的刀剑之下。命运将两个地位悬殊的人推到了一起——一个是年轻的指挥官，一个是年老的炊事员。他们在奔逃中相遇，两个人不约而同地选择了相同的路径——沙漠。追兵止于沙漠的边缘，因为他们相信没有人会从那儿活着出去。

"请带上我吧，丰富的阅历教会了我如何在沙漠中辨认方向，我会对你有用的。"老炊事员哀求道。指挥官麻木地下了马，认为自己已经没有求生的资格，他望着老人花白的双鬓，心里不禁一颤："由于我的无能，几万个鲜活的生命从这个世界上消失了，我有责任保护好最后的一个士兵。"他扶老人上了战马。到处都是金色的沙丘，在这茫茫的沙海中，没有一个标志性的东西，使人很难辨认方向。"跟我走吧。"老人果敢地说，指挥官跟在他的后面。灼热的阳光将沙子烤得如炙热的煤炭一样，喉咙干得几乎要冒烟。他们没有水，也没有食物。老人说："把马杀了吧！"年轻人怔了怔，之后取下了腰间的军刀。

"现在，马没了，就请你背我走吧！"年轻人一怔，心中虽然有很多不快，但长期以来，他都处在深深的自责之中，老人此时身陷沙漠，也完全是因为他的不称职。他此刻唯一的信念就是让老人活下去，以弥补自己的罪过。他们就这样一步一步前行，在大漠上留下了一串深陷绵延的脚印。

一天，两天……茫茫的沙漠好像无边无际，到处都是灼热的沙砾。白天，年轻人是一匹任劳任怨的骆驼；晚上，他又成了最体贴、最周到的仆从。然而老人的要求却越来越多，越来越过分。他会将两人每天共同的食物吃掉一大半，会将每天定量的马血多喝掉好几口。年轻人没有怨言，只希望老人能活着走出沙漠。他们越来越虚弱，直到有一天，老人奄奄一息了，说："你走吧，别管我了。我不行了，你还是自己逃生吧！"

"不，我已经没有了生的勇气，即使活着我也不会得到别人的宽恕。"

一丝苦笑浮上老人的面容："说实话，这些天来难道你就没有感到我在刁难、拖累你吗？我真没想到，你的心会包容下这些不平等的待遇。"

"我想让你活着，你让我想起了我的父亲。"年轻人痛苦地说。这时，老人解下身上的一个布包，递给年轻人，说："拿去吧，里面有水，也有吃的，还有指南针，你朝东再走一天，就可以走出沙漠了，我们在这里的时间太长了……"老人闭上了眼睛。

"你醒醒，我不会丢下你的，我要背你出去。"老人勉强睁开眼睛，说："唉！难道你真的认为沙漠这么无边无际吗？其实，只要走三天，就可以走出去，我只是带你走了一个圆圈而已。我亲眼看着两个儿子死在敌人的刀下，他们的血染红了我眼前的世界，然而你却用宽容融化了我内心的仇恨，我已经被你的宽容大度所征服。只有能宽容别人的人，才配受到他人的宽容。"老人永久地闭上了眼睛。

年轻的指挥官震惊地矗立在那儿，仿佛又经历了一场战争——一场人生的战斗。他放平老人的身体，怀着宽容之心，向希望之洲走去。

在现实生活中，有许多事情，当你打算用愤恨去实现或解决时，不妨先试着用宽容，或许它能帮你实现目标，化解矛盾。

2008 年 9 月，美国大选正在如火如荼地进行，以奥巴马、拜登为候选搭档的民主党和以麦凯恩、萨拉·佩林为候选搭档的共和党，正在进行激烈的大选争夺战。两方阵营的幕僚们恨不得挖地三尺找出对方候选人的缺失和弱点，以击倒对方。

就在这时，媒体爆出一个惊人事件：共和党副总统候选人佩林的17岁女儿未婚先孕。这个“丑闻”无疑令佩林十分尴尬，因为佩林一直声称自己最反对未婚先孕的人，而作为副总统候选人，居然连自己的孩子都管不好，如何去管理国家呢？这时民主党的很多人士都认为这是一个绝佳的机会，只要奥巴马向佩林进行强烈抨击，就会在人气上再胜一筹。

这一天，记者们终于截住奥巴马，都急着问同一个问题：“请问奥巴马先生，您就萨拉·佩林17岁的女儿怀孕一事有何评价？”这显然是一个绝好的机会，但奥巴马只是轻轻地摇摇头，微笑着说：“我想说的是，我妈妈18岁时便生下了我！”喧闹的现场一阵沉默。奥巴马有很多答案可以选择，但谁也没有想到，他会给出如此仁慈高尚的回答。现场的沉默终于被一阵热烈的掌声打破，远处传来“奥巴马，奥巴马……”的呼喊声，奥巴马的支持率猛然上升。

古人云：冤冤相报何时了，得饶人处且饶人。生活中，不会宽容别人的人，是不配受到别人的宽容的。宽容是一门生活的艺术，试着宽容一点，我们的生活会更加美好。

2. 邀千百人之欢，不如释一人之怨

《菜根谭》中讲：“休与小人为仇，小人自有对头。”言外之意，小人是万万得罪不得的。中国历史舞台上就上演过一幕幕令人伤心不已的小人害君子的人间闹剧，如屈原投江、韩非囚秦、孙子膑脚、贾谊痛哭、杜甫落魄、李白飘零、苏轼贬放、嵇康下狱、岳飞被害等。

小人，人人厌恶，偏偏小人是无孔不入的，无论什么性质的单位，无论什么规模的企业，都有可能出现小人。小人非常善于给同事穿小鞋，打同事的小报告。他们喜欢揭人的短，有鸡蛋里挑骨头的本领。小人记仇，

报复心极强，而且深深埋藏在心底，甚至深入骨髓，须臾不忘，等到机会一到，便立刻跳出来，睚眦必报。而且小人总是口蜜腹剑，把领导哄得团团转，深得上级喜爱。你知道小人卑鄙，却不能奈何他，更不能得罪他，否则可能会在今后的工作中连连栽跟头，落得个惨兮兮的下场。君子坦荡荡，你可以拒绝君子的要求，他微微一笑，知道你有难处，十分理解。君子有缺点，你指出来，他感谢不尽。与君子交朋友，可以袒露心扉，不用有戒心。所以，宁愿得罪十个君子，不可得罪一个小人。正所谓：邀千百人之欢，不如释一人之怨。

"释一人之怨"，其实就是不与人结怨，尤其是不与小人结怨，即使结了怨，也要想办法去化解。历史上类似的事例并不少。

"安史之乱"平定后，立下功劳的重臣郭子仪为了防止小人妒忌，从不居功自傲，一直非常小心谨慎。有一次，郭子仪生病了，有个叫卢杞的官员前来探望。卢杞是个声名狼藉的奸诈小人，相貌奇丑，一般人看到他都忍不住捂着嘴笑。郭子仪听到门人的报告，立即让家人回避，不许露面，自己一个人走到客厅里待客。

卢杞走后，家人问郭子仪："为什么让我们躲起来呢？"郭子仪笑着说："这个人长得很丑陋，内心也十分阴险。你们看到他后，万一忍不住失声发笑，他一定心存忌恨。如果这个人将来掌权，我们家族就要遭殃了。"后来，卢杞当了宰相，果然拼命报复，把所有得罪过他的人都除掉了，唯独对郭子仪还算比较尊重。

所谓释怨，就是宽容。这是一种处世智慧。俗话说得好，容人之过，方成君子。

宋太宗时，孔守正官拜殿前都虞候。一天，他侍奉宋太宗宴请群臣，喝得酩酊大醉，一时忘形，和王荣在皇帝面前争论起守边的功劳来。二人越吵越气愤，伸胳膊，撸袖子，完全失去了做臣属的礼节，吵得宋太宗也没办法喝酒，只好散了酒宴。侍臣奏请宋太宗将二人抓起来送吏部治罪，宋太宗不同意，让人把他们都送回家。

第二天，孔守正酒醒了，想起昨天晚上的事，不由得起了一身鸡皮疙瘩，他一溜小跑来到金銮殿，跪地向皇上请罪。宋太宗说："昨天晚上我也喝醉了，记不得有这些事。"宋太宗心里明白，美酒本来就是使人放荡不羁的东西，请别人喝酒，又要苛求别人不要酒后失态，实在是太难了。宋太宗托辞说自己也醉了。既没有丢失贵为天子的体面，又让孔守正他们知道警惕自己的作为，岂不是两全其美吗?

博大的胸襟是大智若愚、谦虚忍让的延伸，也是一种人生的韬略和智慧，所谓大丈夫能屈能伸，就是这个道理。身处现实社会，不管我们走到哪里都会有小人干扰，但是不居要职的我们没有生杀大权，如果不容忍他们，被淘汰出局的人，也许就是我们自己。

唐朝的大夫柳玭，被贬谪为泸州郡守。渝州有个秀才牟磨，是都校牟居厚的儿子，此人并无多少文采，但他拿着自己写的文章来谒见柳玭，柳玭却对他评价很高，经常大加赞赏。柳玭的弟子们认为他做得太过分，不解地问他为何要这样做。柳玭告诉他们："巴蜀多出豪强之士，此人是押衙的儿子，偏偏能够爱好学习、读书、写文章，如果不引导他上进，他就会灰心丧气，逐渐倒退。因为我称赞他，别人必然会看重他，他自己会珍惜荣誉，越发上进。因此而使巴蜀减少三五个草寇盗贼，不也很好吗?"由此可见，柳玭有过人的处世智慧。

具体来说，怎样防范小人呢?

说得简单点，就是自己要正。正身、正己、正思想、正风气，正气凛然，就没有小人的立足之地。上梁正，下梁必正，檩条、椽子各都归位，钉是钉，铆是铆，房子必然结实，不会轻易倒掉。鸡蛋没有缝，招不来下蛆的苍蝇。你是正人君子，小人便不敢无缘无故招惹你。有句话说得好：恶人必有恶人磨。很多时候，小人最终还是会算计到自己头上。所以身为君子，何不潇洒淡然地去面对小人呢?

3. 多一个朋友不如少一个敌人

一般来说，我们在现实生活中很难碰上大奸大恶之徒，平素结怨，多半是为利益冲突而起，或为意气之争。为小利而结仇，可能损大利；为一时意气而结仇，可能惹大祸，这都是得不偿失的事。

其实，人与人之间没有什么事不能和解的，仇敌之间也没有什么事不能说开的，人生短短数十年，何必把时间浪费在无谓的争斗中？

有个故事说，在一个偏远的山村，张姓与李姓两家是三代世仇，两户人家一碰面，经常演出“全武行”。一天晚上，老张与老李从市集里出来，碰巧在返村的路上碰见了。两个仇人一碰面，倒是没有开打，不过也各自保持距离，互相不答理对方，两人一前一后地走在小路上，相距有几米之远。当时天色已经相当暗了，是个乌云蔽月的夜晚，走着走着，老张突然听见前面老李“啊呀”叫了一声，原来他掉进溪沟里了。老张连忙赶过去，心想：无论如何总是条人命，怎么能见死不救呢？他看见老李在溪沟里浮浮沉沉，双手不断在水面上挣扎着。他急中生智，连忙折下一段柳枝递到老李的手中。

老李被救上岸后，感激地说了声“谢谢”。然后猛一抬头才发现，原来救自己的居然是仇家老张。老李怀疑地问道：“你为什么要救我？”老张说为了报恩。老李一听，更为疑惑：“报恩？恩从何来？”老张说：“因为你救了我啊！”老李丈二和尚摸不着脑袋，不解地问：“咦？我什么时候救过你啦？”老张笑着说：“刚刚啊！因为今夜在这条路上，只有我们两个人一前一后行走，刚才你遇险时，倘不是你那一声‘啊呀’，第二个坠入溪沟里的人肯定是我了。所以，我哪有知恩不报的道理呢？因此，真要说感谢的话，理当是我啊！”

此刻，月亮从乌云里露了出来。在月光的照射下，地面上映着老张与老李的影子，当年曾互相打斗过的双手，如今却紧握在了一起。

确实，与其成为针锋相对的敌人，不如开开心心做朋友。生活中，我们总是很难找到与自己兴趣相投的人，为此我们变得烦闷不安。更让人感到苦恼的是，当我们和一些人成为朋友后，我们却慢慢地发现，他们身上是有些我们看不惯的毛病，彼此常常为一些小事发生争执，以致见面不打招呼，如同陌路人，甚至从此成为敌人。

因为有刺，玫瑰就不美丽吗？当然不是。那为什么我们在与人交往的时候，总是看到别人的“刺”，而不是美丽的“花瓣”呢？其实不是因为世界缺少美，而是因为我们缺少一双发现美的眼睛。只有以欣赏、感激的眼光去看待周围的每个人，我们才能结交更多朋友，少一些敌人。

俗话说：“多个朋友多条道，多个敌人多堵墙。”这是被无数事实所证明了的生活哲理。对一切充满敌意的人，在人际关系中有着极大的破坏力，他会将个人的情绪危机恶意地无限放大。树敌过多，不仅会使人在事业上迈不开步，即使是日常生活也可能遇到种种意想不到的麻烦。而造成这种“堵墙效应”的，又大都是因为对别人的错误不能容忍。

在报社工作的俊杰就是一个能忍的“高人”。俊杰心爱的厚厚的一叠文稿，被乘虚而入的邻居家不懂事的孩子当废纸烧了个精光。这可是他多年的心血啊，你说他能不心疼吗？可没想到的是，俊杰根本就当没这回事似的，非但没有“告状”，甚至都没向邻居提起过。第二天便专心致志地继续开始他的写作了。

有人感到奇怪，就问他：“你怎么能够如此静若止水？”俊杰回答说：“我为什么要记恨一个不懂事的孩子呢？再说，激动又有什么用？再痛心，稿子也已经被付之一炬，我还不如抓紧时间多写一些，好得到更多的补救。”

俊杰的妻子有外遇突然离他而去，并在两年前就悄悄给他戴了“绿帽子”，你说他能不愤怒吗？可俊杰居然漠然以待，没有像别人那样吵闹或报复。特别是当事情败露后妻子提出离婚时，俊杰居然爽快地在离婚协议书上签了字。有人感到不可思议：“那个坏男人有钱有权，你完全可以趁机整他一把，把他的名声搞臭。”俊杰却不以为然：“天涯何处无芳草。这样的女人我把她甩掉还求之不得哩！我和那个男的争个你死我活有什么好处？我和曾经相爱的妻子闹个天翻地覆又有什么意义？结果只能是几败俱伤而已。我又何必要拿别人的过错来惩罚自己呢？”

这种宽容的人生哲学，让俊杰受益匪浅。多年后俊杰得了癌症，有医生认为他已经不可救药，可他照样整天乐呵呵的。有人感到困惑，向他请教“秘诀”。俊杰说：“我不抱怨命运对我的不公，这并不等于宣布我已经走到了世界末日。我如果自暴自弃，可能等待我的就真的会是末日了。我乐观一些，说不定还能多活些日子。”果然，俊杰坚强地挺了过来，还出版了两部专著，成了有名的学者。

宽容别人实际上就是宽容自己。创大业者，一定要有恢宏的气度。须知，能容天下的人才能为天下所容。当你想要指责别人的时候，请记住，指责就像放出的信鸽，总要飞回来的。指责不仅会使你得罪对方，而且他也必须要在一定的时候来指责你。即使是对下属的失职，指责也是徒劳无益的。如果你只是想要发泄自己的不满，那么你要清楚，这种不满不仅不会为对方所接受，而且可能就此树了一个仇敌；如果你是为了纠正对方的错误，那为什么不去诚恳地帮助他分析原因呢？

许多成功者的秘密就在于他们从不指责别人，从不说别人的坏话来使自己显得高明。面对可以指责的事情，你完全可以这样说：“发生这种情况真遗憾，不过你肯定不是故意这么做的，是吗？为了防止今后再有此类事情发生，我们可以分析一下原因……”这种真心诚意的帮助，远比指责的作用明显而有效。

为了避免树敌，还有一点需要注意，对于他人明显的谬误，最好不要直接纠正，否则会好像故意要显得你高明似的，因而伤了别人的自尊心。在生活中一定要牢记，对于非原则之争，要多给对方以取胜的机会，这样不仅可以避免树敌，而且也许已使对方的某种“报复”得到满足，可以“以爱消恨”。口头上的牺牲有什么要紧，何必为此结怨伤人？当然，对于原则性的问题不能迁就，可含蓄地进行示意。争吵除了使人结怨树敌，在公众前破坏自己温文尔雅的形象外，没有丝毫作用。

4. 嫉恨是万劫之源

什么是嫉妒？从心理学的角度讲，嫉妒是一种普遍的社会心理现象，是指通过与他人比较，发现自己在才能、名誉、地位或境遇等方面不如别人而产生的一种由羞愧、愤怒、怨恨等交织成的一种复杂的情绪状态。

生活中，有些人嫉妒别人的美貌，有些人嫉妒别人有钱，还有些人嫉妒别人成功。嫉妒往往会让一个人走上不归路，使其陷入难堪，掉入深渊。

历史上不少有名人物的行为已证明了嫉恨害人害己，可在现实生活中，仍有很多人没有吸取前人的教训，因嫉恨酿成了悲剧。几年前，南京发生了一起罕见的投毒案。有两个点心店，一个生意兴旺，一个生意冷清。生意冷清的老板对生意兴旺的老板非常嫉妒，怀恨在心，结果做出了一件非常愚蠢的事——投毒，毒死了许多顾客。投毒者最终受到了法律的制裁，自毁一生。这就是嫉妒造成的后果。如果他换一种方法，找找生意冷清的原因，再向人家学习经验，可能就会生意兴旺，那不就皆大欢喜了吗？

嫉妒是人与人之间不和谐的根源之一，嫉妒的代价太大了，它常常使人迷失方向，甚至走向犯罪。因嫉恨而冲动杀人的例子确实不少。职场中有一个比较典型的案子：伦敦一个秘书杀死了自己的老板。这位叫赛西尔的秘书是从加拿大移民过来的，在公司做行政助理。她当时33岁，自认为不是很张扬的女人，但是有报道称她为“迷人的”，是那种“用小指头就可以把男人支使得团团转的女人”，当然她比自己的老板有魅力多了。老板比她小7岁，可在金融界已经有一席之地。不过她的优势除了相貌外，并未延及任何其他方面。因为她背景卑微，只能拿不值一提的工资。而她的老板却家境显赫，以前上的是最好的学校，工作后又占据了油水十足的位置。

塞西尔悄悄把自己与老板做了比较，心中愤愤不平，产生了嫉恨。她和年轻的女老板之间的最后一次交流是在2003年春天，引发争议的是她的薪水问题。塞西尔觉得自己该大幅加薪了，而她的老板坚决予以拒绝。塞西尔于是抓过一个沉重的铜镇纸朝老板砸去，直到她的头颅四分五裂。解剖时发现受害者的手指也断了几根，应该是她试图挣脱时受的伤。而颅骨上大量的裂痕表明这是一种“过度谋杀”，说明攻击时凶手的暴怒状态。

身在职场，谁没嫉妒过？当你发现自己一直以来努力争取的升职机会给了一位经验不如自己、入职时间也比你短的同事；当你得知刚加入的新人的薪水竟只比你略低一点，而这是你经过几年甚至十几年的努力才达到的……此时，你的心里是否像打翻了五味瓶一样，肯定也会带着一丝嫉妒与恨意。

嫉恨心理是一种破坏性因素，其危害相当严重。它如同一柄利剑，既伤害了别人又伤害了自己。嫉妒者的流言、恶语、陷害、阻挠等，往往会对被嫉妒者造成恶劣的后果。而且嫉妒别人实际上是和折磨自己紧紧连在一起的。一个人在嫉妒别人的同时，实际上也在折磨自己，多少嫉妒别人的人最后都喝到了自己所酿的苦酒。法国作家巴尔扎克说：“嫉妒者受的痛苦比任何人遭受的痛苦更大，他自己的不幸和别人的幸福都使他痛苦万分。”

一般来说，嫉妒心理的产生与人的性格特质有着密切关系。

有嫉恨心的人，往往高傲自大，认为只有自己才可以称为“天下第一”，从而看不起别人，置别人的成绩于不顾，贬他人的才干如草芥。而当别人取得一点成绩，或在某方面有高于他的趋势时，他的心理便开始不平衡，总会千方百计地给那些优于自己的人制造种种麻烦和障碍。面对被嫉妒者的成绩与进步，嫉妒者终日郁郁寡欢、唉声叹气。只有当别人降到了和自己一样的地位或更低于自己的地位时，他们才会偃旗息鼓，停止对别人的进攻。

嫉恨别人的人，其实内心都是阴暗而不健康的。当你有类似的倾向时，不妨静下心来，细细地审视自己，而后，换一种感恩心态，活出一份从容，一份淡然，一份优雅，一份属于自己的快乐人生。

5. 以德报怨，把伤害留给自己

一个宽厚仁爱的人，待人处世常会以德报怨，把伤害留给自己。他们有着高山般的沉静永恒，大海般的广博邈远；有着“无故加之而不怒”的平和，“猝然临之而不惊”的镇定，“让他三分又何妨”的大度，“宰相肚里能撑船”的豁达；善于“记人之长，忘人之短”，“善则称人，过则称己”。

唐朝的郭子仪对天子忠诚，对待下级宽厚仁爱，赏罚分明。虽然遭到宠臣宦官程元振、鱼朝恩的诋毁，又遇国家多事，他手握重兵在外，但诏书一到，他当日就上路回京，没有丝毫犹豫，所以别人讲的坏话和挑拨离间都无法得逞。

他在灵州破叶蕃，而鱼朝恩却派人挖他父亲的坟墓。郭子仪从泾阳来朝见天子。觐见时天子对此事表示慰问。郭子仪痛哭着说：“臣做军队统帅很久，不能够禁止士兵发掘别人的坟墓。有人现在挖掘臣父的坟墓，这是上天的谴责，不是人事呀。”

鱼朝恩又曾约郭子仪游览他建造的章敬寺，瞻仰佛容。元栽派人告诉郭子仪，观军容时鱼朝恩将做不利于他的事。部下请他在衣中穿上铠甲。郭子仪不同意，只带了十几个家童前往。鱼朝恩说：“为什么车马随从那么少?”郭子仪告诉了他自己所听到的一切。鱼朝恩哭着说：“公如果不是个有修养的长者，能够不怀疑吗?”

我们再来看一个发生在“二战”期间的真实故事，真实到让人揪心。

“二战”后期，一支部队在森林中与纳粹军队相遇，双方发生激战，其中两名战士与自己的队伍失去了联系，没有人知道他们在哪里，都以为他们牺牲了。

他们来自同一个小镇，镇上的人彼此都认识，所以大家就像一家人。他们原来是很要好的朋友，在此次生死未卜的战斗中，更是互相照顾、不分彼此。

与队伍失散后，两人在森林中艰难跋涉，互相鼓励、安慰。10 多天过去了，他们没有看到一个人影，回到部队的希望越来越渺茫。更严重的是，因为战争的缘故，动物四散奔逃或被杀光，生存都发生了危机。

就在他们奄奄一息之际，他们幸运地打死了一头鹿，看来天无绝人之路，依靠鹿肉又可以艰难度过几日了。这让他们着实兴奋了好长一段时间。但在这以后，他们再也没有看到任何动物。仅剩的一些鹿肉，背在年轻战士的身上，生存又成了问题。

有一天，他们在森林中寻找食物时不幸遇到了敌人，经过再一次激战，两人又一次巧妙地逃脱。就在他们自以为已安全时，只听到一声枪响，背着鹿肉走在前面的年轻战士中了一枪，这一枪打在他的肩膀上。后面的战友惶恐地跑过来，害怕得语无伦次，抱起倒在地上的战友泪流不止，并赶忙把自己的衬衣撕成条来包扎战友的伤口。

夜深了，受伤的战士肩膀上包扎的衣服一片血红，他对自己的生命并不抱任何希望。而那位未受伤的战士两眼直勾勾的，嘴里一直念叨着母亲。用来救命的鹿肉谁也没有动，他们都以为自己的生命即将结束。那一夜令两个人都终生难忘。

天知道他们是怎么过的那一夜。第二天，他们被自己的部队发现了，当太阳升起的时候，他们终于获救。

故事发展到这里，似乎告了一个段落，是个圆满的结局。但事隔30 年后，那位受伤的战士安德森说："我知道是谁开的那一枪，他就是我的老乡、战友。"这实在是太惊人了。

安德森平静地说："他去年去世了，否则我永远都不会说。如果我死在他前面，我会让这个故事烂在肚子里带走。那年在森林里，当他抱住我时，他的枪筒还在发热，我顿时明白了，他想独吞我身上带的鹿肉活下来，但当晚我就宽恕了他。因为我知道他活下来是为了照顾他的母亲。此后30年，我装作根本不知道此事，也从不提及。战争太残酷了，没有纳粹的存在，就不会有这样的悲剧。令人难过的是，他的母亲还没有等到他回来就撒手去了。我和他一起祭奠了老人家。他跪下来，流着泪请求我原谅他。我拥抱着他，不让他说下去。于是，我宽恕了他，我的心没有仇恨，异常平静。我没有失去什么，我们又做了近30年推心置腹的朋友。”

唯有心怀感恩，以德报怨，把伤害留给自己，才能让世界少一些不幸，回归温馨、仁慈、友善与祥和，才能化解纷繁复杂为简单明了，化干戈为玉帛。宽厚仁爱，是和谐社会的润滑剂。

第二节　有竞争才有进步

1. 没有敌人比没有朋友更可怕

一只健壮凶猛的猎豹在以 80 千米每小时的速度狂奔之后，满足地看着爪下颤抖的羚羊。

一只纤弱微小的蜘蛛，在徐风中安逸地休憩了半天后，缓慢地爬向挣扎的蚊蝇。

安逸者和奔走者概括了整个世界。有的张开血盆大口，有的露出狰狞的尖牙，有的埋藏在厚厚的沙子中，有的守候在摇曳的枝头。它们都在以不同的方式为自己的生存而努力着。从来，只有在和敌人的角逐、较量中，我们才会收起所有的懒散和借口，全力以赴地对待对方的挑衅，表现出超常的毅力和智慧，甚至达到自己都难以相信的境界。这些都离不开敌人的存在，是我们的敌人让我们发挥出无限的潜能。在某种程度上，敌人并不可怕，没有敌人才更可怕。

生物界有一个共识，那就是没有天敌的动物多半会灭绝，而敌人越强大，物种进化速度则越快，适应能力也更强。恐龙因为没有天敌，当面临危险的时候，几乎没有危机防范意识，最终走向灭绝。同样是遭遇灾难，绝大部分相对弱小的动物却得以存活，原因就是它们的天敌训练了它们的机敏性和适应性。

在非洲奥兰治河的两岸，有两个羚羊群隔水而居。东岸羚羊的繁殖能力比西岸的强，奔跑速度也比西岸的快。后来，有一位动物学家对这些羚羊的生存环境和食物来源等各方面的条件进行了研究，仍然没有发现有何不同。但是，多年的动物研究经验让这位动物学家相信，一定有某种因素影响着这两个羚羊群的生存境况。

在百思不得其解之余，他在东西两岸各选了10只羚羊，分别把它们送往对岸。一年后，运到西岸的10只繁殖到14只，送到东岸的10只仅剩下3只，另外7只全被狼吃了。于是，答案找到了：东岸羚羊强壮，是因为它们与狼为邻；而西岸羚羊弱小，是因为没有天敌。

没有天敌的动物往往最先灭绝，有天敌的动物则会逐步繁衍壮大。因为有了天敌不断威胁的残酷环境，就必须时时警惕，并锻炼出对付天敌的本领；而如果没有天敌的威胁，身处温和平静的环境中，就会在无意中放松自己。久而久之，生存的能力就会慢慢退化。一旦天敌降临，就无力自卫，难逃灭亡的命运。

同样，人类随着社会的发展进步，竞争将更加残酷和激烈，生存环境越来越严酷。残酷的环境可能是具体的人、具体的事物，也可能是困难、挫折、逆境、厄运。如果静下心来认真思考一下，也许我们会发现，真正让我们成熟起来的不是顺境，而是这些逆境；真正让我们热爱生命的不是阳光，而是死神；真正促使我们奋发努力的不是优裕的条件，而是遇到的打击和挫折；真正逼迫我们坚持到底的，不是亲人和朋友，而是我们的对手；真正促使我们成功的力量，往往聚积于与对手的竞争之中。

加拿大有一位长跑教练，以在很短时间内培养出了几位长跑冠军而闻名。然而，谁也没有想到，他成功的秘密竟是因为有一个神奇的陪练，这个陪练不是人，而是一只凶猛的狼！

他说他是这样决定用狼做陪练的。因为他训练队员的项目是长跑，所以他一直要求他的队员从家里来时一定不要借助任何交通工具，必须自己一路跑来。有一个队员每天都是最后一个到来，而这个队员的家还不是最远的。教练觉得他不适合练长跑，就建议他改行去干别的，不要在这里浪费时间。但是，突然有一天，这个队员竟比其他人早到了20分钟，教练知道他离家的时间，算了一下，惊奇地发现这个队员那天的速度几乎可以超过世界纪录。当教练见到这个队员的时候，他正气喘吁吁地向他的队友们描述他的遭遇。原来，他在离开家不久，经过一段有5000米的野地时，遇到了一只野狼。野狼在后面拼命地追赶他，他则拼命地在前面跑，竟把野狼给甩下了。

教练明白了，这个队员今天超常的成绩是因为他有了一个可怕的敌人，这个敌人使他把自己所有的潜能都发挥了出来。于是，他聘请了一个驯兽师，找来几只狼，每当训练的时候，就把狼放开。没过多长时间，他的队员的成绩都有了大幅度的提高。

日本的游泳运动在很长一段时间一直处于世界领先地位。有人说，他们训练的方法也有着神奇的秘密。传说一个到过日本游泳训练馆的人惊奇地发现：日本人在游泳馆里养着很多鳄鱼。后来，他探询到了这个秘密。训练的时候，队员跳下水之后，教练就会把几只鳄鱼放到游泳池里。几天没有吃东西的鳄鱼见到活生生的人，立即兽性大发，拼命追赶运动员。而尽管知道鳄鱼的大嘴已经被紧紧地缠住了，但看到鳄鱼的凶相，运动员还是会条件反射似的拼命往前游。

无论是那个加拿大人还是日本人，无疑都懂得这样一个道理：敌人的力量会让一个人发挥出巨大的潜能，创造出惊人的成绩，尤其是当敌人强大到足以威胁自己生命的时候。敌人就在你的身后，你一刻不努力，就会有生命危险。

而在日常生活中，许多人却犯了一个致命的错误：总在诅咒自己的敌人，或总在庆幸自己没有遇到可怕的敌人，或因为自己遇到了敌人而失魂落魄。

一个真正伟大的对手，是一种非常难得的资源。有对手才有方向，有对手才有动力，有对手才有差距，有对手才有坚持。感谢敌人和对手吧，因为正是他们让你变得伟大和杰出。

2. 把对手当成最好的老师

孟子说："出则无敌国外患者，国恒亡。"意思是说，一个国家没有敌人，就会慢慢变得软弱，最终走向灭亡。一个人没有敌人，即使很卓越，也会因自满而停止努力，慢慢变得平庸。

有这么一个说法，如果一个中国人看到别人发达了，买了车，买了房，就会想，他怎么会赚到那么多钱，然后就想办法整他。而一个日本人看到别人很富有、很成功，他就会说："小子，等着，总有一天我会超过你。"

在市场经济环境下，企业要生存发展，就必须和对手展开竞争。企业间的竞争时刻都在进行，是不可避免的。"同行是冤家"，正是对同行企业间竞争状态的生动描述。竞争是激发企业活力的催化剂，没有竞争，企业就会失去发展的动力和前进的方向。

孔子说："见贤思齐焉，见不贤而内自省也。"意思是说，看到别人的优点，就要设法使自己也具有同样的优点；看到别人的缺点，就要反思自己，看自己是否也存在类似的缺点。曾子说："吾日三省吾身。"这也要求我们经常反思自己，并从中吸取教训，总结经验，获得前进的力量。

2010 年 12 月 24 日，在土耳其安塔基亚举行的女子国际象棋世锦赛尘埃落定，中国棋手侯逸凡过关斩将，最终荣登冠军宝座。侯逸凡当时只有 16 岁，她的夺冠，创造了国际象棋历史上最年轻"棋后"的纪录。

侯逸凡自幼天赋异禀，9 岁便获得国际象棋世界少儿锦标赛冠军。此后，她接受名师指点。良好的棋感加上系统的训练，她的棋艺获得突飞猛进的发展，她也因此接连拿下了各种大赛的冠军奖杯。在侯逸凡与对手的历次角逐中，不乏经典名局，然而，当记者采访侯逸凡，问她对自己的哪些比赛印象深刻时，侯逸凡略加思索，竟然提起了三场败局。

第一场要追溯到2000年，当时逸凡只有6岁，她参加了奎省少儿比赛，一路所向披靡，直至进入冠军争夺战。争冠对手是一位男孩，虽说比侯逸凡大几岁，却被侯逸凡犀利的棋风所压制，苦苦支撑到最后一盘。下着下着，男孩小声对侯逸凡说："我们和棋吧？"侯逸凡立刻拒绝了，因为她已占据明显优势，冠军唾手可得。男孩只得硬着头皮继续下。侯逸凡暗自得意，仿佛已经看见了夺冠后妈妈的笑脸和教练挥舞的鲜花。不料形势突然急转直下，男孩缓过劲来，反戈一击，杀得侯逸凡无法招架，必输无疑。侯逸凡不干了，对裁判说："他之前就提出过和棋，现在和还可以吧？"裁判答道："当时你没同意。依据规则，只能以最终的结果为准。"就这样，侯逸凡到手的冠军飞了，她伤心地大哭了一场。在泪水中，她明白了一个道理，人不能因为一时的胜利而得意忘形，笑到最后才笑得最甜。

第二场是2008年世锦赛，年仅14岁的侯逸凡出人意料地杀入决赛。决赛的对手是俄罗斯美女科斯坚纽克，侯逸凡整整小她10岁。赛前，很多人预测，侯逸凡的功力已与科斯坚纽克不相上下，加上初生牛犊的冲劲，应该不落下风。那一天，在无数人关注的目光中，侯逸凡踌躇满志地上阵了。遗憾的是，人们并没有看到一场针锋相对的对决，侯逸凡下得非常辛苦，感觉处处受限，心理上非常不适，根本没有发挥出正常水平，科斯坚纽克令人信服地夺冠。赛后，教练评点说："科斯坚纽克7年前有过一次世锦赛决赛经验，尽管当时输给了诸宸，但那次失利对她的策略准备和心理准备都是一笔宝贵的财富。这次，明显感觉她的准备非常充分，尤其是在心理上。而这恰恰是你失利的重要因素。"侯逸凡领悟到，成功不是靠运气，而是一个水到渠成的过程，只有在技术、心理和经验等多方面磨炼成熟之时，成功才会瓜熟蒂落。

第三场是2010年与世界棋王卡尔波夫的“性别大战”。卡尔波夫是整个国际象棋界的巨人，居于世界冠军的位置长达12年之久。比赛开始后，老棋王果然名不虚传，尤其是在对残局的判断上，明显高出侯逸凡一筹，侯逸凡输得心服口服。其实，侯逸凡经过多年的打磨，棋艺已经炉火纯青，在女子象棋界鲜有对手，就连卡尔波夫在赛后也惊呼：“侯确实非常厉害，超出我的预料。”但是，与卡尔波夫一战，令侯逸凡清醒地意识到，人外有人，天外有天，任何时候都要虚心前行，学艺之路永无止境。在卡尔波夫的指点下，侯逸凡不再满足于对棋艺的追求，而是沉下心去，从研究国际象棋的历史开始，探索理论，感悟棋“道”，从而在下棋的境界上更上一层楼。

那么，既然学习和自我反省如此重要，为什么还有一些人不愿意向对手学习，不愿意自我检讨、自我反省呢？就是因为他们的心态没有摆正，害怕对手因此而看轻自己。实际上，这种顾虑完全没有必要。一个人所犯的错误肯定会被别人看到，而且在别人眼中，问题会显得更加客观和突出。在这种情况下，坚持己见、拒绝改正只会给人留下固执、虚伪、心胸狭窄的糟糕印象。

3. 化敌为友，多为自己开条路

在关系复杂的人类社会，每个人都需要宽容，每件事都需要感激。宽容了一个人，就多了一座可供通行的桥梁；感激了一件事，就获得了一份进取的给养。

1860年，林肯当选为美国总统。当时有一个参议员叫萨蒙·蔡思，被大家认为是一个狂态十足、极其自大，而且妒忌心极重的家伙。他狂热地追求最高领导权，本想入主白宫，不料却败给林肯，只好退而求其次，想当国务卿。所以有人反对让这种人进入内阁。但林肯却认为这个家伙是个大能人，在财政预算与宏观调控方面很有一套，于是任命他为财政部长，并一直十分器重他，通过各种手段尽量减少与他的冲突。不过蔡思对此并不领情，依然为谋求总统的位置而四处活动。时任《纽约时报》主编的亨利·雷蒙顿在拜访林肯时，把蔡思的言行告诉了林肯。林肯给他讲了下面这个故事。

有一天，林肯和他的兄弟在肯塔基老家的农场里耕地。干活的那匹马很懒，总是磨洋工。可是，突然之间，它却在地里飞跑起来，以至于兄弟俩差点都跟不上它。到了地头他们才发现，原来有一只很大的马蝇叮在马的身上。林肯不忍心让马被咬，想把马蝇打落在地。可他的兄弟却说："别打呀，就是因为有那只马蝇，马才跑得这么快。"

讲完这个故事，林肯意味深长地对雷蒙顿说："现在正好有一只名叫'总统欲的马蝇'叮着蔡思先生，那么，只要它能使蔡思那个部门不停地跑，我还不想打落它。"

林肯所拥有的宽广胸襟和知人善任的能力，使他成为美国历史上最伟大的总统之一。

如果林肯一味报复，只会加深对立情绪，加深对方的怨恨。退一步讲，即使他在报复中占了上风，日后恐怕也会为自己的一时鲁莽而悔恨。选择化敌为友其实是制止报复的良方。

古人云："修己冶心的人胜于攻城掠地的将领。"能战胜自己的人才是君子。许多人固执地不肯原谅别人的过失，假使别人对自己有丝毫触犯，便揪住不放，穷追到底。其实，能原谅别人需要勇气，但是能战胜自己的内心，就要遭遇人性上的艰苦考验。从某种意义上说，能原谅别人的人是宽容的，能真正战胜自己的人，才是真君子。

中国人讲求"仁者爱人"、"慈悲为怀"。历史上有多少智者以德报怨，写下美丽篇章；多少圣者宽以待人，留下美好记忆。

释迦牟尼佛宽恕十恶不赦的提婆达多，耶稣宽恕出卖自己的犹大，不是他们善恶不分、好坏不明，此乃圣者的胸怀。他们是在仇恨的地方种上宽恕的种子。

春秋时代，齐桓公不念一箭之仇而义恕管仲，并重用他，终能九合诸侯、一匡天下，成就一代霸业。

三国时期的诸葛亮征战南国，七擒七纵孟获，使孟获心悦诚服而归顺。

可见，宽恕之心大能敌国，小能服人。没有海量的胸怀，难以成就海量的事业。历史上的这些智者都是宽恕待人之人，他们是真正的君子。

古希腊神话中有这样一个故事：大力士海格力斯行走在山路上，发现路的中间有个袋子似的东西很碍脚，就狠狠踢了一脚，谁知道那东西不但没有被踢开，反而膨胀起来。海格力斯十分恼怒，操起木棍打它，那东西竟再次膨胀，把路都堵死了。这时，山中走出一位老者，对海格力斯说："朋友，快别动它，忽略它，离开它远去吧！那是仇恨袋，你视而不见，它便小如当初；你在心里老记住它，触犯它，它就会膨胀起来，挡住你前进的步伐。"

化敌为友，可以成为处世的一种策略，甚至成为一种艺术。化敌为友是一种忍耐，这种忍耐并不是消极地等待，而是积极地努力去化解怨恨。这种积极的忍耐，免除了不再缠绕身边的是是非非，为自己多开了一条路。生活，也因此多了一笔宝贵的友谊财富。

4. 学会与对手合作

现代商场上有一句行话：打不倒的敌人就是朋友。过去，我们常常会把对手当成我们的敌人，并且会不断地提醒自己：他是我的对手，也就是我的敌人！如果他成功了，我就会失败，所以，我对他千万要小心谨慎，不能对他有半点的让步。

那么，对手就一定是坏人吗？不一定！有的对手也能跟朋友一样和我们坦诚相处，跟我们真心交流。只要我们不戴着有色眼镜去看他们，就会发现，对手并非想象中的那样可恶，他们也有值得我们学习和借鉴的地方。而成功人士大多是用宽容、豁达的心态去对待自己的对手，因为这样，他们才有了合作的机会，世上才有了共赢的结局。

1991 年 1 月 3 日晚，美国大选揭晓，当选总统克林顿在竞选总部楼前发表即席演说。他先是言辞恳切地感谢昨天还在互相唇枪舌剑、猛烈攻击他的主要政敌、现任总统布什，感谢布什从一名战士到一位总统期间为美国做出的出色贡献，并呼吁布什和另外一位对手佩罗及其支持者与他的团队合作，在未来 4 年重造美国，在振兴美国的大变革中继续忠诚地服务于祖国。

而远在异地的布什则打电话祝贺克林顿成功地完成了一场“强有力的竞选”。他还调侃地告诫克林顿，“白宫是个累人的地方”，并保证他本人和白宫各级人士将全力以赴地与克林顿的班子合作，顺利地完成交接工作。

对于竞选结果，布什和克林顿都保持了乐观豁达的心态，这种心态也使他们彼此获得了一个朋友。

也许你一直在埋怨：社会太残酷，竞争太激烈，对手太强大！也许你一直在幻想：倘若没有竞争，没有对手，那该有多好！然而，生活中没有竞争的环境是不存在的，要想将竞争的阻力转化成动力，最有效的办法就是学会与对手合作。

顾名思义，合作就是互相配合，共同把事情做好。世界上有许多事情，只有通过人与人之间的相互合作才能完成。一个人学会了与别人合作，也就获得了打开成功之门的钥匙。竞争者往往是理想的合作者，竞争与合作是统一的。没有合作的竞争，是散兵游勇式的竞争，缺乏凝聚力和向心力，很难取得更大的成功。而“在合作中竞争，在竞争中合作”可以让双方走向胜利，实现双赢。

在某艺校，A 和 B 是一对文艺明星：一个外号“百灵”，歌唱得特别好；另一个叫“孔雀”，舞跳得非常棒。她俩是学校的“名片”，同时也是竞争对手，都希望自己的表现能赢得最旺的人气。后来，市里拟办一场声势浩大的晚会，艺校准备排一个节目参演。她俩知道消息后，都不愿错过这个表现自己、为学校争光的机会，都主动向校领导请缨。这可让校长犯了难：A 的独唱在学校里数一数二，而 B 的独舞也是无人能比，但节目只有一个，究竟让谁去好呢？

正在校长犹豫不决之际，A 突然灵机一动，主动找到 B，说："咱俩都别争了，你看咱们合作个歌舞节目怎么样？我唱你跳，把咱俩的优势同时展现出来。"B 欣然应允。一周后，她俩合作的歌舞节目在晚会现场好评如潮。

一个懂得在竞争中与别人合作的人，更容易在竞争中超越自我，走向成功。将自己的好东西、领悟出来的经验得失拿出来与别人分享，本身就是一种善意的付出。在分享中互相取长补短，结果促成了两人在竞争中的共同提高。

培养竞争对手、学会合作的关键，就是学会欣赏对手，影响对手，在需要的时候与其联起手来。欣赏对手，不但能把对手变成朋友，而且还能获得对手的信任和帮助，一举多得，何乐而不为呢？

有一个职场新人去一家广告公司求职，顺利地通过了第一轮测试，成了 10 位入围者之一。第二轮测试内容很简单：让每位入围者按要求设计一件作品，并当众展示给另外 9 人，让他们打分，写出相关的评语。

这个职场新人在给别人评分时，对其中 3 人的作品非常欣赏，他怀着复杂的心情给他们打了高分，并写下了赞美的评语。令他意外的是，他入选了。而更令他意外的是，他欣赏的那 3 位中只有 1 个人入选！这是为什么呢？后来，广告公司老总的一番话使他恍然大悟。这位老总说："入围的 10 人可以说都是佼佼者，专业水平都较高，这固然是重要的方面，但公司更为关注的是，入围者在相互的评价中，是否能够彼此欣赏。因为，庸才自以为是，看不见别人的长处，这倒情有可原，但若对对方显而易见的长处视而不见，那就显得心胸太狭隘了，严格意义上说那不叫人才。落聘的几位专业水平都不错，遗憾的是，他们缺乏欣赏别人的眼光，而这点比专业水平更重要。”

职场中不可避免地存在着竞争，适当的竞争能够促进一个人的成长。这一切的关键是我们对竞争对手持什么样的态度。学会处理好自己与他人的关系，欣赏他人，接纳他人，这样才能在合作中成功。

第五章　心怀感恩，“磨”才有意义

“感恩”，即感谢恩人。在纷纷扰扰的人世间，我们要感恩的人实在太多太多，甚至包括曾经折磨过我们的人。

常怀感恩之心，是一种积极向上的乐观态度，一种处变不惊、淡泊名利的人生理念，一种格调高雅的真诚与豁达，一种坦然地面对生活的成熟与智慧。

第一节 “磨”的力量

1. 玉不琢不成器，人不磨不成才

玉是美石，在文字中，“玉”字引申为精美、贵重之意。玉也是美和美德的象征。《管子》一书归纳玉有“九德”。《荀子》中也说“夫玉者，君子比德焉”，指出玉有仁、智、义、行、勇、情、辞七种美德。儒家经典《礼记·聘义》有更详细的阐释，除了仁、智、义，还包括了礼、乐、忠、信之类。总之，玉，是珍品，是美，是美德。

但是，玉石的美不是天生的，需要玉匠来“琢”；宝石的贵重也不是天生的，需要石匠来“磨”。东汉王充《论衡·量知篇》中说：“骨曰切，象曰磋，玉曰琢，石曰磨，切磋琢磨，乃成宝器。人之学问知能成就，犹骨象玉石切磋琢磨也。”兽骨、象牙、宝玉、顽石要经过反复切削、精心雕琢、打磨，才能成为宝器。“琢玉成器，从头到尾用的都是减法，可最终，却要能做成魅力无穷大的加法”，让它价值连城。

同样，人的品德、意志和能力，也只有经过反复磨炼，才能螺旋上升，修炼而成，正所谓“玉不琢不成器，人不磨不成才”。“磨”并非是一种磨损、消耗，恰是一种历练。明白了这个道理，自然就能理解人为什么

需要遭遇挫折，为什么需要磨砺。

著名文学家钱锺书先生说过：“人生是一部大书。”是的，人生是我们用毕生精力去写却总也写不完，用毕生时光去读却总也读不透的哲理变幻之书。人生的无数种含义无不囊括在这本书中：有喜有悲，有苦有乐，有幸运与不幸，有成功与失败。一棵小树苗变成参天大树，一只雏鹰变成能够翱翔的雄鹰，一个婴儿变成大人，这都是成长的结果。而成长离不开磨炼，只有经历磨炼，才能收获成功。正所谓：“宝剑锋从磨砺出，梅花香自苦寒来。”宝剑经过层层磨砺才能变得锋利；梅花能够忍受严寒的侵蚀，才能在冬天傲然孤立，绽放芳香。人也是这样，经历过磨炼才能成长。

宗舒光于 1992 年 7 月大学毕业后被分配到一家木材公司工作。在校期间，他爱好文学，有一定的写作底子。上班两个月后，他被调到公司党办，负责公司简报的编辑和发行工作。

受到领导的注意和单位的重用，宗舒光不禁有了意气风发、前途光明的良好感觉。遗憾的是，幸福似乎总是短暂易逝的。一年后，公司由于经营不善而面临破产，无奈之下，宗舒光办理了停薪留职。

那是 1994 年 10 月的事情。仅仅两年多一点的时间，宗舒光便失去了自己的第一份工作，这让他不知所措。

当时他已经 28 岁，还没有结婚。没有一份稳定的工作，哪里会有一个美满的家庭？“此生此世，尚能妻否？”他不止一次地扪心自问。

离开木材公司后，宗舒光先后找过好几个单位，长的能干一年半载，短的仅有一两个月，流浪的经历真是不堪回首。

1996 年 6 月，一家刚刚成立的白云农工商经济发展公司急需文秘人员，他们从人才市场查到了宗舒光的资料，让他去面试。面试比较顺利，加上专业对口和较好的文学功底，他最终成了这家公司的文员。

进入一个新的单位，宗舒光既认真又积极，发誓一定要把工作干好。一次，他到上海农垦系统参观学习，把自己领会琢磨出的东西写成文章，很快在《广州农垦报》上发表，社会反响很好。广州农垦报社因此事还提出聘请他担任特约通讯员。

在写作的道路上，宗舒光的才能得到了充分发挥，第二年，由于表现出色，他又被两家报社聘为特约记者。他不仅找到了施展才能的舞台，更为企业的宣传做出了很大的贡献，接连受到各种奖励。

然而，宗舒光万万没有想到，他事业成功的美梦再次化为泡影。

2002 年冬天，由于经营失策导致恶性循环，资不抵债的企业实行转制，全员解除劳动合同，宗舒光又一次成了下岗失业人员。

因为有过几次失业的经历，宗舒光的心理承受能力强多了，人也似乎成熟很多。他拿着每月 440 元的救济金，再东挪西凑地借些本钱，试着和朋友一起开了一间小店。遗憾的是，这次经营最终失败了。

痛定思痛，他觉得只有坚持自己的特长，才能真正走出低谷。

宗舒光的特长就是写作。2003 年 6 月，某专修学院公开招聘工作人员，他被聘用为负责新办校区图书馆的管理员，生活重新有了希望。一方面，他努力学习图书馆管理知识，兢兢业业地工作，积累管理经验；另一方面，他又开始写作，生活的积累使他的笔触更加深刻有力，他的文章更受读者喜爱，他也渐渐小有名气起来。

我们无法预知宗舒光的未来会有多大成就，也很难说他的生活从此不会再有波折，但可以肯定的是，他在磨砺中不断成长着。

雄鹰要经过无数次的试飞，才能在蓝天中翱翔；花儿要不断汲取养分，才能在阳光下绽放；大树要经历狂风暴雨，才能在风中挺立；我们也需要经历无数次挫折，才能成长。在坎坷不平的人生道路上，挫折就像荆棘，踏上去也许会遍体鳞伤，但只有这样，才能走向成功。

2. 一切磨难都是为了让我们更强大

对于大多数人来说，人生不可能一帆风顺，总有一些人、一些事对我们造成阻碍甚至伤害，很多人因此而沉沦、畏缩，或是怨天尤人。其实，那些折磨我们的人或事并没有我们想象得那么可怕，可怕的是，如果我们的心像玻璃一样脆弱，就会把自己推入无法拯救的深渊。假如我们换一种心态，感谢折磨，感谢它的存在，便会让我们的生命充满激情和挑战，充满机遇和收获。

在朋友中，李连杰有个外号——“死过一百次的生还者”。在众多磨难面前，他仍然不甘平庸，始终坚持着自己的信念，使自己越来越强大，最终成为令所有中国人都感到骄傲和自豪的一代巨星。有位记者特意去采访他，之前这位记者对李连杰的奋斗经历了解得并不多，所以他在电话中说：“李连杰，你这些年都是一帆风顺，你是怎么变得这么强大的呢？”

李连杰听后，觉得有必要让外界知道自己真实的一面，于是详细讲述了自己打拼事业的经历。

“这位记者，采访我之前你肯定没做过认真的准备。首先，我从来不是一帆风顺的，我在朋友中有个外号，叫‘死过一百次的生还者’。从小我父亲就过世了，家境实在太差，只好加入武术队，靠每个月微薄的补贴养活全家；11 岁开始我连续 5 次拿到全国武术比赛冠军；18 岁拍了《少林寺》一夜成名，但立马，第二年我就摔断了腿，差点成为废人；好不容易等到《黄飞鸿》系列电影大卖，我的经纪人又遭黑道枪杀，事业再次陷入低谷……这些都不说，2004 年印尼海啸时，我差点妻离子散、命丧异地。当洪水就在你眼前肆虐时，那种内心的惊恐与对生命的不舍，又有多少人面对过呢？

“也可以理解，问这个问题的人估计从来都只是在电影中了解我，觉得我就是电影中的那些硬汉，身怀绝技，从精神到肉体都是天生的强大。事实上，我只是一个血肉做成的普通人，甚至，我比很多人还脆弱，有一段时间，我天天想着出家当和尚。

“但是，少林寺的一位高僧却不同意我这样做，因为出家并不能从根本上解决问题。佛家还讲究入世修行呢！后来，我去好莱坞发展时，他要我记住一句话：一切磨难都是为了让自己变得更强大！

“这话听起来实在不像是什么祝福。果然，到了好莱坞，事情并不顺利，虽然台湾老板杨登魁花了上亿元帮我打造形象、创造机会，但傲慢的好莱坞并不肯接纳我这个身高才一米七的华人。我忍着，直到一次在片场，导演把剧本摔到我脸上，冷冷地问我：‘你是不是不懂英文，所以剧本没看懂？’

“那天晚上，我打电话给那位高僧。他淡淡地说：‘这些年你吃了不少苦头，但回过头来想一想，是现在的你强大，还是过去的你强大？’我一愣，想着自己这半生的经历。的确，那些困难现在看起来都不值一提了，可当时，又何尝不是逼得自己无路可逃？可见，困难的确在让我变得强大，至少，让我的承受能力越来越强！

“从那以后，我不再惧怕任何困境，对困境甚至抱着一种欢迎的态度。朋友都说我疯魔了，但我心里知道，这不过是在困难中修炼自己。

“拍摄《英雄》那段时间，章子怡很是受非议，甚至在剧组中也被某些人孤立。在她身上我看到了刚出道时的自己：冲动，爱憎分明，心里有什么脸上从来藏不住……于是，我把自己的经历告诉她，慢慢地，她也从流言中脱胎换骨，开始表现为一个坚强的章小妹。

“这两年，我对武术之道越来越有想法，很想和观众分享这种想法，于是，我请人编写了宣扬和平的电影《西藏武僧在纽约》。很多片商对名字很感兴趣，但一看剧本就都不肯投资，因为里面的武打场面太少了，不够商业化。到哪里去找投资商？每晚这个问题都折磨得我无法入睡。实在没办法，我找到法国的著名导演吕克贝松，想自掏腰包自己拍。拍完后，我看电影前 90 分钟十分精彩脱俗，但后 30 分钟就落入了武打片的俗套，就要求改结尾，别人都觉得我疯了，改结尾是自杀行为，会让票房一落千丈。吕克贝松也十分惊奇地问我：‘你真想得罪你所有的观众吗？’我笑着说：‘那就试一次吧。’

“事实是，电影还没有公开放映，就受到了不少电影专家和媒体的关注。慢慢地，随着《霍元甲》的再度追击，大家也开始知道：哦，原来李连杰并不是一个武打机器，他也是有自己的想法的。中华武术除了实用外，里面还有博大精深的东西啊！

“这就是我的目的。既要表达内心，又要保证票房，的确是一件太困难的事。但我知道，困境总会过去，而经历困境的人，却在这个过程中变得更乐观、更有力量。”

世上没有一个人的成功是一帆风顺的，如果你认为你一生都不会陷入绝境，那么只能说明你正在走向绝境的路上。

如果你已经陷入了绝境，那么就证明你已经得到了上天的垂爱，将获得一次改变命运的机会。如果你已经走出了绝境，回头看看，你会说你从未发现过自己要比自己想象中聪明、坚强、强大。

3. 把自己切磨成一颗钻石

自古以来，钻石对每个人来说都是一个梦、一种理想和一种形象。钻石对某些人来讲代表权力、富贵、地位、成就和安详，而对某些人来说却是爱情、永恒、纯洁、忠实、勇敢、坚贞的象征。不管怎么说，钻石是迄今世界上最坚硬、成分最简单的宝石，它是由碳元素组成的，具有立方结构的晶体，是在高温、极高压及还原环境（一种化学反应的环境，对应于氧化环境）下缓慢结晶的。

传统的钻石工艺一般只能将一颗钻石切到57面，后来只有少数的工艺大师能够突破这个数字。他们不但技艺超群，而且浑身是胆，否则是没有勇气将一颗钻石推到美的巅峰的。

因此，切磨钻石是一项非常艰辛的工作。有人说，是钻石，终究会发光。但事实未必如此。再好的钻石不经切磨，也只是顽石一块。正如《钢铁是怎样炼成的》并非炼钢专著一样，我们在这里也并不是谈切磨钻石技术，而是说一个具有“钻石品质”的人是怎样打造而成的。如果你是一颗钻石，就注定要被切磨和打击。

拥有青春的人更应该视自己为一颗等待完美切磨的钻石，因为年轻人胆气最足，站在人生的开端，前方又呈现出诸多可能。如果仅仅做到一种可能，是对生命的巨大浪费。青春绝不是一个削足适履、故步自封的过程，而是一个不断打破模子、百变新生的过程。

一根木头也许雕刻一刀就承受不了了，而一块璞玉则需要雕刻更多刀，才能够呈现出一个完整的层面。对于一颗钻石来讲，即便切上许多刀，也是远远不够的。57 刀似乎够了，但恰恰有人切出了 80 多刀，于是一个惊世传奇诞生了！正在人们啧啧赞叹时，又有一个人切出了 100 多刀，这难道不是更大的奇迹吗？所以，如果你是一颗钻石，就不能将自己当作一块璞玉，更不能把自己当作一根木头，而要根据自己的特质，不断地发现自己、挑战自己，这才是对人生真正负责的态度，才算没有辜负大好青春。

一个年轻人到一家杂志社实习，遇到了一位以严格要求和博学多才而闻名的编辑。年轻人每次交稿时，这位编辑总是说一句话："如果你对某一个字的写法没把握，就查字典。"并且规定，年轻人每天都得写一篇文章放进编辑桌上的盒子里。如果哪天没有写，他就敲着桌子说："文章呢？"就这样，在日积月累的岁月中，年轻人的文章一天一个样，后来在写作上取得了很大成就，参与了美国《独立宣言》的起草。

这位年轻人就是美国著名的科学家、民主主义革命者乔·富兰克林。指点他的那位编辑名叫弗恩。富兰克林一直以一种敬畏和崇拜的心情按照弗恩的严格要求磨砺自己，终于取得了成功。后来，弗恩去世了，富兰克林在整理弗恩的遗稿时，看到了这样一句话："我不是你心目中的那个人。我并不懂写作。每个单词都得查字典，一篇稿子要看上几十遍，我给自己创造了一个权威的形象。你让我教你，我尽量去做，其实多数时候是你自己在打磨自己。"

自己打磨自己？富兰克林简直不敢相信眼前的一切，指点自己写作的权威竟然近似于写作盲！自己的写作才能竟然是自己在一天一篇的积累中打磨出来的！老编辑只不过是对他持之以恒地严格要求而已！富兰克林再读弗恩的其他遗稿时，才相信他的话句句属实——那些手稿幼稚得令一个作家心碎！

许多事情就是这样：不要对名家或权威寄望太多，人生更重要的是自己打磨自己！如果说岁月是磨刀石，那么一个人的才华就是磨刀石上的那把刀，握住刀柄的磨刀人就是自己。只有自己不停地磨砺自己，不停地给自己淬火，在勤奋的熊熊炉火中锻打锤炼，自己的才华才会显现出来，并最终放射出夺目的光芒。

退一步讲，即便我们永远成不了一颗钻石，如同我们也许永运不可能成为富兰克林式的完美天才，也并不妨碍我们将一件事情、一项工作、一份事业做成一颗“钻石”。

台湾年轻演员桂纶镁就是这样经营着自己的演艺事业的，通过自我较劲、自我拧巴、自我叫板，她的事业终于呈现出不同的“切面”，赢得了特立独行的赞誉。有人评论她是《不能说的秘密》里的氧气美女，也是《线人》里的黑帮阿嫂，是《女人不坏》里的朋克女郎，也是《全球热恋》里的神经质女生……她一直在颠覆自己、挑战自己，当我们渐渐淡忘了她最初的模样时，她又挟着《肩上蝶》之清纯校园风强势回归。

当然，人的打磨有不同于钻石的地方。人仅仅有第一次打磨是远远不够的，人的打磨要比钻石复杂得多，不仅包括才能、意志，还包括个性、处世态度等。尽管有时经过第一次的打磨，我们便已经超凡脱俗了，但是当我们变成了一个有能力的人的时候，却也容易养成自负、傲慢、暴躁和虚荣的性格心态，锋芒毕露，以至于在生活中被别人设置障碍。

有个故事说，一个平庸的人去向智者请教如何才能从众人中脱颖而出，智者带着他来到一个铁匠铺，指着一堆铁料给他看——每一块都平凡无奇。智者随意拿起其中一块交给铁匠，说：“给我打一把锋利的短刀!”铁匠拉动风箱，把铁块扔到火中，烧红后又锻打，最后又细细地磨砺了一番，一把精光四射的短刀便打成了。智者把短刀又扔在那一堆铁料中，说：“你看，还是原来那一块铁，经过打磨便与众不同了。”

他大悟——要想出人头地，必须在磨难中锻炼自己。于是拜谢智者，回去后他刻苦学习，在逆境中磨砺着自己的锋芒。终于，他超凡脱俗，锋芒锐利。可他没有得意多久，便又去找智者，说：“我现在的能力已远远高出别人，为什么做事还是不那么顺利，而且别人还是处处为难我呢?”

智者把他带到水流湍急的小河边，河里有许多石头。智者指着那些石头说：“你看，那些有棱有角的石头所承受的水的冲击要比那些圆的石头大得多啊!”他凝思片刻，若有所悟。

由此可见，即便我们拥有了超凡脱俗的能力，仍需要不断完善自己的性格，让自己像卵石一样圆润，才能在生活和工作中得到别人的认可，才能在事业上有所发展。

法国作家玛格丽特·尤瑟纳尔说：“我永远也不会被战胜，我只会由于屡屡战胜而被战胜。”这正是在告诉我们如何将自己打磨成一颗钻石的奥秘。

4. 人生要经得起折磨

一个人哪怕只是有一点点想法，在把想法通过努力变成现实的过程中，都会遇到各种各样的难题、阻力和麻烦。人为制造的、客观存在的和偶然发生的，会让你感到时不我待、英雄气短的无奈，会让你有穷途末路、求救无门的尴尬。

人生之所以有困境，是因为你不甘平庸，要突破、要挑战。身陷绝境，请不要诅咒，而要学会控制，学会应对和化解。巴尔扎克说“绝境，是天才的晋身之阶，信徒的洗礼之水，能人的无价之宝，弱者的无底之渊。”

什么事情，都是成也在人，败也在人。失败者并不是天生就比成功者差，而是在逆境或者绝境中，成功者比失败者多坚持一分钟，多走一步路，多思考了一个问题。上帝并不喜爱安逸的人，他要挑选出最杰出的人物，让这些人历经磨难后才取得成功。

当苏武被流放到北海时，北海的羊群围在他身边，好像在欢迎这位坚贞不屈的大汉臣子。之后十几年孤独的牧羊生活，如果可以当作一次挫折，那么这次挫折无疑是痛苦的，可是这位牧羊老人从未曾放大痛苦，于是在千年的史册上，大汉的丹青书写下了汉民族不屈的坚贞气节。

昭君出走大漠，丝绸之路上又多了一串驼铃的叮咚声，“千载琵琶作胡语，分明怨恨曲中论”，不应该是她真实心态的写照吧？如果出塞是一次挫折，那么挫折换来了汉匈两地人民的安宁，却也是莫大的光荣。

苏武和昭君的举动应该是对直面挫折、缩小痛苦的心理的诠释。人生只有走出来的美丽，没有等出来的辉煌，因此直面挫折、化解痛苦才是我们的最佳选择。

因为生活本身就是由酸、甜、苦、辣、咸五味组成，当品尝过它的甜美后，你将不得不再去品尝一下它的咸、酸、苦、辣。它们的味道固然不佳，却能让你的意志更加坚强，思想更加成熟。

米契尔曾经是一个不幸的人。一次意外事故，他身上65%以上的皮肤都被烧坏了，为此他动了16次手术。手术后，他无法拿起叉子，也无法一个人上厕所，但以前曾是海军陆战队队员的他从不认为自己被打败了。他说：“我完全可以掌握自己的人生之船，我可以选择把目前的状况看成倒退或是一个起点。”6个月之后，他又能开飞机了！

米契尔为自己在科罗拉多州买了一幢维多利亚式的房子，另外还买了其他房产、一架飞机及一家酒吧。后来他和两个朋友合资开了一家公司，专门生产以木材为燃料的炉子，这家公司后来变成了佛蒙特州第二大私人公司。

米契尔开办公司后的第四年，他开的飞机在起飞时又摔回跑道，把他的12条脊椎骨全压得粉碎，从此他的腰部以下永远瘫痪！“我不解的是为何这些事老是发生在我身上，我到底是造了什么孽，要遭到这样的报应？”

尽管如此，米契尔仍不屈不挠，日夜努力使自己达到最高限度的独立自主。他被选为科罗拉多州孤峰顶镇的镇长后，努力保护小镇的环境，使之不因矿产的开采而遭受破坏。米契尔后来也竞选国会议员，他用一句“不只是另一张小白脸”的口号，将自己难看的脸转化成一项有利的资产。

尽管面貌骇人、行动不便，米契尔却坠入爱河，且完成了终身大事，他还拿到了公共行政硕士，并持续他的飞行活动、环保运动及公共演说。

米契尔说：“我瘫痪之前可以做1万件事，现在我只能做9000件，我可以把注意力放在我无法再做的1000件事上，或是把目光放在我还能做的9000件事上。告诉大家说，我的人生曾遭受过两次重大的挫折，如果我能选择不把挫折拿来当成放弃努力的借口，那么，或许你们可以用一个新的角度来看待一些一直让你们裹足不前的经历。你可以退一步，想开一点，然后你就有机会说：‘或许那也没什么大不了的！’”

是的，挫折、苦难没有什么大不了。一位成功者曾豪迈地宣称：苦难本是一条狗，生活中，它不经意就向我们扑来。如果我们畏惧、躲避，它就凶残地追着我们不放；如果我们直起身子，挥舞着拳头向它大声呵斥，它就只有夹着尾巴灰溜溜地逃走。所以，只要你拥有对生命的热爱，苦难就永远而且只能是一条夹着尾巴的狗！

对于一个想要有所成就的人来说，苦难是一道必须超越的关卡。就像神话中所说的那样，那条鲤鱼必须跳过龙门，才能超越自我，化身为龙。人生又何尝不是如此？

5. 在磨难中看到恩赐

生活中，有些让你感到不舒服的人，总在你的生命中川流不息，让你应接不暇。他们像一根根尖锐的刺扎在你的皮肤里，让你隐隐作痛，让你暴跳如雷，甚至让你怀恨在心。

这些人，可能是你的亲人、敌人、老板、同事、爱人、对手，他们有的满怀善意，有的心怀鬼胎，这些让你又爱又恨的人，在你的生命中设置了一个又一个障碍，让你不得不打起精神，拼尽全力赶路。然而，当疲于应对的你仍然追赶不上他们的速度，无法满足他们的要求时，难免焦虑抱怨，甚至感到痛苦万分，觉得你的人生充满了挫折和无奈，这些让你不舒服的人应该统统消失。

然而，终有一天，当你站在人生的下一个站台回望，所有曾经承受的委屈和压力都将释然，你会发现，他们是你发挥潜能、全力以赴的动力，他们让你一次又一次地突破自我，使你的人生拥有了更多的可能，他们才是你最应该感激的人。当你能够用这样成熟的心态来面对生活中的起起伏伏时，你不再是一个面对苦难掩面哭泣的人，而将成长为一个无法战胜的勇士。

曾经有一个小男孩瞪大眼睛打量了尼克很久，最后终于吐出一句：“你总算还有一个头。”——这是尼克·胡哲在他演讲时必讲的一个小插曲。只要看一眼尼克，你就会立刻理解为什么小男孩会这么说，进而感叹为什么上帝要制造这样的生命。

尼克打出生时就没有四肢，只有躯干和头，就像一尊残破的雕像。这副模样甚至连他的父母都无法接受。可想而知，这样的躯体给尼克造成了多大的困难。他所能利用的身体部位，只有一个长着两根脚趾的小脚。那只小脚被他妹妹戏称为“小鸡腿”，因为尼克家的宠物狗曾经误以为那个是鸡腿，想要吃掉它。

尼克不能走路，不能拿东西，并且总要忍受被围观的耻辱。这一度使他非常消沉，以至于想要在浴缸里淹死自己。还好，他在最后一刻，脑海中浮现出父母在他坟前哭泣的样子，于是他放弃了。这是他最正确的选择——活下来，使他有机会看到，原来他的人生有着无尽的希望。

尼克秉持着一个基督徒的信仰，告诫自己永远不要放弃。他虽然没有健全的四肢，但是有非常好的口才和一个聪明的大脑。他总是用无比轻松的语调来调侃自己的经历，他永远不在意别人异样的眼光，并且努力让自己充满自信。而事实上，他确实做到了绝大多数健全人无法做到的事：他成了一位全球知名的励志演说家。

19 岁的时候，尼克打电话给学校，推销自己的演讲。在被拒绝 52 次之后，他获得了一个 5 分钟的演讲机会和 50 美元的薪水。从此，他的演讲生涯开始了。他嗓音富有磁性，思路清晰，语言幽默，最关键的是，他有与众不同的人生经历可以与别人分享，给所有人坚持下去的力量。在多年的磨炼当中，他具备了异常坚韧的心智和丰富的阅历。这些精神上的给养完全弥补了肉体上的缺陷，帮助尼克超越了大多数健全人，取得非凡的成就。

如今，他已经在全球 34 个国家发表了超过 1500 场演讲，每年要接到超过 3 万个来自世界各地的邀请。所有看过他的视频或听过他演讲的人，都无不发自内心地诚服于这个曾被预言“永远得不到爱”的人。他已经成为世人心目中与命运顽强斗争的象征，或者说，一尊活的雕塑。

对于中国，尼克投入了特别多的精力。2011 年 5 月 14—17 日的西安、武汉之行，是他第四次来中国，演讲对象是在校大学生。尼克出生于 1982，本身就是 80 后，跟大学生有不少共鸣。巡讲主办方之一——腾讯公益慈善基金会，也希望通过尼克感人的讲述，给 80 后、90 后的年轻一代以启迪。

在演讲中，尼克讲道：“我从小就在镜子旁边贴着一张非洲难民儿童的照片，现在我奋斗的目标之一仍然是帮助这些贫困的人。”

“就我这副身板，戴上帽子在街头也会立刻被别人认出来，所以我已经很出名了，我不是为了沽名钓誉。我不在乎别人的怀疑，只要我做的事能改变哪怕一个生命，这一切奔波都值得了。”

“有人问我，你觉得自己是这世界上最快乐的人吗？我要说是的。我对人生的三个真谛——价值、目标、宗旨都很清楚，我知道我要往哪里去，所以我很快乐。无论怎样，满足于你所拥有的，比如我，就很珍惜我的‘小鸡腿’。不要放弃，爱别人，每天向前走一小步，你一定可以完成人生的目标。”

在人生的路上，哪怕我们走得十分顺利，只要稍微遇上一些不顺的事，就会习惯性地抱怨老天亏待自己，进而祈求老天赐给我们更多的力量，帮助我们渡过难关。实际上，老天是最公平的，它为你关上一扇门的时候必然为你开了一扇窗，这句话不是自我安慰，不是自欺欺人，而是千真万确的事实。

所以，我们要感谢苍天赐予我们磨难，因为唯有经历苦难的磨炼，才能获得成长和内心精神的充实。坦然面对一切吧，唯有苦难才能磨炼人的意志和品格。

第二节　学会感恩

1. 感恩无处不在

老子的《道德经》云："祸兮福之所倚，福兮祸之所伏。"祸福总是相依相伴，任何事情都具有两面性，如果你从反面看，你会记仇；如果你从正面看，你就会感恩。

有个国王说："如果谁能从鳄鱼池的东岸游到西岸，并且安然无恙，我就把王位让给他，并把公主嫁给他。"

话音刚落，只听"扑通"一声，有个年轻人迅速跳了下去，他拼命地游啊，游啊，挣扎了好久终于游到了对岸。

国王拍着他的肩说："年轻人，你是一等的勇士，太棒了！"

不料年轻人却生气地说："是谁把我推下了水？"

故事里，那个年轻人太应该感谢那个推他下水的人了，因为这个人，他得到了至高无上的王位和美丽的公主。

所以说，任何时候对任何事情，都不要持绝对的态度，你所相信和追求的未必都是"真善美"，而你所怀疑和排斥的也并非都是"假恶丑"。

当你对自己缺乏足够的信心，正在犹豫不决的时候，如果有人推你一把，你就有了成功的机会。从这个角度讲，那个“推你下水的人”正是你的贵人。你能不感恩吗？是他帮你冲破最后一道屏障，是他帮你发掘了你的潜力，是他让你没有错过人生的重大机遇。所以，要用感恩的心态对待“推你下水的人”。

感恩是人成为万物之灵的重要源泉。实践证明，人类在自身的发展中，只有感恩才能促进社会的全面发展，保证自己内心的平和、自由。就整个人类社会来看，各种宗教的核心都是感恩和行善。特别是在中国，感恩是非常重要的人生修养和美德！在日常生活中，人们常以“羊有跪乳之恩，鸟有反哺之情”，“滴水之恩，当以涌泉相报”等教育大家要知恩图报。从个体的角度来讲，感恩就是在帮助自己，也就是平常所说的“帮助他人，快乐自己”，“送人玫瑰，手留余香”。就一个人的能力来讲，鼻不如狗，耳不如兔，眼不如鹰，腿不如豹，力不如象，凭自身的力量单打独斗，很难战胜艰难困苦。而心怀感恩就可以获得他人的帮助。从内心来讲，一个人知恩不报，就会受之有愧，心情难以坦然，遭受心理折磨，从而失去生活的乐趣。

人们常说团结就是力量，唯有团结人类才会强大，不断推动社会发展，建立起繁荣富强的人类社会。人在一起合作，彼此关心、相互支持、相互回报，才会在群体间滋生温暖，形成合力，不断走向繁荣和文明。假如人类不知道感恩，相互仇视，互不信任，就不能形成凝聚力，就会像一盘散沙一样，被自然灾害所吞噬，或被人类自己制造的事故、灾难所消灭。因此，人类只有懂得感恩，知道回报，才会彼此紧紧地扭成一团，形成一个强大的群体，得以在地球上生息。从这一角度出发，感恩既是自身的需要，也是人类发展的需要和社会稳定的需要。

传说，有个寺院的住持，给寺院立下了一个特别的规矩：每到年底，寺里的和尚都要面对住持说两个字。第一年年底，住持问小和尚心里最想说什么，小和尚说：“床硬。”第二年年底，住持又问小和尚心里最想说什么，小和尚说：“食劣。”第三年年底，小和尚没等住持提问，就说：“告辞。”住持望着小和尚的背影自言自语地说：“心中有魔，难成正果，可惜！可惜！”

住持所说的“魔”，就是小和尚心里没完没了的抱怨。这个小和尚只考虑自己要什么，从来没想过别人给过他什么。像小和尚这样的人在现实生活中有很多，他们这也看不惯，那也不如意，怨气冲天，牢骚满腹，总觉得别人欠他的、社会欠他的，从来感觉不到别人和社会对他的生活所做的一切。这种人心里只会产生抱怨，不会产生感恩。哲人说，世界上最大的悲剧和不幸就是一个人大言不惭地说“没人给过我任何东西”。

两个行走在沙漠的旅人，已行走多日，当他们口渴难忍的时候，碰见了一个吆骆驼的老人，老人给了他们每人半瓷碗水。面对同样的半碗水，他们一个抱怨水太少，不足以消解身体的饥渴，抱怨之下竟将半碗水泼掉了；另一个也知道这半碗水不能完全解除身体的饥渴，但他却拥有一种发自心底的感激，并且怀着这份感恩的心情喝下了这半碗水。结果，前者因为拒绝这半碗水死在了沙漠里，后者则因为喝了这半碗水，终于走出了沙漠。

这个故事告诉人们，对生活怀有一颗感恩之心的人，即使遇到再大的灾难，也能熬过去。

感恩是积极向上的思考和谦卑的心，是一种自发性的行为，一种生活的态度。学会感恩可以使自身进一步完善。生活中，懂得感恩的例子实在不少。

作家史铁生身残志坚的事迹感动过无数人。史铁生从小患有疾病，导致双腿残疾，然而他的母亲给了他战胜病魔的信心，他自己又忍着病痛自学了英语和写作，最终成为了中国著名的作家。他一生与地坛结缘，写下了不朽的文章，让读者肃然起敬。他自己认为这一切都源于母亲的爱，是母亲肯定了他的努力，是母亲让他认识到每个生命都有其价值和不凡之处。

毛主席从小受到启蒙老师徐特立的教诲，立志要干出一番惊天动地的事业来。后来他将自己的恩师请到身边指点工作。徐特立一生为中国的教育事业做出了杰出贡献。毛主席感恩尊师的品德也被传为佳话。

有了感恩，生活就会美好；有了感恩，社会才会和谐。

感恩是爱和善的基础。西方一些国家有感恩节，许多父母从孩子很小的时候就要求他们写感恩日记，感恩阳光、感恩自然、感恩一切给予他们微笑和爱的人。我们生活在感恩的世界里，如果人人都有一颗感恩的心，那么天天都是感恩节，这个世界也会变得更加美丽。

2. 感恩的力量

对于感恩，中华民族有着很多表述深刻的词汇，比如“饮水思源，知恩图报”、“恶有恶报，善有善报”、“滴水之恩，当涌泉相报”、“谁言寸草心，报得三春晖”。

具体而言，感恩首先是一种善的力量。

有一位单身女子刚搬了家，她发现隔壁住了一户穷苦人家——一个寡妇与一个小孩子。有一天晚上，那一带忽然停了电，那位女子只好自己点起了蜡烛，不一会儿，她忽然听到有人敲门。

原来是隔壁邻居的小孩，只见他紧张地问：“阿姨，请问你家有蜡烛吗？”女子心想：“他们家竟然穷到连蜡烛都没有吗？千万别借他们，免得被他们依赖了！”

于是，她对孩子吼了一声，说：“没有！”正当她准备关上门时，穷小孩展开善意的笑容说：“我就知道你家一定没有！”说完，他竟从怀里拿出两根蜡烛，说：“妈妈和我怕你一个人住又没有蜡烛，所以让我带两根来送你。”

此刻女子自责、感动得热泪盈眶，将小孩紧紧地拥在怀里。

道理很简单，在水中放进一块小小的明矾，就能沉淀所有的渣滓。如果在我们的心中培植一种感恩的思想，则可以沉淀许多的浮躁、不安，消融许多的不满与不幸。

台湾“第37届十大杰出青年”之一赖东进先生出生在一个贫困的家庭中，他的父母都是残疾人，只能靠乞讨来养活他。他9岁的时候，才走进学校。他一边读书，一边讨饭，并照顾残疾的父母和弟弟妹妹。每次讨饭回来，他都要跪着喂他的父母。当他成名以后，在一次座谈会上，他这样说：“我对生活充满了感恩的心情。我感谢我的父母，他们虽然眼睛瞎了，但他们给了我生命；我还感谢苦难的命运，是苦难给了我磨炼。”

艰难和困苦，让赖东进学会了坚强地面对生活，掌握了顽强的生存本能。最难能可贵的是，他不因父母的残疾而抱怨，而是以一颗感恩的心来感谢父母。

感恩还是一种处世哲学，是生活中的大智慧。

一次，美国前总统罗斯福家失盗，被偷走了许多东西。一位朋友闻讯后，忙写信安慰他，劝他不必太在意。罗斯福给朋友写了一封回信：“亲爱的朋友，谢谢你来信安慰我，我现在很平安。感谢上帝：因为第一，贼偷去的是我的东西，而没有伤害我的性命；第二，贼只偷去我部分东西，而不是全部；第三，最值得庆幸的是，做贼的是他，而不是我。”

对任何一个人来说，失盗绝对是不幸的事，而罗斯福却找出了感恩的三条理由。

人生在世，不可能一帆风顺，种种失败、无奈都需要我们勇敢地面对、旷达地处理。这时，是一味地埋怨生活，从此变得消沉、萎靡不振，还是对生活满怀感恩，跌倒了再爬起来？英国作家萨克雷说：“生活就是一面镜子，你笑，它也笑；你哭，它也哭。”你感恩生活，生活将赐予你灿烂的阳光；你不感恩，只知一味地怨天尤人，最终可能一无所获！成功时，感恩的理由固然能找到许多；失败时，不感恩的借口却只需一个。殊不知，失败或不幸时更应该感恩生活。

感恩，使我们在失败时看到差距，在不幸时得到慰藉，获得温暖，激发我们挑战困难的勇气，进而获取前进的动力。就像罗斯福那样，换一种角度去看待人生的失意与不幸，对生活时时心怀感恩，则能使自己永远保持健康的心态、完美的人格和进取的信念。感恩不纯粹是一种心理安慰，也不是对现实的逃避，更不是阿Q的精神胜利法。感恩，是一种歌唱生活的方式，它来自对生活的热爱与期望。

3. 帮助别人等于帮助自己

感恩是回报，是给予。给，就是一种舍，我们在给别人的时候，就是在舍自己的某些东西，如时间、精力、关怀、财物等。而这些舍，同样会让我们得到回馈。相信大家都听过这样一句话：“赠人玫瑰，手留余香。”这是说我们在给予别人的同时，自己也会有收获。这并非一句空话。每个人都不是独立地存在于这个世界，每个人都会遇到困难，遇到自己解决不了的问题。这个时候，我们就需要向别人求助。如果我们能得到别人的帮助，那么我们就会心存感激，希望他日自己也可以为别人做些事情。同样地，当我们帮助别人时，别人也会心存感激，一旦有机会，便会伸出援助之手，回报我们。

爱默生说：“人生最美丽的补偿之一，就是人们真诚地帮助别人之后，同时也帮助了自己。”

《延伸爱的链条》中讲述了一个故事：

一个失业的年轻人在路上遇到一个汽车抛锚的老太太，他虽然看不清那位滞留在路边的老妇人一筹莫展的神色，但即便在如此昏暗的天气里，他也知道她需要帮助。于是，他在她的奔驰车前面停下了车。走近她的时候，他的庞蒂亚克车还在噼啪地响着。即使他面带微笑，那位老妇人还是担心、发愁。在过去的一个小时里，没有人停下来帮她。他是来袭击她的吗？他看上去很穷，很疲惫，而且还饿着肚子。他可以看得出来，站在寒冷的车外的她很害怕。他知道她的感受，那是因恐惧而生出的寒意。

他说道："女士，我是来帮助您的。您为什么不在车里等着呢？那里比较暖和。顺便说一句，我叫布赖恩·安德森。"

她的车只是轮胎瘪了，但对于一位老妇人来说，这就够糟糕的了。布赖恩爬到车下，找一个放千斤顶的地方。在这个过程中，他的指关节被蹭到了。没多久他就能换轮胎了，不过他身上脏了，双手也感到疼痛。当他拧紧手柄的螺母时，老妇人摇下了车窗玻璃，开始对他说话。她告诉他，她从圣路易斯过来，途经此地。他这么帮她，她真是感激不尽。老妇人问他，她应该付他多少钱，多少钱对她来说都不为过。老妇人可以想象，如果他不停下来帮助她的话，她的境遇将会多么糟糕。但布赖恩从没有想过要报酬，他对她说，如果她真想回报他的话，那么下次看到别人需要帮助的时候，她伸出援手就可以了。虽是寒冷阴郁的一天，但她往家驶去时心情很好。

驱车走了几公里后，老妇人看到了一家小餐馆，她走进去，打算随便吃点东西，暖暖身子驱走严寒，再走完回家的最后一段路。这是一家灯光昏暗的餐馆，外面有两个旧的汽油泵。这些场景对她来说很陌生。女服务员走过来，给了她一条干净的毛巾擦拭头发。女服务员的笑容非常甜美，这笑容即使在忙了一整天后也没有从她脸上消失。老妇人注意到，她已经有了近8个月的身孕，然而，她一点也没有让怀孕的负担改变她的服务态度。老妇人想，一个人自己拥有得如此之少，却又怎么会愿意帮助一个陌生人呢？她想到了布赖恩。老妇人用完餐后，给了服务员一张100美元的钞票。服务员赶紧去找零钱，然而老妇人已悄悄地走出了门。

服务员不知道老妇人去了哪里。这时，她发现餐具下面还有3张100美元的钞票。餐巾上写着一些话："你并不欠我什么。如果你真想回报我，那么请你这样做：不要让爱的链条在你这里终结。"

读着这些话，女服务员的眼中泛起了泪光。那天夜里，当女服务员下班回家上床睡觉时，她想到了那些钱和那位老妇人写的话。那位老妇人是怎么知道她和她丈夫正需要钱的呢？下个月宝宝就要出生了，日子会变得很艰难。她知道丈夫有多着急，为了今后的生活，他正全力地找工作。

她轻轻地亲了一下躺在身边的丈夫，低声细语地对他说：“一切都会好起来的。我爱你，布赖恩·安德森。”

一颗善良的心和财富无关。安德森拒绝了老妇人的回报，尽管他的生活很拮据。但是帮助别人是崇高的，爱心是无价的。他不但没有因为拒绝而损失，相反，他的爱心以另外的方式得到了回报——他的爱的链条正在延伸。

在这个世界上，个人的力量总是单薄的，一个人无力解决生活中的所有问题，而且，要独自走完这漫漫人生之路，是多么孤寂，又多么危险。任何一个人都离不开他人的帮助。常言道：“一个篱笆三个桩，一个好汉三个帮。”正是由于大家相互帮助、相互关怀，这世界才会这般温暖、这般美好。

现实中，人与人之间的交往是一种平等互惠的关系，也就是说，你对别人怎么样，别人就会怎样对你。你帮助别人，别人就会帮助你。所以，要想得到别人的帮助，你首先必须帮助别人。

我们应该伸出热情的手，时时帮助和关怀别人，这不仅能助人一臂之力，而且能给对方带来力量和信心，使他们有更大的勇气去战胜困难。特别是当一个人遇到挫折、处于逆境之中时，如果我们能无私相助，将犹如雪中送炭，别人也定会有“滴水之恩，当涌泉相报”的感激。很多人在得到别人真诚的帮助后，总能以更真诚的感激报答别人。

很多时候，人们会抱怨人际关系复杂、知心朋友难寻。造成这种局面的原因很多，但其中最重要的原因很可能是我们平日考虑自己过多，帮助别人太少。一个平时不注重维护人际关系的人，很难有好人缘。“临时抱佛脚”只会给别人以“利用”之感。试问这样的人，又怎么能得到别人的信任和欢迎呢？只有时时怀着一颗感恩之心，多给予他人帮助，别人才会以真心对待我们。

4. 在宽容中学会长大

一个人要是惧怕痛苦、惧怕折磨、惧怕不测的事情，那么他的生活中就只会剩下“逃避”二字。

其实，重要的并非你受到什么折磨，而是被折磨之后得到什么。接受折磨并不难，被折磨之后如何善加利用，才最难做到。如果你想出人头地，必须调整自己的想法，让积极的想法代替消极的看法，如此，才能看见人生的阳光。

法国文豪罗曼·罗兰曾说：“从远处看，人生的不幸折磨还很有诗意呢！一个人最怕庸庸碌碌地度过一生。”

的确，我们体验过折磨的痛苦，才能体会到收获的喜悦。一个真正的强者，能够忍受折磨。

你只有感谢曾经折磨过自己的人或事，才能体会出那段经历的意义；你只有懂得宽容自己不可能宽容的人，才能看见自己心中的广阔，才能重新认识自己。一个人往往是先被折磨，在折磨中积蓄了力量，然后才会创造人生的辉煌。

下面这个故事印证了这一点。

艾柯卡曾是美国福特汽车公司的总经理，后来又成了克莱斯勒汽车公司的总经理。他的座右铭是：不怕遭遇折磨，往往是折磨让你奋力向前。

1946 年，和每一个刚刚走向社会的人一样，年轻的艾柯卡在福特汽车公司只是一名普通的员工，后来他凭借自己的能力当上了福特汽车公司的总经理。但是，几年之后，他却由于大老板亨利·福特的嫉妒被解雇了。当了 8 年总经理、在福特工作已 32 年、事业一帆风顺的艾柯卡，突然间失业了。昨天他还是英雄，无数人对他毕恭毕敬；今天却好像成了传染病患者，人人都避而远之。原来的同事、一向要好的朋友也抛弃了他。他的妻子气得心脏病发作，女儿埋怨他无能。这是他生命中最大的打击。这种打击对艾柯卡来说无异于从珠穆朗玛峰峰顶坠入万丈深渊。他愤怒、彷徨、苦闷，甚至想到了自杀。但他最终没有向命运屈服，相反，他决心一定要“活出样儿来，给那些人看看我的能力和价值”。艾柯卡是这么说的，也是这么做的。他勇敢地接受了一个新的挑战：应聘到濒临破产的克莱斯勒汽车公司出任总经理。

上任后的艾柯卡大刀阔斧地对企业进行了整顿、改革，并以超群的智慧从政府那里取得了巨额贷款，使这个即将走向死亡的企业重振雄风。1983 年 8 月 15 日，艾柯卡把面额高达 8 亿多美元的支票交到了银行代表手里。至此，克莱斯勒汽车公司还清了所有债务。而恰恰是 5 年前的这一天，亨利 · 福特解雇了他。

艾柯卡的成功有很多假如，假如亨利 · 福特不解雇他，假如同事和朋友不抛弃他，假如妻子、女儿不埋怨他……假如当初艾柯卡在遭遇无情解雇后不能勇敢地重新站起来，而是一味沉浸在悲痛和绝望之中，在巨大的打击面前一蹶不振，也许历史上就不会出现辉煌的克莱斯勒汽车公司。很显然，一个人在饱受折磨的背后隐藏着未来的成功。折磨也是人生所需要的，它和成功一样有价值。

遗忘令你不快乐的事，原谅令你不快乐的人，更要感谢那些折磨你的人。要知道，是伤害你的人让你变得坚强，是欺骗你的人让你学会了辨别，是欺负你的人让你明白了抗争，是批评你的人让你有了进步，是讽刺你的人让你有了动力……

生命中的每件事或每个人都给我们一个提升能量、提高自己从而使自己向更高和更远处发展的机会。我们每处理一个个案，就会避免犯同样的错误，这也是生活给我们的奖励。

成功者往往是在巨大的折磨中诞生的，他们常常把折磨当作一种历练、一种激励、一种教训。

当我们遭受批评、伤害、欺负、背叛、欺骗、责罚、讽刺等折磨时，不要愤恨、抱怨，更不要以牙还牙。相反，我们要感谢那些折磨我们的人，因为他们增加了我们的智慧，激发了我们的斗志，强壮了我们的双腿，让我们变得更加坚强。

如果你已是一个成功者，只要仔细回想一下，你就会发现，真正促使你进步、成功的，不单是你自己的能力，也不单是朋友和亲人的鼓励，更多的时候，是你的对手激发了你的潜能，促使你不断进步。折磨是成功的阶梯，是人生最好的老师。只要在折磨中看到积极的一面，一个人就会在折磨中走向成功。

道理很简单，折磨我们的人往往会磨炼我们的意志。当我们想放弃时，我们会抱着坚持下去的信念；当我们面对挫折时，我们会有不服输的精神……所以，如果说对我们好的人是在“帮我成功”，那么折磨我们的人是在“逼我成功”。

每个人都会时常面临来自生活、工作和社会的各种各样的问题，有时会遭遇很多不快和打击。对手对你的打击，世事对你的刺激，上天对你的不公……这些时不时会使你的内心经受折磨。每一种折磨或挫折都隐藏着让人成功的种子。

“每一次流泪，都是一次成长”应该是一种心态，可以说是一个人成熟的标志。康熙皇帝在他生命的最后一个寿宴上敬了三盅酒：一敬天，二敬地，三敬曾经与他为敌的人。因为唯有坚强的信念，才能激发生命的热情与对梦想的坚持；唯有自信心，才能让我们靠着自己的力量，建筑起坚固的信念。因此，再艰难也不要放弃心中的信念！

岁月的沧桑能练就一个人的城府，遭遇更多的折磨会让人看淡爱恨情仇。给别人掌声，你的周围也会响起掌声；给别人机会，成功也会走向你。多给别人一些温暖关怀，就是温暖关怀你自己。所以，我们要在宽容中学会长大，不断提高自身的修养和境界，用自己的实际行动回报社会，承担责任。

5. 懂得感恩，“磨”便有价值

一个人从呱呱坠地开始，就处在人们的关爱之中，然而，他不懂得感恩，因为感恩之情不能与生俱来，感恩是一种情感，是后天培养体会而来。

感恩，体现了一种道德教养，集中反映了一种反哺之情和回报之心；感恩，是一种优秀的道德品质，代表着时代主流，推动着社会进步。感恩不只是一种美德和一个抽象的概念，而是一个个具体的行动。

美国独立企业联盟主席杰克·弗雷斯从13岁起就开始在他父母的加油站工作。弗雷斯想学修车，但他父亲让他在前台接待顾客，当有汽车开进来时，弗雷斯必须在车子停稳前就站到司机门前，然后去检查油量、蓄电池、传动带、胶皮管和水箱。

弗雷斯注意到，如果他干得好，顾客大多还会再来。于是，弗雷斯总是多干一些，帮助顾客擦去车身、挡风玻璃和车灯上的污渍。

有一段时间，每周都有一位老太太开着她的车来清洗和打蜡。这个车的车内踏板凹陷得很深，很难打扫，而且这位老太太极难打交道。每次当弗雷斯替她把车清洗好后，她都要再仔细检查一遍，让弗雷斯重新打扫，直到清除掉每一缕棉绒和灰尘，她才满意。

终于有一次，弗雷斯忍无可忍，不愿意再伺候她了。他的父亲告诫他说：“孩子，记住，这是你的义务！不管顾客说什么或做什么，都应有礼貌地接受，并认真去做。人要是惧怕痛苦、惧怕折磨，那他的一生就只剩下‘逃避’二字，成就不了什么大事业。”

父亲的话让弗雷斯深受震动，许多年以后他仍不能忘记。弗雷斯说：“正是在加油站的工作，使我学到了良好的职业道德和应该如何对待顾客，这些东西让我知道受‘磨’的价值，对我以后的职业生涯起到了非常重要的作用。”

其实，弗雷斯的成功与他懂得感谢那些折磨自己的人有着莫大的关系。

当一个人懂得感恩时，便会将感恩化作一种充满爱意的行动，实践于生活中。一颗感恩的心，就是一颗和平的种子，因为感恩不是简单地报恩，它是一种责任、自立、自尊和追求一种阳光人生的精神境界！感恩是一种处世哲学和生活智慧，愿感恩的心改变我们的态度，愿诚恳的态度改变我们的习惯，愿良好的习惯升华我们的性格，愿健康的性格美化我们的人生。

爱因斯坦曾经说过："每天我都要无数次地提醒自己，我的内心和外在的生活，都是建立在其他人的劳动的基础上。我必须竭尽全力，像我曾经得到的和正在得到的那样，做出同样的贡献。"我们只是个普通的人，不可能像伟人那样对人类有卓越的贡献。但当我们赤裸裸地来到人世，从无知直到长大成人，每时每刻都在享受着大自然、亲朋和无数陌生人给予的一切，我们被爱紧紧围绕着，许许多多人在为我们的成长、我们的生活奉献着、付出着，我们难道不应该永远记住所有的人和事、所有的爱，为此承担一份责任、珍惜现有的一切吗？

一位哲人说，任何学习，都不如一个人在受到屈辱时学得迅速、深刻、持久，因为磨难和挫折能使人更深入地接触实际和了解社会，使个人得到提升和锻炼，从而为自己铺就一条成功之路。

第六章　别抱怨工作，让工作成为乐趣

我们并不是为了工作才来到这个世界，但为了在这个现实的世界过上美好的生活，我们必须坚持不懈地工作。尽管工作中会出现倦怠和职业枯竭等逆境的困扰，但这些都只是暂时的，阴霾终将过去，阳光依然绚烂。只要你坚持本色，快乐工作，善待自己，礼待他人，你会发现工作着的每一天都可以如此快乐。

第一节　做事先做人

1. 立德方能立身

立德方能立身，这是亘古不变的道理。如何做人，不仅体现了一个人的智慧，也体现了一个人的修养。不管你有多聪明，多能干，背景条件有多好，如果不懂得做人，那么，你的事业便会大受影响。只有先会做人才能做大事，这是古训。先圣孔子告诉我们，“子欲为事，先为人圣”，“德才兼备，以德为首”，“德若水之源，才若水之波”。因此，中华民族历来重视做人的道理。

古今中外，任何失败者的失败都不是偶然的，同样，任何成功者的成功都有其必然性，其中最重要的一个因素就在于怎样做人。

美国加州数码影像有限公司需要招聘一名技术工程师，有一个叫史密斯的年轻人前去面试。他在一间空旷的会议室里忐忑不安地等待着。不一会儿，一个相貌平平、衣着朴素的老者进来了，史密斯站了起来。那位老者盯着史密斯看了半天，眼睛一眨也不眨。正在史密斯不知所措的时候，这位老人一把抓住史密斯的手，说：“我可找到你了，太感谢你了！上次要不是你，我可能再也见不到我的女儿了。”

“对不起，我不明白您的意思。”史密斯一脸迷惑地说。

“上次，在中央公园，就是你，就是你把我失足落水的女儿从湖里救上来的！”老人肯定地说。

史密斯这才明白了事情的原委，原来老人把自己当成他女儿的救命恩人了。“先生，您肯定认错了！不是我救了您的女儿！”史密斯诚恳地说。

“是你，就是你，不会错的！”老人又一次肯定地说。

史密斯面对这个对他感激不已的老人，只能做些无谓的解释：“先生，真的不是我！您说的那个公园我至今还没有去过呢！”

听了这句话，老人松开手，失望地望着史密斯，说：“难道我认错人了？”

史密斯安慰老人说：“先生，别着急，慢慢找，一定可以找到救您女儿的恩人的！”

后来，史密斯接到了录用通知书。有一天，他又遇到了那个老者。史密斯关切地跟他打招呼，并询问道：“您女儿的救命恩人找到了吗？”

“没有，我一直没有找到他！”老人默默地走开了。

史密斯心里很沉重，对旁边的一位司机师傅说起了这件事。不料那司机却哈哈大笑：“他可怜吗？他是我们公司的总裁，他女儿落水的故事已经讲了好多遍了，事实上他根本就没有女儿！”

“噢？”史密斯不禁大惑不解。那位司机接着说：“我们总裁就是通过这件事来选拔人才的。他说有德之人才是可塑之才！”

史密斯兢兢业业地工作，不久就脱颖而出，成为公司市场开发部总经理，一年为公司赢得了3500万美元的利润。当总裁退休的时候，史密斯继任了总裁的位置，成了美国家喻户晓的财富巨人。后来，他谈到自己的成功经验时说：“一个一辈子做有德之人的人，绝对会赢得别人永久的信任！”

最初，面对老者的“错认”，史密斯完全可以“将错就错”，反正这是一桩好事，况且又是老者主动认他为女儿的救命恩人的，他完全可以接受这一美誉，此事也可能助他一臂之力。然而，正直、诚实的史密斯没有这样做，他一口否认了这个事实，由此也凭着高尚的德行征服了公司的总裁，最终脱颖而出，不断升迁，直至坐上公司的最高位置。

由此可见，在追求成功的道路上，养成良好品德的重要性。如果当初史密斯昧着良心将美誉安到自己身上，也就不可能进入那家数码影像有限公司，更不可能成为公司的最高领导。

《左传》记载："太上有立德，其次有立功，其次有立言，传之久远，此之谓不朽。"意思是说，最上等的是确立高尚的品德，次一等的是建功立业，再次一等的是著书立说，如果这些都能够长久地流传下去，就是不朽了。此处所说的"立德"，便是指会做人，拥有好人品。

品行不佳的人，无疑会丧失很多机会。管理学上有一种"中庸"理论，意思是说，任何一个想要稳步发展的组织，都要划分出三个档次：首先是德才兼备，其次是德高才中，最后才是德才中等，唯一不可用的是有才无德的人，因为这样的人极其危险。正如《三国演义》中的吕布，他能征善战，英勇无敌，但品格低下，先认丁原做义父然后杀丁原，后认董卓做义父然后杀董卓，最终被曹操抓起来，曹操再也不敢用他，只得把他杀掉。

好人品是一个人最宝贵的财产。在人生道路上，不管你是用人还是为人做事，都要牢记"立德方能立身"这句箴言，好的人品将有助于你走上成功之路。

2. 人在屋檐下，该低头时便低头

美国著名的政治家富兰克林，有一次去拜访一位德高望重的老人。那时的富兰克林年轻气盛，当他昂首挺胸阔步进门时，头一下子撞到了门框上。这时，老者看了看富兰克林，缓缓说道："很疼是不是？但这次的疼可以让你铭记一个道理，一个人想要立足于世间，想要过得平安顺利，在你强到可以创造自己的‘天空’之前，就得常常低头，善于放下自己的身架，才能避免他人的嫉妒，与人和平相处。学会了低头，那可真是受用无穷啊!”

在人生道路上，低头是一种智慧、一种境界。低头做人，可以使自己站得更稳，更容易被他人接受。

这是一座宁静美丽的江南小城。小城的西北角有一所大学，校园里繁花盛开，小径回廊，美丽而安宁。一条清凌凌的小河，从校园中穿过，把校园一分为二。每天早晨，总有一位鹤发童颜的老人沿着小河慢跑，从东向西，再从小河的另一边跑回来。无论寒暑，他从不中断。

这位老人姓赵，是中文系的教授，平和朴实，总是温和地微笑。可是，不少学生对这位教授的印象并不好，因为这位教授历史上有污点。据说，“文革”时，有一次，一个造反派把一大碗剩菜扣在他的脑门上。他呢，只是呵呵笑着，一点也不愤怒，反而把溅到造反派身上的一片菜叶子拿掉了。造反派不由得没了脾气，嘴里骂了几句，转身离去。

经过学生们一届一届地口口相传，教授没有骨气的“坏名声”就在校园中传开了。

一次上课时，一位男生迟到了，教授淡淡地批评了他几句。这位男生怀恨在心，回到座位上不久，就举手说有问题请教。“我认为，人活着就要抬头挺胸，而低头垂尾是可耻的！教授，您以为如何?”男生一边说，一边用挑衅的目光盯着教授。话未说完，教室里已是一片窃笑声。

等大家不笑了，教授才平静地说：“如果抬头是在看云怡情，低头是在看路防跌，又何谓抬头低头呢?”

学生们听了，默然无语。教授清了清嗓子，继续说：“大家一定听说过我的故事。可是，你们知道吗？当年我们这所学院里，和我一同被打为反革命的有 7 名教授。一年后，死了 6 个。只有我，活到了现在。”

教室里，一阵短暂的沉默之后，爆发出雷鸣般的掌声。那个男生涨红着脸站了起来：“教授，我错了。”教授轻轻摆了摆手，示意他坐下。

阳光温暖而洁净，透过窗户斜射进来。教授又开始讲课了，他的声音平和而有力量，仿佛一条大河在大地上缓慢却沉稳地流淌。课堂里，是学生们一张张专注而感动的面庞。

是的，一个人，只要内心有所坚守，抬头或低头不过是无足轻重的外在形式。

抬头时，便看云；低头时，便看路。淡泊宁静，自然从容。这才是人生的大智慧。

在现实生活中，有时低一下头、吃点小亏反而能占大便宜，所以“好汉要吃眼前亏”。中国人向来提倡“以忍为上”、“吃亏是福”，这是一种玄妙的处世哲学。

3. 别总认为自己“怀才不遇”

在我们身边，似乎总有这么一种人，他们时常感觉自己空有一身抱负，却无处施展；空有一身本事，却无处发挥；空有无数奇思妙想，却无人理解。的确，怀才不遇的人处处都有，这种人普遍的表现是牢骚满腹，喜欢批评，有时也显露出一副抑郁不得志的样子，好像别人总欠他什么似的。

或许他们中确有怀才不遇的，因为客观条件所限，“虎落平阳遭犬欺，龙游浅滩遭虾戏”，但为了生活，又不得不屈就其中，这种痛苦确实难以忍受。

但是，越是这样的时候越要特别注意，即使怀才不遇，也不能表现出来。这种磨难对人未必不是一件好事。著名的心理学大师弗洛伊德曾经讲过一个很经典的故事。

约翰和汤姆是相邻两家的孩子，从小就在一起玩耍。约翰是个聪明的孩子，学什么都是一点就通，他知道自己的优势，自然也颇为骄傲。汤姆的脑子则没有约翰的灵光，尽管他很用功，但成绩总是难以进入前 10 名，与约翰相比，他时常流露出一种自卑。然而，他的母亲却总是鼓励他："如果你总是以他人的成绩来衡量自己，你终生也不过只是一个'追逐者'。奔驰的骏马尽管在开始的时候总是呼啸在前，但最终抵达目的地的，却往往是充满耐心和毅力的骆驼。"

聪明的约翰自诩是个聪明人，但一生业绩平平，没能成就任何一件大事。而自觉很笨的汤姆却从各个方面充实着自己，一点点地超越自我，最终成就了非凡的业绩。

约翰愤愤不平，以致抑郁而终。他的灵魂飞到了天堂后，质问上帝："我的聪明才智远远超过汤姆，我应该比他更伟大才是，可为什么你却让他成为人间的卓越者呢?"

上帝笑了笑，说："可怜的约翰啊，你至死都没能弄明白，我把每个人送到世上，在他生命的'褡裢'里都放了同样的东西，只不过我把你的聪明放到了'褡裢'的前面，你因为看到或触摸到自己的聪明而沾沾自喜，以致误了你的终生！而汤姆的聪明却放在了'褡裢'的后面，他因为看不到自己的聪明，总是在仰头看着前方，所以，他一生都在不自觉地迈步向前!"

现实生活中，很多人常常自视过高，目空一切，因为有点才能就任意放纵自己。这样的人会因有才无德而没人愿意与其交往，以致自己怀才不遇。还有一种怀才不遇者，实际上是自以为是的庸才。他不被领导重用是因为他本身腹内空空、胸无大志，又不能很好地正视自己，反而以为自己怀才不遇，怨天尤人。

身在职场，你有过这样的经历吗?

你有令人羡慕的天赋与才华，却总是在碌碌无为的工作中焦灼不安；你觉得自己是千里马，却总是遇不到真正赏识自己的伯乐；在办公室里，资历不如你、业绩不如你的同事纷纷得到升迁，而你总是被委以最没有人愿意干的工作，得不到应得的报酬；你总是谦虚待人，坚守自己的做事原则，却被人认为是老实可欺；你做事一贯兢兢业业，有一天却突然发现，平时要好的同事竟然出卖了你，于是主管劈头盖脸地一通指责，你只得默默承担……

王平在职场一路走来可谓一帆风顺。他从重点高中毕业后，考入一流学府的热门专业，一直被大家羡慕。毕业后，他顺理成章地进入一家热门公司从事热门工作。

王平进的第一家公司是一家初创不久的 IT 企业。作为一名在研发上独具天赋的人，王平觉得公司的很多做法都不科学，人员水平普遍低下，于是对公司再无好感，因为他认为在这里学不到自己渴望的东西。

不久，王平跳槽去了另一家 IT 企业。但 3 个月后，他发现这家公司实质上跟上一家一样，而且似乎比那家更糟。

就这样，他一连换了几家公司，但没有一家公司令他满意。他看着以往不如自己的同学在大企业做得有模有样、有声有色，拿着比自己多几倍的薪水，前途也很光明，觉得自己真是怀才不遇，心情郁闷到了极点。

其实，王平的职业方向并没有选错，只是毕业后没有进入一家规范的公司，也没有获得一份长久而可持续发展的职业，以至于感到怀才不遇。

如果你也感到自己怀才不遇，不妨先评估一下自己的能力，看看是否把自己估计过高了。自己评估自己难免有偏颇之时，所以你可以找朋友和较熟的同事替你分析，如果别人的评价比你的自我评价还低，那就虚心接受，继续强化自己的才干，当时机成熟之时，你的才干自然会为你带来耀眼的光芒。

每个人都需要一个才华被发现的过程，如果你是匹千里马，迟早会有被发现的一天，这时，你要经得起寂寞、经得起等待。

在通向职场的道路上，像王平这类“怪才”在经历一些不如意之后，往往会陷入心理上的怪圈，比上不足，比下有余，从而迷失前进的动力，在平庸的岗位上碌碌无为。长此以往，不仅浪费了自己的才华，也耽搁了职业生命。

怀才不遇并不可怕，可怕的是丧失了上进心。因此，现在即使历经困苦，即使身处泥淖，请不要忘记这是上天对自己的锤炼。所谓怀才不遇只是暂时的，只有把自己锤炼成一块真金，才有希望赢得一个如金子般辉煌的人生。

4. 当不了领头羊，就先躲在羊群里

在自然界中，有些相对弱小的动物受到强大对手的攻击时，往往会以假死来蒙骗敌人、保护自己。人类社会和动物界一样处在竞争的状态，由于人比动物更聪明，这种竞争也更加复杂和残酷。

因此，在职场打拼要懂得韬光养晦、厚积薄发。简单说来，就是你暂时当不了领头羊时，就先乖乖躲在羊群里，修炼自己，等待时机。

韬光养晦包含谦卑的意思，即甘愿让对方处在重要的位置，而让自己居于次要的位置。《易经·谦卦》说：谦卑是指人因为虚心所以能进入对方的心，被别人接纳。而在人与人相处时，彼此接纳是很重要的，因此谦卑作为一种品格也非常重要。一个甘愿居于次要位置的人，一个谦卑、诚恳、勤奋的人，最终会赢得人们的尊重和爱戴。

他出生在香港的一个贫困家庭，很小就被家人送到戏班。当时，演戏是下九流的行当，只有走投无路的穷苦人家的孩子才有此举。

按照旧时梨园的规矩，父亲和戏班签了生死状，在约定期限内，他的生杀大权都掌握在师傅手中。戏班里的管教异常严厉，本该在父母膝下承欢的年纪，他却在师傅的鞭子与辱骂下练功，吃尽苦头。时间不长，他就偷偷跑回了家。父亲勃然大怒，坚决叫他回去："做人应当信守承诺，已经签了合同，绝不能半途而废。咱人虽穷，志不能短！"他只好重新回到戏班，刻苦练功。

这一练就是十几年，终于学有所成。不料这时戏曲行业一落千丈，他空有一身本事，却毫无用武之地。他想投身电影界，当时香港电影业正在迅速发展，男影星都是貌比潘安，威武雄壮。个子不高、大鼻子、小眼睛

的他，怎么在电影界混呢？

经人介绍，他进了香港邵氏片场，做了一个“臭武行”，跑龙套。他扮演的第一个角色，居然是一具“死尸”。苦点累点不算什么，更要命的是，跑龙套的没有尊严，时常遭人百般刁难，冷嘲热讽。在那样的环境里，他没有怨天尤人，依然刻苦勤奋。由于学得一身好功夫，为人厚道，几年下来，他逐渐担当主角，小有名气，每月能拿到3000元薪水。

有一天，行业内的何先生约他出去，请他出演一个新剧本的男主角。“除了应得的报酬，由此产生的10万元违约金，我们也替你支付。”何先生说完强行塞给他一张支票，匆匆离去。

他仔细一看，支票上竟然签着100万，好大一笔巨款！他从小受尽苦难，尝遍艰辛，不就是盼望能有今天吗？可转念一想，如果自己毁约，手头正拍到一半的电影就要流产，公司必将遭受重大损失。于情于理，他都不忍弃之而去。

一宿难眠，次日清晨，他找到何先生，送还了支票。何先生很是意外。他则淡淡地说：“我也非常爱钱，但是不能因为100万就失信于人，大丈夫当一诺千金。”

何先生非常欣赏这位年轻人，这件事也很快传开了。公司老板得知后非常感动，主动买下了何先生的新剧本，交给他自导自演。就这样，他凭借电影《笑拳怪招》，创造了当年的票房纪录，大获成功。

那年他才22岁，全香港都认识了他——成龙。

从影30多年以来，成龙一直都很拼命，重伤29次，却从未趴下，拍了80多部电影，在全世界拥有2.9亿铁杆影迷，还是唯一把手印、鼻印留在好莱坞星光大道上的中国演员。

有一次，成龙受邀去国外参加一个颁奖典礼，大批好莱坞大牌影星云集。他有些底气不足，谦逊规矩地站在一旁。出乎意料地，那些明星竟然主动排好队，一一上来和他握手。他这才恍然大悟：“哦，原来我也是大明星。”

韬光养晦不只是一种生存策略，也是一种美德。古人几千年前就参透了这个道理：“上善若水，水善利万物而不争，此乃谦下之德也；故江海所以能为百谷王者，以其善下之，则能为百谷王。”

所以，当自己处于低谷时，最佳选择是韬光养晦，蓄势待发，等待反弹。当然，要多钻研技术，多积累知识资本，多学习一些新知识，承受磨砺，这样才能迎来柳暗花明。

在养晦的时候，还要注意一点，那就是藏露的程度。要知道，该藏的不是你的才能，而是过分显露才能的心态。当需要你表现的时候，你应将自己的才能表露出来，这样可以适时展露你的才华，得到别人的重视与肯定。如果假装糊涂，明明是自己的优势，还偏说自己不行、不懂，很容易给人留下虚伪的印象。

第二节　多琢磨事，少琢磨人

1. 以责人之心责己

在日常生活中，我们常常会遇到很多发牢骚的现象：在上下级之间，当领导的埋怨下属不积极工作，当下属的指责上级犯官僚主义；管理机关说办事部门出勤不出力，办事部门埋怨管理机关乱发文件瞎指挥。在地区和单位之间，东头说西头封闭、保守、搞地方保护主义，西头说东头奸诈、狡猾、不讲诚信；甲单位说乙单位爱出风头、哗众取宠，乙单位说甲单位明哲保身、不予配合。

这也难怪，人与人，人与社会，就是一个相互联系、相互矛盾的统一体，在其运行的过程中有些磕磕碰碰，烦闷、抱怨、不快、发点牢骚也在所难免。问题是，如果人们一相聚就牢骚满腹，甚至怪话连篇，不说对别人，就是对我们自己本身的生活和事业也毫无益处。所以，我们应该努力走出处处有牢骚、事事发牢骚、人人有牢骚、人人听牢骚的怪圈——用心做好自己的事。

宋朝的时候，有个老中医一生行医治病，生活平平淡淡、波澜不惊。老中医60岁那年，他家发生了一件大事：他的儿子考中举人，要到邻县去当县令了。儿子问父亲有什么要吩咐自己的。看着一手拉扯大的儿子终于有出息了，老中医眼睛有些湿润了，似乎有好多话要说，却又不知从何说起。

这天晚上，老中医怎么也睡不着，儿子当了县令，他既高兴，又担忧：世间万物，瞬息万变，当官不容易呀！老中医想到这些，真不放心儿子去上任。他几次披衣起床，走到儿子的房间门口，却又返回。回到房里，他拿起笔想给儿子写点儿什么，但又不知从何处落笔。不知不觉天就亮了，儿子要赴任了，老中医眼里含着泪花，抓着儿子的手说："儿啊，昨夜我给你开了一个药方……"儿子先是一怔，接着恭恭敬敬地从父亲手里接过药方，放进上衣口袋，然后就和父亲道别了。

上路后，儿子从口袋里取出父亲给的药方，小心展开，只见处方纸上这样写着："凡能行好事、做好人、当好官者，需服如下之药，方能心宽体胖：前程锦绣好心肠一条、爱民心一颗、道理十分、道德十两、情义加量、诚信一片、老实一个、正直全用、豁达八分、利民不拘多少。此方药用宽心锅炒，不要焦，不要燥，去火性三分，用和气汤送服。损人利己，口是心非，阳奉阴违，骄横奢侈，以权谋私，取不义之财，以上几样，服药时务须戒除！"

这药方显然是官场安身立命的良方。

"以责人之心责己，以恕己之心恕人"，这句话古已有之，是古人修身处世的一种追求，而在现代社会，它依然有着独特的魅力和顽强的生命力。在做某件事情的时候，我们会要求别人达到一定的标准，责怪别人给他人或自己带来了麻烦和痛苦，但我们往往忽视了要以指责别人的心来责备自己。如果能够做到以责人之心责己，以恕己之心恕人，学会用别人的错误来修正自己，就会在不知不觉中提升自己的修养和素质，从而减少很多过失。

以责人之心责己，可以减少工作中许多不必要的摩擦和纷争。如果总是戴着有色眼镜看人，一语不和就"针尖对麦芒"，那么一句话、一点微不足道的小事，都可能闹得不可开交。相反，如果一个人能严格要求自己，送他人一分宽容，也就能给自己一片晴空。

因此，我们不妨多来一点换位思考，矛盾就可能不那么激烈了；心胸再宽广一点，问题也就可能不那么严重了。过去的已经过去，未来的还未到来，一切牢骚都是无益的，问问自己现在能够做些什么，能够做好什么才是最重要的。

2. 老实做人，聪明做事

一个人如果想要成就自己的事业，机遇与领导的赏识固然重要，但另外两点也非常重要：一是做人要老实，一定要实实在在、脚踏实地；二是做事要聪明，要懂得技巧，不能蛮干。不同的方式方法起到的效果不同，结果也不同。

当然，老实做人，并不是遇到任何事情都躲在后面；老实做人，是不要太招摇，才智很高而不锋芒毕露，表面上看好像愚笨，实则很精明。老实做人是一种胸怀、一种有容乃大的情操，是不能有狂傲的心。对于工作中接触到的每一个人、每一件事，都要以平常心对待。

老实做人还要明白"吃亏是福，难得糊涂"的道理，这是我们生存的一种法则。当我们在工作中遇到不同意见时，不管谁对谁错，都要心平气和地对待。古人常讲，"难得糊涂"，"聪明难，糊涂难"，由聪明转入糊涂更难。在如今的社会，在现实的工作中，偶尔的难得糊涂未尝不是释放工作压力的一种方式，别人也不一定会以为你真傻。最主要的是，和同事通力合作，把工作做得更好才是硬道理。也就是说，做人要老实，做事则要聪明。

有一个公司新招了一批职员，老板抽时间与大家见了个面，想认识一下新员工。

"黄烨（huá）。"老板对照花名册点名。

全场一片静寂，没有人应答。老板又念了一遍。

一个员工站起来，摇头晃脑地指着另一位员工说："他叫黄烨（yè），不叫黄烨（huá）。"人群中发出一阵低低的笑声，老板的脸色有些不自然。

"报告老板，我是打字员，是我把字打错了。"一个精干的小伙子站起来说道。

"太马虎了，下次注意。"老板挥挥手，接着念下去。

见面会后没多久，打字员被提升为公关部经理，很有"学问"的那个员工则被解雇了。

为什么会出现如此大的反差呢？很明显，领导不喜欢这种自作聪明的人。虽然从表面上看，这个领导没什么水平，打字员的做法是在拍马屁，但每个人都有自己的知识缺口，犯错有时在所难免，而如何巧妙地让别人从尴尬中走出来，却是一门很高超的学问，需要掌握随机应变的本领和技巧。

因此，我们在老实做人的同时，还要学会机巧做事，这样才能在处世中左右逢源、游刃有余。

老实人，不是庸庸碌碌、无能无为的人，而是老老实实做人、踏踏实实干事、兢兢业业工作的人。老实人的本质，是个能干事、会干事并且可以干成事的人。庸庸碌碌、无能无为的人不是我们所指的老实人，只是一种庸人，与老实无关。

现实中有一些圆滑世故的人，常常是"见人说人话，见鬼说鬼话"。人们对于这些人的感情很复杂：既羡慕他们在别人面前能说会道的能力，又讨厌他们的圆滑。那么，怎么对待这种性格圆滑的人呢？如果我们碰到一些左右为难的情况，需不需要也变得圆滑一些，以适应社会呢？

其实对于这样的问题，200 多年前乾隆年间的纪晓岚已经有过很好的解释。他认为做人要"处事圆滑、内心中正、不同流合污而为人谦和"。意思是说，处理具体事情的时候，可以适当掌握尺度，依情况不同而采取不同的处理方法，但是内心一定要诚实忠厚，保持诚信。该坚持的事，应该坚定地表达自己的想法；可以妥协的事，应该设身处地地理解别人的意思，做出适当的妥协，甚至放弃自己的意见。如果你不管遇到什么事都和别人争得头破血流，不但会让人觉得你是个好斗的公鸡，还会觉得你情商偏低，但如果你对什么事都没有主见，只会点头奉承，则不但会被认为生性圆滑，也得不到别人的尊敬。

老实做人，聪明做事，就是要做个处事灵活而心态成熟的人；就是要在人际交往中保持适度的弹性，把握说话的分寸，学会婉转和含糊，以保持和谐的人际关系；同时要与朋友进行有价值的交往，在日常生活中建立起深厚的友情。在工作中，对不同类型的同事应采取不同的策略，还要让自己的顶头上司了解和喜欢自己，保持良好的人际关系，以便于更好地开展工作。面对想要干的事，则既要执著，又要变通，要学会保护自己的权益，明智地推脱掉与自己不相干的事。最重要的是，为人一定要善良，避免伤害别人。

人们常常感叹“社会不公，小人当道”，是否想过可能是由于自己过于“刚毅”而导致人际关系紧张，由于自己缺乏变通而导致处事僵硬？如果是这样的话，我们是不是有必要改变一下观念和态度，做一个“圆滑的老实人”呢？

3. 职场没有绝对的公平

职场中常常会有这样的情况：没有能力的人身居高位，有能力的人怀才不遇；做事做得少或者不做事的人，拿的工资要比做事的人还要高；同样的一件事情，你做好了，老板不但不表扬还要对你鸡蛋里挑骨头，而另一个人把事情做砸了，还得到老板的夸赞和鼓励。诸如此类的事情，我们看了就生气，会义愤填膺地说：“这简直太不公平了！”

美国心理学家亚当斯提出过一个“公平理论”，认为职工的工作动机不仅受自己所得的绝对报酬的影响，而且还受相对报酬的影响。人们会自觉不自觉地把自己付出的劳动与所得报酬和他人进行比较，如果觉得不合理，就会产生不公平感，导致心理不平衡。

然而对于职场上种种不公平的现象，不管你喜不喜欢，都必须接受，而且最好主动去适应这种现实。显规则告诉我们要在公平公正的原则下做事，潜规则却说不能苛求上司一碗水端平。

因为这个世界上本没有绝对的公平，你越想寻求公平，越会觉得自己受了伤。学会换种角度看问题，你会发现这也是一种磨炼。

我们来看下面一则例子。

小夏费了很大周折才进了一家大型国有企业。有一天，他们楼层的锅炉热水器坏了，喝开水要到楼上去打。于是，每天提热水壶上楼打开水就成了小夏分内的事，因为他是新来的，又是一个年轻人，所以大家都觉得这是理所当然的。

这天上午，小夏到外面办事去了，中午回到办公室渴得不行，想喝点水。他揭开热水壶盖，一看，里面空空如也。小夏很生气，大声说从明天起轮流打开水，他不能一个人承包。他叫嚷了半天，却没人响应。于是，第二天早晨上班后他也不打开水了。结果可想而知，当天中午他就被领导叫到办公室训斥了一顿，说他太懒惰，这点小事也不愿意干。

"追求真理"的"正义使者"容易讨人嫌。当你面对不公平的时候，不必愤愤不平，等你深入了解了公司的运作文化，慢慢熟悉了老板的行事风格，也就能够见怪不怪了。

具体来说，对于职场上产生的不公平感，该如何应对呢?

一是解决导向问题。经常与上司、同事保持沟通，告诉对方自己的真实想法，而不是压抑、回避。首先要确定自己工作做得足够好，当你工作上有了新的想法，可在广泛调查的基础上，考虑可行性方案后，以书面形式呈报上级。如果你真的一个人干了三个人的活，完全有权形成书面文字要求增加人员或者加薪，这样才可能终止"担心→压抑→回避"的行为模式，解脱苦闷。

二是调节自己的心态。职场上并不存在绝对公平，当你内心产生不公平感时，首先需要检讨自己，到底自己哪里做得不好才会产生不公平，然后对症下药，根据自己的总结改正缺点。因为我们不是管理者，也改变不了同事和上司，只能调整自己的心态，“为所当为，顺其自然”。只要做了自己该做的事，就以顺其自然的态度，接受好的或不好的结果，而不是担心害怕、怨天尤人、愤愤不平。要求工作中的公平是应该的，把公平作为一种人生理念也是正确的，但任何事情都不存在绝对的公平。只要把心胸放宽一些，把结果看淡一些，多享受工作的过程，一切都会好办得多。

三是学会换位思考。要学会重新认识“不公平”事件。例如，自己没有被评上优秀员工，想想还有很多和你一样努力的同事不也没评优吗？当你学会了换位思考，就能从死胡同里走出来。

第三节 做更多的事，做更强的人

1. 和自己的工作谈一场恋爱

如今职场正流行一句话：和自己目前的工作谈一场恋爱。爱因斯坦曾这样解释过相对论：当你和一个美丽的姑娘在一起坐了两个小时，你会感觉你好像只坐了一分钟；但是要在炙热的火炉旁，哪怕只坐了一分钟，也感觉像坐了两个小时。同样，当你热爱工作如同热爱一个人一样，你便会变得很狂热，兴趣度也大大提高，每天都希望能多和它待在一起。

在许多公司，不少员工有着这样那样的毛病，比如上班时间沉迷于网络，不珍惜公司资源，开会不提意见、会后倒爱议论公司事务……这些都只是小问题。包括你自己也是这样想这样做的，不觉得有什么不妥之处。当你身处其中的时间越长，你越觉得这再自然不过了。可是，你是否感觉到，在这样的气氛中工作，与一群终日懒散惯了的人共事，自己不知什么时候也已堕落成了一个无能无聊的员工。更严重的是，这样的工作作风不仅破坏公司文化、降低公司效率，还磨灭了你对生活的热情和最初的职场梦想，使你严重缺乏创造力和优秀员工必须具备的干劲。

问题到底出在哪里呢？观察这些懒散的人，你会发现：他们有的抱怨公司，有的抱怨工作，还有的抱怨待遇，唯独没有人抱怨自己。为什么就不能像一个优秀员工那样严肃地对待工作呢？是能力所不及，还是不愿意付出？问题的根源其实是责任心的缺失。他们对自己的工作不满意，工作起来没有激情。

还有很多大公司的员工，虽然受过职业训练，薪水不菲，有着令人羡慕的工作环境，但他们往往并不快乐！他们是一群孤独的人，不喜欢与人交流，不喜欢星期一。他们的工作往往是为了生存，因而也就常常视工作如紧箍咒。他们精神紧张、未老先衰，无论是外在的身体健康还是内在的心理健康，都令人担忧。

确实，要和自己目前的工作谈个恋爱，并不是件容易的事。很多人都有这样的体会，刚参加工作时就像恋爱中的初识，两人一见倾心，一切新鲜，心中有着许多期望，工作热情极高，每天很早就来到办公室，打开水、擦桌子，然后进入“热恋”状态，会主动做很多事情，而且一点也不觉得累。等过了热恋期，渐渐觉得一切都在悄悄发生变化，不知从什么时候起，对工作再也提不起精神，变得得过且过，经常表现出对工作的抱怨，觉得繁忙的工作压得自己喘不过气来。

而有一种人，他们会逐渐地从平淡的工作中重拾乐趣，将工作又重新做得有声有色，并且每天乐此不疲。知道其中的秘诀吗？因为他们怀着感恩之心，珍惜自己的工作，并会不断给这场恋爱增加营养。

亨利·恺撒是一个事业有成的人，以其名字冠名的公司拥有10亿美元以上的资产。他慷慨仁慈，使许多聋哑人得到有效治疗，使很多跛者过上正常人的生活，让穷人得到了医疗保障……而这一切都源于他的母亲在他的心灵中播下的种子。

玛丽·恺撒给了她的儿子亨利一件无价的礼物——教他如何发挥人生最伟大的价值。工作之余，她常常去帮助那些不幸的人。她对儿子说：“我没有什么东西可以给你，只有一件礼物——愉快地工作。”她教会了亨利如何发挥人生最大的价值：如何爱人和为他人服务。

如果你掌握了这样一条积极的法则，如果你将个人爱好和工作有机地结合起来，那么，你的工作就不会单调乏味。

在美国佛罗里达州桑福德市一个安静的小镇上，有一名厨师叫马克·鲍勃，他的烹饪水平一直不错，在一家叫好旺角的餐厅做了两年的厨师。工作之余，他还热爱博彩，虽然他一直没有中过大奖。

2009 年 2 月，幸运之神眷顾了他，他居然中了数百万美元的大奖。在经济危机的情况下，他成了小镇最幸运的人。中奖的那个晚上，他在自己工作的餐厅请客。他亲自下厨，和大家一起庆祝自己一夜暴富。

那个狂欢的晚上，所有人都尽心玩乐，只有饭店老板约翰有些难过，因为他得重新招聘一名厨师，他想鲍勃肯定不会继续干这份工作了。

第二天，就在约翰拟好招聘广告之后，一个熟悉的身影出现了。鲍勃居然回来了。他不但回来了，而且风趣地说："我是厨师，你们休想把我丢进那些豪华会所。"

于是，鲍勃又吹着口哨开始了他的工作。很快，饭店里的食客渐多，当人们发现鲍勃依然在这里工作时，都很惊讶地向他挥手致意。

他的做法引来了好事的记者。有个记者举着话筒闯进厨房问他："鲍勃先生，你完全不必继续在这里工作了，为什么还要继续待在这里呢？"

鲍勃一手端着盘子，一手拿着勺子对记者说："我从小就学习做菜，并在父亲的反对之下坚持成为一名厨师，你大概知道我有多喜欢这份工作了吧？而且，我在这里有像亲人一样的老板和同事，我们相处得非常快乐，他们让我人生的大部分时间都很快乐。我为什么要因为一笔意外之财而丢弃我热爱的事业呢？是的，我不能因为钱耽搁了我的快乐。"

记者听了十分惊讶，良久无语，仍然执著地问道："你这么有钱，干吗不把这家餐厅买下来，然后自己做老板，这样不是很好吗？"

鲍勃笑了，隔着玻璃门指着外面的老板约翰说："像购买这家餐厅成为老板这种事情，我是不会干的，因为这是约翰最喜欢干的事情。如果我买下这家餐厅，那不就意味着约翰要失业并失去快乐了吗？既不能给我带来快乐，又有可能夺走别人快乐的事情，我为什么要干呢？”

记者再次惊呆了，然后对鲍勃竖起了大拇指。

世界著名文学家托尔斯泰曾经说过：“一个人若是没有热情，他将一事无成，而热情的基点正是责任心和进取心。”

拥有进取心的人不会原地踏步，因为他要追求和拥有的是山顶那无限美好的风光；拥有进取心的人不会在顺境中荒废，因为他会胜不骄，一鼓作气、乘势而上；拥有进取心的人不会在逆境中低头，因为他会败不馁，克服艰难险阻，转败为胜。

生活中，很多人并不缺乏才气和梦想，而是缺乏持之以恒的能力。爱需要专一，对工作也一样。爱迪生专注于寻找灯丝，最终为人类带来了光明；陈景润专注于数论，终于攀登上数学的高峰。进取心是一个人前进的动力，是成功的起点，是我们克服当前所有严峻形势和巨大挑战的重要依靠。

与自己的工作谈一场恋爱，既需要持续的热情，也需要专一。约那桑·阿摩尔告诫我们：“若想成为人群中的一股力量，便须培养热忱。人们因你的心与热诚而更喜欢你；而你也得以逃离枯燥不变的机械式生活，无往而不利。不会有别的，因为人类的生活就是这样，把灵魂放入工作之中，你不仅会发现每天中的每小时都变得更愉快，而且会发现人们都相信你，恰如我们使用发电机时相信电那样。”

2. 压力越大，承受力越强

职场中，谁愿意遭受挫折？谁不希望自己的工作一帆风顺？然而，这仅仅是一个美好的愿望，在期许和幸福之间，我们还要经过一条满是荆棘的挫折之路。有的人望见这片荆棘，摇摇头，止步不前；有的人鼓起勇气走上两步，却因伤痛而退缩；有的人虽然伤痕累累，但越挫越勇，他们总结失败的原因，找到突破困难的方法和道路，披荆斩棘，最终达成了自己的目标。这最后一种人就是人们常说的“英雄”或“成功人士”。

美国麻省阿默斯特学院进行过一项很有意思的实验，研究人员用很多铁圈将一个小南瓜箍住，以观察当南瓜逐渐生长时，能够对这个铁圈产生多大的压力。

最初，他们估计南瓜最大能够承受大约2000牛顿的压力。在实验的第一个月，南瓜承受了2000牛顿的压力；实验到第二个月时，这个南瓜承受了6000牛顿的压力，并且当它承受到8000牛顿的压力时，研究人员必须对铁圈进行加固，以免南瓜将铁圈撑破。最后，当实验结束时，整个南瓜承受了超过20000牛顿的压力后，瓜皮才破裂。

当他们打开南瓜时，发现它已经不可食用了，因为它的中间充满了坚韧牢固的纤维，这完全是为了想要突破包围它的铁圈。为了吸收充足的养分，以便突破限制它生长的铁圈，它的根部甚至向泥土里伸展了2万多米。

通常我们会有这样的认识，南瓜在铁圈面前处于绝对弱势，因为南瓜不过是由纤维素组成的，被金属切割是理所当然的事，然而就是这样一个看似不堪一击的南瓜，居然可以承受几千斤重的压力。如果不是研究人员加固铁圈，南瓜会是最终的胜利者，因为它的“心”和“根”都已变得无比坚实。

想想看，人难道不是一样的吗？很多成功的背后都曾有无数个困境，很多名人都有过失败的经历。对此，我们可以得出如下结论：任何伟大的成功，都要归功于坎坷之路，任何坦途都难以创造奇迹。

很多时候，我们对自己能够变成多么坚强毫无概念！假如南瓜能够承受如此庞大的外力，那么，人类在相同的环境下又能够承受多少压力呢？大多数人都能够承受超过我们所认为的压力极限。

有一位父亲很爱自己的儿子，小孩都已经16岁了，一点男子气概都没有。有一天，父亲去拜访一位禅师，请求这位禅师帮他训练他的小孩。

禅师说：“你把小孩留在我这里3个月，这3个月你不可以来看他。3个月后，我一定可以把你的小孩训练成一个真正的空手道武士。”

3个月后，小孩的父亲来接回小孩。

禅师安排了一场空手道比赛来向这位父亲展示这 3 个月的训练成果。被安排与小孩对打的是一位空手道教练，只见教练一出手，小孩便应声倒地。但是，小孩才刚倒地便立刻又站起来继续应战，倒下去又站起来……如此来来回回总共 16 次。

禅师问这位父亲："你觉得你儿子的表现够不够男子气概？"

"我简直羞愧死了，想不到我送他来这里受训 3 个月，我所看到的结果是他这么不经打，被人一打就倒。"孩子父亲回答道。

禅师说："3 个月内把你的儿子培养成打不倒的人是不可能的，但我已把他培养成了不倒翁。你有没有看到你儿子那种倒下去立刻又站起来的勇气和毅力？那才是真正的男子气概！"

一个在没有压力的环境中成长的孩子，将来如何面对强敌的打击？没有经过失败的历练，怎么会有承受能力？只有不断地在他能够承受的范围内加压，使其慢慢适应这种压力，将来才有强大的承受能力。

你是否也正面对着一个以前从未遇到过的困难和压力？这个困难是否看起来相当巨大，无法克服？现在你唯一需要的，就是被打倒后又能立即爬起来的勇气！你拥有比自己想象中大得多的潜能！就像小南瓜一样将绑住你的钢圈挣脱，没有什么困难能阻挡你！重要的是站起来的次数要比倒地的次数多一次！

3. 感谢斥责你的人

工作中，下属被上司斥责是再正常不过的事了，可还是有很多人会产生抵触和抱怨情绪，从而影响到自己和上司的关系。面对斥责，心态是个关键问题。无论如何，自己的心情不能被别人的斥责所扰乱，而应保持弹性和冷静。既然上司已经斥责了，还是干干脆脆地道歉吧，这才是下属应有的态度。能够接受别人的指责并能够自我反省的人，才能提升自己的人格，同时也是个有内涵的人。

乔治是一个厨师，在纽约郊外著名的卡瑞月湖度假村工作。经常有许多有钱人来他们这里度假，舒缓紧张的城市生活。有一个周末，服务生端着一个盘子走进厨房对乔治说："有位客人抱怨这道'油炸马铃薯'切得太厚了。"乔治看了一下盘子，跟以往的油炸马铃薯并没有什么不同，也从来没有客人抱怨切得太厚。尽管如此，他还是重新将马铃薯切薄些，又做了一份请服务生送过去。

几分钟后，服务生端着盘子气呼呼地走回厨房，对乔治说："这位挑剔的客人一定是生意上遭遇了困难，他对我发了顿牢骚，还是嫌切得太厚了。"乔治忍住脾气静下心来，耐着性子将马铃薯切成薄薄的片状，之后放入油锅中炸成诱人的金黄色，捞起放入盘子后在上面撒了些盐，然后再度请服务生送过去。

没过多久，服务生过来对乔治说："客人满意极了，夸奖说这辈子从没吃过这么好吃的炸马铃薯，同桌的其他客人也都赞不绝口。他们还要再来一份。"

这道薄薄的炸马铃薯从此成了乔治的招牌菜，吸引了许多人慕名前来品尝。这道菜后来演变为今天的炸薯片，并衍生出各种口味，已经是地球上不分地域、人种都喜爱的休闲零食。

美国前总统杰克逊有句名言："批评你的人是你最好的朋友！"没错，别人的批评能让我们更加小心谨慎地做事，以免犯错。如果你能像上述故事中的乔治一样，将别人的批评化为进步的原动力，一定能获得成长。

我们再来看下面一个例子。

有3个学习绘画的人，在学艺途中将自己的得意之作分别标价1000元出售。第一位光临的顾客对他们的作品都说了相同的一句话："这幅画恐怕值不了那么多钱吧？"第一个绘画者听后，对自己的画又仔细地进行了修改，后来以2000元售出。而他经过不断的刻苦努力，终于成为了著名的画家。第二个绘画者听后，轻轻将画撕毁，从此改行，学习雕塑而成为一代宗师。第三个绘画者听到顾客的质疑后，开始怀疑自己的画或许真的不值那个价，于是降低了要求，以500元售出。至今，他仍是一个三流的画家，以卖画糊口，过着流浪汉一般的生活。

由此可见，他人的批评并不一定是坏事，它能产生正能量还是负能量完全取决于你的态度。

对待批评，一般有两种态度：一种是闻过则喜，进行自我反省，把批评作为推动工作的动力。另一种是闻过则“怨”，找出各种理由为自己辩解；还可能闻过则“怒”，对批评进行反击。富兰克林曾说：“有耐性的人，能得到他所想要的一切。”如果将责难批评比喻为一桶沙子，当它无情地撒向我们时，我们是不是能够静下心来，在看似不合理的要求中，找到让自己进步的“金沙”？

一个心怀感恩的员工，在受到上司或客人的批评时，会尽可能地保持谦逊的态度，理解上司或客人的“苦心”，积极地谋求改善，并对教训心存感激。这样即使他真的做错事，上司也会觉得他是可以原谅的。因为在这一瞬间，上司深切地感受到了自身的价值，并且得到了指导他人的成就感和满足感。

林肯曾说：“世人都喜欢赞扬，而真正有价值的是批评。”那么，当我们在工作中因种种原因受到批评时，应如何正确对待呢？

一是客观分析。对于各种各样的批评，我们不能盲从，而应结合自己的实际情况，进行反省思考，将别人的评价进行对比和分析。比较是我们认识事物的一种重要方法，在比较的过程中，往往很容易甄别优劣真伪。

二是理智接受。对别人的批评进行分析后，有则改之，无则加勉；对动机不良的批评、指责，一笑置之，以免自己受到伤害。有时候，上司的责骂含有忠告、指示和鼓励的意味，他的责骂其实也可以看作是对你的重视和鞭策。正因为他的眼里有你这个员工，才会注意到你的错误，希望通过指责的方式促使你的进步和发展。如果你在面对上司的教训时，表现出一副很不服气的样子，私下里满腹牢骚，无疑会招惹上司的嫌恶，对自己一点好处也没有。所以，对于正确的批评，我们应该持欢迎态度，给予接受和感谢。正如陈毅元帅所说："难得是诤友，当面敢批评。"

三是有则加勉。时常有人遭受上司的批评后，就像霜打的茄子一样——蔫了，充满悲观情绪，把上司的批评当成了世界末日。他们错在把上司的批评看得太重。其实，受到一两次批评并不代表自己就没前途了，更没必要觉得一切都完了。上司批评你主要是针对你所犯的错误，除了个别有偏见的上司外，大部分领导不会针对员工个人。上司的本意是通过批评让你意识到错误，避免下次再犯，并不是觉得你什么都不行，对你进行打击。如果你受到一两次批评就一蹶不振，打不起精神，会让上司看不起你，今后他可能也不会再信任和提拔你了。所以，我们要善于接受批评，寻找对策，积极改正。

4. 为自己工作

很多人常常发出这样的感慨："我在公司这么多年了，没有功劳也有苦劳，为什么这么久还没有得到提拔，薪水也没有提升？"其实，老板喜欢能够与自己同舟共济的员工，但更喜欢成绩斐然的员工。如果你在工作的每一个阶段，总能找出更有效率、更能提高经济效益的方式方法，就能提升自己在老板心目中的地位，实现升职加薪的梦想。

而要做到这一点，首先要转变观念：不为薪水工作，而是为自己工作，为梦想工作。

不同的观念，不同的工作态度，不同的追求，就会有不同的人生价值。为自己工作，就会对工作充满热忱，尽自己最大的努力，追求卓越，永不满足；为自己工作，就会瞄准梦想，全力以赴，成就梦想。

家中一贫如洗，只受过很短的学校教育的齐瓦勃，到一个山村做了马夫。然而，齐瓦勃并没有自暴自弃，他无时无刻不在寻找着发展的机遇。三年后，齐瓦勃来到钢铁大王卡内基的公司的一个建筑工地打工。一踏进建筑工地，齐瓦勃就抱定了要做同事中最优秀的人的决心。当其他人在抱怨工作辛苦、薪水低而消极怠工的时候，齐瓦勃却默默地积累着工作经验，并自学建筑知识。

一天晚上，同伴们都在闲聊，唯独齐瓦勃躲在角落里看书。恰巧公司经理到工地检查工作，经理看了看齐瓦勃手中的书，又翻开他的笔记本，什么也没说就走了。第二天，公司经理把齐瓦勃叫到办公室，问："你学那些东西干什么？"齐瓦勃说："我想我们公司并不缺少打工者，缺少的是既有工作经验又有专业知识的技术人员或管理者，对吗？"经理点了点头。

不久，齐瓦勃就被升任为技师。打工者中，有些人讽刺挖苦齐瓦勃，他回答说："我不光是在为老板打工，更不单纯是为了赚钱，我是在为自己的梦想打工，为自己的远大前途打工。我们只能在业绩中提升自己。我要使自己的工作所产生的价值远远超过所得的薪水，只有这样我才能得到重用，才能获得机遇！"抱着这样的信念，齐瓦勃一步步升到了总工程师的职位上。25 岁那年，齐瓦勃成了这家建筑公司的总经理。

卡内基钢铁公司有一个天才的工程师兼合伙人琼斯，在筹建公司最大的布拉德钢铁厂时，他发现了齐瓦勃超人的工作热情和管理才能。当时身为总经理的齐瓦勃，每天都是最早来到建筑工地。当琼斯问齐瓦勃为什么总来这么早的时候，他回答说："只有这样，当有什么急事的时候，才不至于被耽搁。"工厂建好后，身为厂长的琼斯聘请齐瓦勃做了自己的副手，主管全厂事务。

两年后，琼斯在一次事故中丧生，齐瓦勃便接任了厂长一职。因为齐瓦勃天才的管理艺术和积极的工作态度，布拉德钢铁厂成了卡内基钢铁公司的灵魂。因为有了这个工厂，卡内基才敢说："什么时候我想占领市场，市场就是我的。因为我能造出又便宜又好的钢材。"几年后，齐瓦勃被卡内基任命为钢铁公司的总经理。

从表面上看，我们每天工作都是为了公司的利益，公司为此支付给我们金钱。但我们往往忽略了工作给予我们的除了金钱之外，还有宝贵的经验、良好的训练以及才华的展现机会，这些东西，恰恰能帮助我们创造更多的财富，它们与金钱相比，价值要高出千百倍。工作是提升自己的阶梯，成就自己的舞台。我们在工作中提升得越多，表现得越精彩，我们获得的财富与掌声也就越多。放弃“只为金钱工作”的念头，明白自己不光是为公司工作，更是为自己工作，我们就会有更大的收获。

如果我们一心“只为金钱工作”，那么我们便不会注重学习和经验积累，不会注重成长的机会。这样一来，我们很容易会被眼前的利益所蒙蔽，做出错误的选择和行动，最终阻碍或破坏自己的职业发展。

洛克菲勒说：“我们努力工作的最高报酬，不在于我们获得的，而在于我们会因此成为什么。”这句话的意思是说，我们表面上是为公司、为金钱而工作，实际上最终的受益者是我们自己。所以，不要总是抱怨公司，抱怨它给你的待遇太差，然后就不认真工作，或者认为是在给老板工作，因而敷衍了事。认识到自己是在为自己工作，意味着自我负责和自我激励。一个人只有对自己负责，自己激励自己进步，才能掌握自己的命运。

为自己工作，实质上是对自己负责。虽然公司不是你的，你的工资也不怎么高，但公司至少给了你一个平台，如果你不珍惜，就等于在浪费自己的时间和生命。一个员工放弃了对公司的责任，也就放弃了在公司中获得更好发展的机会。

一个缺少责任感的人，首先会失去社会对自己的基本认可，其次会失去周围的人对自己的尊重与信任，也就不会成为一名优秀的员工，更不可能有所收获。相反，一个具有高度责任感的人，他的事业达到的高度也就越高。

著名策划大师王志纲把人才分成自用之人和被用之人。所谓自用之人，是自己了解自己，可以发挥潜力，做老板，开创一番事业的人。所谓被用之人，是有突出的能力和专长，也就是职业经理人和专家。但无论是哪种人，都必须是自我负责、自我激励的人，如果连自己都不能对自己负责，不在乎自己，不努力提升自己，那还会有谁能帮助你呢？

所以，从现在起，为你自己而工作吧！无论你在哪里工作，既然来了就要好好干，全心全意地为自己而工作。

5. 让自己沸腾

热情是一种精神，具有一种无坚不摧的力量。有人这样总结说，拥有热情，事物可以由不熟悉到熟悉；拥抱热情，工作可以由不简单到简单；保持热情，生命可以由平凡到不平凡；坚守热情，机遇甚至可以由罕见到常见。

下面这个故事正好能够阐明拥有工作热情的价值。

他加盟了一家音乐公司，但干的却是杂工的活：给每一位工作人员送盒饭，忙不迭地一趟趟为别人买急需的东西……每天总是干些七零八碎的事情，他渐渐感到自己的音乐梦想变得越来越遥远，情绪也一天比一天低落。

终于有一天，情绪低落到极点的他逃回家中，在父亲面前失声痛哭。

“孩子啊，人要学会让自己沸腾。”父亲说。没有过多的劝慰，父亲给他讲起一位邻居的故事。

那时，铁匠的女儿因生活不如意想自杀，铁匠知道后，没有劝说女儿，而是夹起一块烧得通红的铁块在铁砧上狠狠地锤打，然后，随手将铁块丢入身边的冷水中。“滋”的一声，冷水沸腾了，缕缕白汽在空中飘散。铁匠对女儿说：“你看，水是冷的，铁却是热的。热铁遇到冷水，两者就展开了较量——水想使铁冷却，铁却让水沸腾。现实也是如此，生活好比冷水，你就是热铁，如果你不想被冷却，你就要让水沸腾。”

父亲讲的故事让他感动不已，失落的心重新充满了勇气。“要让自己沸腾！”他对自己说。

几年之后，他终于迎来了事业的曙光。经过一番艰辛的打拼，他在歌坛打下了自己的一片天地。他就是台湾著名歌星，被誉为“情歌王子”的张信哲。

让自己成为一块“热铁”，需要一颗信念坚定、对工作充满激情的心。强烈的责任感是激情产生的内在动力。比尔·盖茨曾说：“如果只把工作当作一件差事，或者只将工作停留在工作本身，那么即使是从事你最喜欢的工作，你依然无法持久地保持对工作的激情。但如果把工作当作一项事业来看待，情况就会完全不同。”

有位年轻人从学校毕业后，进入一家石油公司任职，随即被总公司分配到一个海上油田工作。

工作的第一天，工头便要求他在限定时间内登上几十米高的钻井架，并将一个包装好的漂亮盒子，送到最顶层的主管手中。他拿着盒子，迅速登上又高又窄的舷梯。当他气喘吁吁地登上顶层后，只见主管在盒子上签了自己的名字，又让他送回去给工头。他一接到命令，连忙又快速地跑下舷梯，并把盒子交给工头。但是，没想到工头草草签完名字之后，又原封不动地交给他，要求他再送回去给顶层的主管。年轻人看了看工头，却又不知道要如何发问，只得乖乖地跑上顶层。

然而，主管这回同样只是在盒子上签名而已，便又要他送回去。年轻人就这样来来回回，莫名其妙地上下跑了两次，心里隐约感觉到，这一切似乎是主管与工头故意刁难他。直到第三次，这个全身都被海水溅湿的年轻人，内心已经充满熊熊怒火，不过他仍然强忍着怒气。当他第三次将盒子送来给主管时，主管则说：“把它打开。”

年轻人将盒子拆开后，里头居然是 罐咖啡与一罐奶精。这时他更加确定，这是主管与工头联合起来欺负他。他愤怒地看着主管，但是主管仿佛一点也没感觉到似的，接着又对他说：“去冲杯咖啡吧！”

这个命令一下，年轻人再也忍不住了，用力把盒子摔到海面上，气愤地说：“我不干了！”说完之后，他感觉痛快多了，因为一肚子的怒火全部发泄出来了！

但是，主管却失望地摇了摇头，并对他说：“孩子，你知道刚刚这一切，其实是一种训练啊！那叫作承受极限的训练，因为我们每天都在海上作业，随时可能会遇到危险，因此，工作人员必须要有极强的承受力，才有法子完成海上的作业与任务。”

主管叹了口气说：“唉！原本你前面三次都通过了，水已经烧到了99℃，就只差1℃了。真是可惜，你无缘喝到自己冲泡的好咖啡。现在，你可以走了。”

奥里森·马登曾说：“做事漫不经心的人与那些将全部激情投入到某件事中的人只有一个差别：前者失败，后者成功。”是的，对你来说，是否拥有热情的态度对未来的人生有着至关重要的影响。

波士顿有个棒球队，一直以来只拥有极少部分的观众，支持他们的力量很弱，他们的表现也很差。但是后来，他们到了密尔瓦基，这里的市民对这个新球队的热情十分高涨，棒球场挤满了人，大家都非常关心这个队，并相信这个队一定可以取胜。

市民的热情、乐观与信赖，给了这支棒球队极大的鼓舞，他们开始对自己产生了信心，也具有了同样的热情。结果在第二年，这支棒球队就获得了联赛的冠军。

由此可知，观众的热情给这个棒球队输入了新鲜血液，使他们创造了奇迹。虽然仍然是原班人马，但在这个球队内部却有了一股前所未有的力量，他们因此发挥了超常的水平。

我们中的许多人，对自己都或多或少存有自卑感，常常低估自己，缺乏信心，缺少热情。其实，每个人都应该相信自己的能力，这种信念会带来极大的帮助。

比如在工作中，如果对工作充满热情，并因此产生强大的动力，就会更加主动地工作。很多人都对工作不满意，抱怨薪水太低，没有发展前途等，总觉得现有的工作不值得自己留恋。特别是刚工作不久的员工，在单位接触的是一些平平常常的工作，更加觉得这种平淡的工作对自己是一种折磨，而自己真是怀才不遇。再看看周围比自己干得好的同学、同事、朋友，跳槽的念头油然而生。

成功的人很早就明白，工作需要激情，当你的热情比别人都高涨时，工作才会做得更出色。

第七章　攥紧双手，命运就掌握在自己手中

人生充满了变数，即使是上帝也不能承诺给我们无尽的幸福。命运本来没有轨道，生命的版图从来都是靠自己用信念与努力去绘制的，命运就攥在你自己的手里。

第一节　命运由自己掌控

1. 你就是自己的上帝

有人说：“上帝真是一个精明的生意人，给你一分天才，就搭配几倍于天才的苦难。”这句话应该改一改：“上帝总是用心良苦，他给你一分天才，便会搭配几倍于天才的苦难和磨砺，让你认识到这一分天才是多么宝贵和无可替代。”因此，当你不如意时，不要怨天尤人，更不能自暴自弃，最好的办法就是告诉自己：我是被上帝咬过的苹果，只不过上帝特别喜欢我，所以咬的这一口更大些罢了。

曾经有悲观主义哲学家说，我们出生时之所以哇哇大哭，是因为我们预知生命必然充满痛苦，至于迎接新生命到来的成人之所以满心欢喜，是因为世间又多了一个人来分担他们的苦难。当然，这是消极、负面的论调。人生的苦与乐，都是内心的感受，一切都得靠我们亲自去体验。一如挫折，或许遭遇之时会让我们感到痛苦，但正因为有了它，我们才能更加坚强、勇敢。

有一则故事说：一个少年喜欢弹琴，想成为一名音乐家；另一个少年爱好绘画，想成为一名画家。然而，他们都突然经历了一场灾难。结果，想当音乐家的少年，再也无法听见任何声音；想当画家的少年，再也无法看到这个五彩缤纷的世界。

两个少年非常伤心，痛哭流涕，埋怨命运的不公。这时，一位老人知道了他们的遭遇和怨恨。老人对耳聋的少年用手语比画着说："你的耳朵虽然聋了，但眼睛还是明亮的，为什么不改学绘画呢？"然后，他又对眼瞎的少年说："你的眼睛尽管瞎了，但耳朵还是灵敏的，为什么不改学弹琴呢？"两个少年听了，心里一亮。从此他们不再埋怨命运的不公，开始了新的追求。

改学绘画的少年发现耳聋了可以使自己避免一切喧嚣的干扰，精力能高度集中。改学弹琴的少年慢慢地发现失明反而免除了许多无谓的烦恼，使人心无旁骛。

后来，耳聋的少年成了美术家，名扬四海；眼盲的少年也成了音乐家，饮誉天下。他们相约去拜访并感谢那位老人。

老人笑着说："不用谢我，该感谢的是你们自己的努力。事实证明，当命运堵塞了一条道路的时候，它常常会留下另一条道路！"

人生有时候真的很迷茫，很困惑。当你得意的时候，你会想：我所得到的这一切，真的就很重要吗？它真的就值得我付出吗？而且当你为之付出的时候，你的内心往往是痛苦的，还有一种难以名状的无奈。当你失意的时候，你又会想：命运为什么对我如此不公？我所有的努力为什么得不到回报和认可？

其实，任何一天都有好与坏，没有哪一天、哪种环境是百分之百的"好"。我们之所以常常抱怨生活的不公平，是因为我们对自己的处境总是抱着一种悲观、抱怨的看法。

而抱怨不但会让自己的内心痛苦不堪，而且在怨天尤人的愤怒情绪中，只会把事情搞得越来越糟，错过解决问题的机会。抱怨除了使自己对待他人的态度很恶劣以外，还会令自己一事无成。

古今中外，没有一个不付出努力，只依靠命运就能获得成功的人。当我们遭受灾难与不幸的时候，唯一能够帮助我们战胜苦难，赢取幸福和成功的方法就是坚强和努力。一个听天由命，将命运交给别人来掌握的人，是不可能获得幸福的。

一个穷人在为农场主搬东西的时候，失手打碎了一个花瓶。农场主不依不饶，非要穷人赔。这个花瓶是一件价值连城的古董，穷人哪里赔得起？

穷人被逼无奈，只得去教堂向神父讨主意。神父听完穷人的讲述，说："听说有一种技术，能将破碎的花瓶粘起来。你不如去学这种技术，只要将农场主的花瓶粘得完好如初不就可以了？"穷人听了直摇头，说："哪里会有这种神奇的技术？将一个破花瓶粘得完好如初，这是不可能的。"神父说："这样吧，教堂后面有个石壁，上帝就待在那里，只要你对着石壁大声说话，上帝就会答应你。你不如去问问上帝，看能否将一个破花瓶粘得完好如初。"

神父将穷人引到石壁前，穷人毫无信心，对着石壁说："上帝呀，神父说，我能将一个破花瓶粘得像没破时一样，可我觉得这是不可能的……"他的话音还没落，上帝就应答了："不可能的。"

穷人听了十分失望，流着泪离开了。因为赔不起农场主的古董，他打算一死了之。这时神父找到他，劝他放弃轻生的念头，再去求求上帝。穷人说："上帝不是已经说了嘛，这是不可能的。"神父说："那是你对自己没有信心，所以上帝对你也没有信心。只有你对自己有信心，上帝才会对你有信心，上帝对你有信心才会帮你呀。"

于是，穷人再次来到石壁前，鼓起极大的勇气，对石壁说："上帝，请你帮助我，只要你能帮助我，我相信我能将花瓶粘好。"他的话音刚落，上帝就回答了他："能将花瓶粘好。"

穷人喜极而泣，想不到上帝真的答应了他，于是他信心百倍地辞别神父，去学粘花瓶的技术去了。

一年以后，这个穷人通过认真的学习和不懈的试验，终于掌握了将破花瓶粘得天衣无缝的本领。他学成归来，真的将那只破花瓶粘得和没破时一模一样，还给了农场主。这个穷人因此名声大噪，成为粘接破碎古董的专家，受到了人们的尊敬。

穷人觉得自己能有现在的成就，完全得益于上帝的帮助，所以，他要去感谢上帝。神父将他领到那个石壁前，笑着说："你不用感谢上帝，你要感谢就感谢你自己。其实，这里根本就没有上帝，这个石壁只是一块回音壁，你所听到的上帝的声音，其实就是你自己的声音。你，就是自己的上帝。"

是的，你就是自己的上帝，你的命运就掌握在自己的手里。当你对自己失去信心时，命运就会薄待你，绝望会紧随而至，斗志会顿时全无，命运回报你的，只是你坠落失败的深渊时激起的那一声回响，你会很快消沉得无影无踪。而当你对自己充满信心时，命运就会厚待你，生命就会充满灿烂阳光，斗志也会激昂无比，命运回馈你的，将是成功的喜悦、胜利的掌声和灿烂的前景。

2. 坚守自己的信念

对于很多人来说，前途总是不可预见的。因为人生变数太多，没有人能承诺我们的一生永远是晴天，没有人能预知草莽中是否潜藏着毒蛇猛兽，没有人能勾勒出命运的风霜雨雪，也没有人能掐算出何时将至"大限"。

然而，未来虽不能把握，信念却可以产生力量。信念，是精神上的一种特殊能力。真正意义上的信念，永远是不可战胜的。在它的面前，一切障碍都得低头。

下面的故事就是信念的颂歌。

一条船在大海中遇上了突如其来的风暴，它沉没了，全船乘员死伤无数。船上有一个人侥幸获得了一只小小的救生艇，从而幸免于难。他的救生艇在风浪中颠簸起伏，如同飘落的树叶一般，被吹来吹去。他迷失了方向，前来救援的人也没有找到他。天渐渐黑下来了，饥饿、寒冷和恐惧一起袭上他的心头。然而，除了这只救生艇之外，他一无所有，心情灰暗到了极点。

他无助地望着天边，忽然，他看到了一片模糊的灯光，高兴得几乎叫了出来。他奋力划着小艇，向那片灯光前进。然而，那片灯光似乎很远、很远，直到天亮了，他也没有到达那里。他继续艰难地划着小艇，他想，那里既然能看到灯光，就一定是一座城市或者港口。生的希望在他心中燃烧着。白天时，灯光消失不见，只有在夜晚，那片灯光才在那里闪现，像是对他招手。三天过去了，饥饿、干渴、疲惫进一步折磨着他。有好几次，他觉得自己快要崩溃了，但一想到远处的那片灯光，他又陡然增添了许多力量。第四天，他依然在向那片灯光划去，最后，他支持不住，昏迷了过去，但他的脑海中依然闪现着那片神奇的灯光。

晚上，他终于被一艘经过的船救了上来。当他醒过来时，大家才知道，他已经不吃不喝在海上漂泊了四天四夜！当有人问他是怎样坚持下来时，他指着远方的那片灯光说："是那片灯光，给我带来了希望。"大家仔细一看，哪里有什么灯光，那只不过是天边闪烁的星星而已！

在我们生命的旅途中，信念有时徘徊于坚持与动摇之间，彷徨于前进与退缩之间，有时甚至会出现坚持比放弃还难的无奈。

有个商人因为经营不善而欠下了一大笔债务，由于无力偿还，在债权人的频频催讨下，他的精神几乎快崩溃了，并因此萌生了结束自己生命的念头。

苦闷至极的他，有一天独自来到亲戚的农庄拜访，心里打算在仅有的时间里，享受最后的恬静生活。

当时，正值八月瓜熟时节，田里飘出的阵阵瓜香吸引了他。看守瓜田的老人看见他到来，便摘了几个瓜果，热情地请他品尝。不过，心情仍然低落的他，一点享用的兴趣也没有，但是又无法拒绝老人家的好意，便礼貌地吃了半个，并随口赞美了几句。

老人听到赞扬后非常喜悦，开始滔滔不绝地诉说自己种植瓜果所付出的心血与辛苦。

老人详细地诉说种瓜的过程：“四月播种，五月锄草，六月除虫，七月守护……”

原来，他大半生都与瓜田相伴，流了不少汗水，也流过许多泪水。曾经就在瓜苗出土时，便遭遇旱灾，但是为了让瓜苗得以成长，老人即使每天来回挑水也不觉得辛苦。

又有一年，就在收获前，一场冰雹来袭，打碎了他的丰收梦；还有一年，金黄的花朵开得相当茂盛，然而，一场洪水却让这一切都泡了汤……

老人继续说：“人和老天爷打交道，少不了要吃些苦头或受气，但是，只要你能低下头，咬紧牙，挺一挺也就过去了。因为，最后瓜果收获时，仍然全部都是我们的。”

老人又指着缠绕在树上的藤蔓，对着心事重重的商人说：“你看，这藤蔓虽然活得轻松，但是它却是一辈子都无法抬头呢！只要风一吹，它就弯了，因为它不愿靠自己的力量活下去。”

这番话让商人幡然醒悟，他吃完手中剩下的半块瓜，在瓜棚的椅子上放了 100 元，悄悄地走了。

5 年后，商人在城市里重新崛起，成功经营起一个现代化企业。

其实，人生的价值并不在于成功后的荣光，而在于追求本身，在于信念的树立与坚持的过程。坚守信念，犹如在内心撒下一粒种子，只要在合适的条件下，种子自会生根发芽、破土而出，总会有收获果实的希望。人有时需要外力辅助才可取得成果，但最终还要靠自己去完成，因为任何人都不可能把信念深植于你的心中。所以，我们要坚守自己的信念，播下希望的种子。

3. 自救永远胜于他救

已经下了好几天的雨，一名男子气呼呼地站在草地上，指着天空大骂道："老天爷啊，你怎么不长眼睛啊！你已经下了那么多天的雨了，求求你停一停吧！你看，我的屋顶不断地漏水，取暖的干柴也湿了，连仅剩的粮食也开始发霉了。还有啊，我只有几件衣服可以替换，如今全都湿了，你说，你为什么要这么捉弄我？老天爷啊，你说，你该不该骂……"

当男子对天怒骂时，有个人浑身湿透地躲进屋檐，但是男子似乎没有发现，仍然骂个不停。

忽然，刚来的这个人出声了："喂，你全身湿透地站在雨中，那么用力地骂着老天爷，我想，过两天老天爷一定会被你气死，然后再也不下雨了。"

男子听见从后院传来反对的声音，脾气更大了。他火气十足地回应道："哼，他才不会生气呢！因为老天爷根本就听不见我在骂他。"

这个神秘人听男子如此说着，忍不住笑了声："呵！既然知道老天爷听不见，你为什么还在这里干蠢事呢？"

被驳斥的男子听了，气得说不出话来。

后院的那个人在转身离去前，又送给男子一段话："孩子，与其在这里骂天，不如为自己撑起一把雨伞，接着去将屋顶修好，再去向邻居借点柴火，然后把你的衣服和粮食烘干，好好地饱餐一顿，最后，安安稳稳地上床睡一觉吧！"

在现实生活中，和故事中男子一样的人实在太多了。他们很少要求自己改变，总是期待别人改变，或是等待别人的善意。这些人经常忘了自己应负的责任，也经常遗忘人生的目的。

有一天，美国著名成人教育家卡耐基正在家里看书，一个神情呆滞的流浪汉忽然进来了。他对卡耐基说，他做生意赔了很多钱，打算自杀，就在要跳河的时候，他看到了卡耐基写的一本书，感觉卡耐基能帮他走出困境，就兴冲冲地找来了。

卡耐基听完他的话后，对他说："我帮不了你，但这屋子里有一个人能帮助你，你想见他吗？"那个人立即抓住卡耐基的手，激动地说："他在哪里？快带我去找他！"卡耐基把这个人带进里屋，让他站到一面镜子前，对他说："这个人就在镜子里。"那个人一看，镜子里只有自己的影子。卡耐基对他说："这个世界上，能让你东山再起的人，就是你自己！"

那个人听了深受启发，告别卡耐基以后，他重新开始创业。两年以后，有一辆豪华轿车停在卡耐基的门前，从车上走下来一位衣着讲究的绅士，他正是当年想要自杀的那个流浪汉。他是来告诉卡耐基，他已经完全依靠自己的努力重新站起来了。

每个人的一生中，都或多或少会有一段灰暗的日子。在生命的雨季里，选择与苦难抗争无疑是正确的。但无论何时何地，我们都应该清醒地认识到：求人不如求己，自救永远胜于他救。只有依靠自己不懈的努力，才能找回人生亮丽的风景。自强自立，永远是人类精神家园中一道不灭的光辉。

4. 打好自己手中的牌

一个人之所以成功，并不是因为手中拿了多少能置别人于"死地"的好牌，而是因为善于将手中持有的牌打好。有些人总是羡慕别人手中的牌好，但别人的牌再好都是别人的，你能出的只是自己手里的牌。与其羡慕别人的牌，不如想想怎样打好自己手中的牌。

艾森豪威尔小时候和家人玩纸牌，连续几次都抓到坏牌，于是开始抱怨。他的母亲对他说："如果你要玩，就必须用你手中的牌玩下去，不管那些牌是好是坏！"

艾森豪威尔愣住了。母亲又说："人生也是如此，发牌的是上帝，不管怎样的牌你都得拿着，你能做的就是尽你的全力，求得最好的出牌效果。”

这话从此印在了艾森豪威尔心里。因为母亲的教诲，他成长为人们的楷模。

第二次世界大战时，陆军参谋长马歇尔向当时的美国总统罗斯福推荐说：“艾森豪威尔不仅具有军事方面的学识和组织方面的才能，而且还善于使别人接受他的观点，善于调解不同意见，使人感到心情舒畅，并真心地信赖他。而这些品德和长处，又恰恰是我们驻欧洲部队统帅所必须具备的素质。”就这样，艾森豪威尔超越了 366 名高级将领，成为驻伦敦的美军欧洲战区总司令，后来又成为美英盟军最高司令。

第二次世界大战是一场世界范围内的反法西斯同盟战争，它不是一个国家，而是多个国家在统一指挥下的协同行动。艾森豪威尔肩负着把所有这些不同集团、不同个性的名将统一起来的重任。他最紧要、最耗时的工作，就是与那些精力充沛的美国和英国或者其他国家的参谋人员讨论战略、战术和供给问题，并做出最后的判断。

他面对的不乏强人。英国的蒙哥马利在旅长、师长岗位上都干过，当过集团军的军长，有丰富的作战经验。美国的巴顿不仅当过师长与军长，还是美国装甲兵的创始人，作战凶猛、顽强，在军中享誉一时。这些都是艾森豪威尔所不具备的。但艾森豪威尔能让蒙哥马利低头，并成功说服英国首相丘吉尔，让丘吉尔以大局为重，放弃自己的决定；同时又让巴顿对他俯首帖耳。

艾森豪威尔在晚年的回忆录里说：“丘吉尔流泪了！他一边抱怨艾森豪威尔不接受自己的意见，一边同意继续在欧洲大陆集中兵力作战。”巴顿这样评价艾森豪威尔：“宽宏大量，性格开朗。”

是什么魅力使得这些优秀的人都臣服于艾森豪威尔？

丘吉尔有一次对艾森豪威尔说：“知道我为什么这样喜欢你吗？因为你不斤斤计较个人荣誉。”

当然，如果细数起来，原因还有很多。为了消除美国官兵与英国民众之间的隔阂，艾森豪威尔采取了一系列举措来加强美国军人与英国民众的沟通。比如，他安排美国军人到英国受德国空袭最严重的地区视察，让美国军人亲身体验一下英国民众在没有冰箱、没有中央供暖设备，甚至没有汽车的条件下，怎么依靠少量的食物来生活。他有足够的方法来对付当时的困难。著名的诺曼底登陆战役之所以选中艾森豪威尔当美英盟军的最高统帅，看重的恰恰是他为人谦和、善于组织协调的才能。在登陆战中，他坚持英国战略空军必须在自己的控制之下。1944 年 6 月 5 日，当一些盟国远征军最高统帅部的军官们在争论诺曼底行动因为坏天气的缘故是否需要推迟的时候，艾森豪威尔下令无论如何都要发动进攻。1944 年年底，盟军打进德国后，艾森豪威尔顶住了来自丘吉尔等人的压力，坚持不与苏联红军争抢柏林——这是艾森豪威尔一生中最重要的决定。

艾森豪威尔后来在回忆录中写道，下达登陆作战命令后，他拟定了两份电报，一份准备登陆成功时祝贺用，另一份则准备一旦出现被迫撤退时向报界发表公告用。在第二份电报中，艾森豪威尔将失败的所有责任揽到了自己身上。幸运的是，他的牌打得很好，赢了这场赌博。

1953 年，艾森豪威尔成为美国历史上第 34 任总统，这是民心所向。当时他年纪已经很大，但还是干了下来，并且越干越开心，甚至连任了。

很多人爱他，也有很多人骂他。美国将军麦克阿瑟说他平庸到了极点。在大西洋彼岸，法国将军夏尔·戴高乐也开始指手画脚：“他不是干这种日常政治事务的料，尤其是一个很大的国家。”但艾森豪威尔还是和从前一样，态度谦和，不为所动。一位美国评论家这样评论他：“艾森豪威尔有大象一样的耐心，倾向于不声不响地采取行动，天生爱好妥协。”

艾森豪威尔如何评价自己呢？他说，领袖，就是要人们追随他，以达到某项共同目标。身为领袖，他首先必须赢得人们的信任和友谊。他是这么做的，也为此信念而活。

人生就像打牌，当我们花费大量时间羡慕别人手中有好牌，并为此感到自卑的时候，别人或许花了更多的时间研究怎样打好自己手中的牌。请相信，上帝不会把所有的坏牌都分给你，所以，不如将羡慕别人的时间花在努力赶超别人上。每个人都有自己的优点，你只看到了别人最光彩的一面，拿自己不出色的一面与别人最出色的一面进行比较，当然会产生失落。人总是不能公平地看待自己，有人高看了自己，而不少人则高看了别人。

实际上，一个人运气再好，也不可能时时处处得到理想的机遇，也会有抓到坏牌的时候。对待坏牌的不同态度，会导致两种迥然不同的人生结局。

人生的意义不在于拿到一手好牌，而在于打好一手坏牌。因为人的出身无法选择，有的生于都市官宦豪富之家，衣食无忧，身体健康；有的生于穷乡僻壤，衣食无着，体弱多病，这就像抓在手中的牌好坏不同一样。贫富的悬殊、社会背景的反差，决定了人们从小就不在同一起跑线上。

然而，开始一帆风顺的未必能寿终正寝，中途翻车者层出不穷。这后天的成长道路如同出牌，有的打得精彩，将坏牌打成好牌；有的打得邪门，将好牌打成臭牌。

对于如何打好人生这副牌，有一首诗诠释得非常好：你无法选择出身，但可以造就未来；你不能勾画生命的长度，但可以拓展它的宽度；你不能改变天生的容貌，但可以提升内在的气质；你不能决定周边的环境，但可以完善自己的修为；你不能预知将来，但可以把握现在；你不能事事如意，但可以处处尽心。

第二节 创造机遇

1. 命运，无法预言

人类一切悲剧的起源，往往都从预言开始。

古希腊的俄狄甫斯王，因他父亲的过错而受到诅咒，神谕他杀生父、娶生母。俄狄甫斯与他的父亲做了抗争，阻止预言实现，但阴差阳错，预言完全实现了。命运如此不可逆转，人类的抗争苍白而无力。神对他父亲进行惩罚，完全无视俄狄甫斯的无辜。

无独有偶，伊利斯国王得到神谕，他在女儿找到丈夫时便会死去。为此他想尽办法阻挠任何向女儿求婚的人，并在赛车过程中杀死他们。不料，国王在最后一次的比赛中，因事故车毁人亡。按照原来的规定，胜利者娶了他的女儿，结局仍然没有逃出预言圈囿。

在知道命运结局的时刻，人们开始惶恐惊悚，抗争是一种本能的反应。但为什么抗争最后都失败了呢？其实很好解释，那就是他们已经完全相信了命由天定，抗争只是表示对命运的不满，只是发泄一下抱怨情绪而已。他们想用自己的作为来使预言破灭，而不是在为自己设计的未来而奋斗。

现在如果你知道了关于自己命运的预言，你会怎么办？如果预言不像你所期待的那样，你是顺从命运的安排，还是会做很多事情来破解预言，由此改变命运？

最好的答案是，为自己设计一个美好的未来，不要后悔，决不退缩。因为你不曾梦想过，就难以触摸那心中的殿堂；你不曾拼搏过，就不会知道付出就会有收获。

有个法国人叫罗迪，把一个月辛苦挣来的钱输在了赌桌上，他为此很颓丧地在街上徘徊，家里还有生病的老母亲等着他。此时，他连抢人钱包的心思都有了。

一个算命的在街口念念有词，他路过的时候，算命的叫住了他。“反正我也没钱。”罗迪这样想着，便向算命的走去。他想算一下自己的将来，结果算命的告诉他：“你知不知道，你是拿破仑转世，你以后的路会有很多苦头吃，但你不会怕苦头的，因为有成功在等待着你。”

拿破仑在法国是公众心中的偶像，罗迪觉得如果自己真是拿破仑转世，就应该有一番大的作为。于是，他买来许多关于拿破仑的书籍，入迷地阅读拿破仑的传记。然后，他借了一点钱，开始创业。创业的时候，困难不期而至，但罗迪没有退缩，因为算命的说了，以后的路会有很多苦头吃，只要不怕吃苦，就有成功在等待着他。于是，罗迪乐观而积极地去做每一件事情，并在挫折面前百折不挠。若干年后，罗迪成了法国的知名企业家，资产排在法国大富翁的前几名。

当有记者采访他的时候，他把这个算命的故事讲给记者们听。他讲完故事以后，很平淡地说：“我相信那个算命的肯定不记得他曾经对一个年轻人说过的这一句话，因为算命的只是看到我当时的颓丧而想帮助我。但他的话无意中给我勾勒了另一个自己，也为我虚拟了一幅未来的图景。这么多年来，我一直是在憧憬、模仿那个算命的人所虚拟的另一个自己和自己的未来，最终我取得了成功。”

是的，谁也无法预言你的命运，除了你自己。

“憧憬”是个“重量级”的词语。憧憬未来，就能产生动力。我们可以把它视为命运的首次来访，它首先将生活的逻辑规则一一拿走，它对生活的影响，总是事后让我们去权衡、思量。有一些看起来虚幻的，其实只是我们早已认定了那不可更改的结局。事实上，我们憧憬的很多东西，只是不符合当下的现实，在我们感受到刹那间闪光的一刻，它就已经指引了我们的未来，并斥责了现在。

“模仿”更富实际意义。模仿别人时既可紧紧追随，也可采取有选择地追随或保持一段距离地追随。这是通往卓越的捷径之一，也就是说，如果看见有人做出让我们心羡的成就，只要我们愿意付出时间和努力，也可以获得相同的结果。如果你想成功，只要能找出一种方式去模仿那些成功者，便能如愿。或者说，你必须向成功者学习，做成功者所做的事情，了解成功者的思考模式，然后运用到自己身上，再以自己的风格，创出一套自己的成功哲学和理论。

成功大师安东尼告诫我们：你自己，也只有你自己，可以预言你的未来。所以，如果你想改变自己，那就先从改变信念开始；如果想效法伟人，那就效法他成功的信念吧！

2. 做好失败的心理准备

每个人都渴望成功，但在成功之前，一定要做好失败的心理准备。

心理学家曾做过这样一个实验：在给小小的缝衣针穿线的时候，你越是全神贯注、目不转睛，线越不容易穿入。在科学界，这种现象被称为“目的颤抖”，即目的性越强就越不容易成功。这种现象在生活中并不鲜见。

黄师傅是一名杂技演员，以脚耍大缸已有多年，可谓轻车熟路。因为年龄大了，他决定改行。在告别舞台演出的那天晚上，他把亲戚、朋友都请来观看。亲戚、朋友为表心意，有的拉起标语，有的举起小旗，有的送上花篮……场面十分热烈。然而，正当人们为他精湛的技艺喝彩时，他却“失手”了：因一脚顶偏，偌大的瓷缸重重地砸在他的鼻梁上，他当场昏了过去。事后有人问他：“凭你的技术，怎么会出此意外?”他说：“那天，心里总是想，这是自己舞台生涯的最后一场演出，而且请这么多亲戚朋友来捧场，一定要表演得很出色，千万不能出错。谁知表演时一走神，就出事了。”

从表面上看，黄师傅的“失手”是偶然的，其实却有其必然性。因为人都有这样一个弱点：当对某件事情过于重视时，心里就会紧张起来；而心里一紧张，往往就会出现心跳加速、精力分散、动作失调等不良反应。同样，很多人在人生的关口“失手”的重要原因之一，就是心理紧张与焦虑。其实，不论做什么事情，我们都无法保证百分之百地成功。既然如此，何不给失败一个心理准备呢?

我们经常可以看到成功人士在公众面前表现得自信、果敢、神采飞扬，殊不知，面对成功前的重大决策，他们也是如履薄冰，算胜率亦算败率，彻夜难眠。

站在失败者的角度思考问题，必然会考虑到成功计划里关注不到的因素，唯有敢算败率，准备好失败的人，才最有可能避免失败，成为胜者。

做好失败准备至少有两个方面的意义：第一，已经准备好了，即使失败也不会过于难过；第二，有了失败的准备，也就意味着有重新再来的办法。

有一次，百度董事长兼首席执行官李彦宏应邀到上海交通大学演讲。大学生们都想听李彦宏分享成功经验，谁知他给下面坐着的上千名学子当头浇了一盆冷水：创业并不是一件容易的事，不会一帆风顺，大学生创业不成功的比例高达97%。

站在演讲台上的李彦宏很严肃，他说：“一个没有准备失败方案的人，永远不会成功。”

李彦宏的这句话从此成为“经典”，如同他掌控的百度公司一样。

众所周知，百度最初的成功得益于简单的赢利模式，对一些词汇搜索结果排名进行竞价销售，这种竞价排名模式为百度带来了滚滚财源。但李彦宏突然决定更换搜索规则，不再以竞价来排名，而是以“用户的点击量”来排名。李彦宏认为，只有坚持这样的价值，百度才有可能赢得更大的市场。李彦宏的决定遭到了百度公司高层的集体反对，但李彦宏说：“谢谢你们把所有的风险告诉我，让我更有信心做这个决定。我只有一句话留给你们：成功了，你们是功臣；失败了，我来担责任。”

直到现在，李彦宏仍没有透露当时他为自己准备的失败方案。但是，百度公司的一位高层认为，李彦宏肯定会承担起失败的一切后果，因为他有接受失败的实力。不过，失败没有到来，反而迎来了更大的成功——不久，百度营业收入飙升了四成。

成功，每个人都能接受，但失败则不然。创业者只有做好失败的准备，并且知道失败后将产生怎样的后果，才会竭尽全力考量各项决策是否正确，才会尽量规避可能出现的风险，为自己留下东山再起的各种资本。

在西方管理咨询行业，有一句行话：只有准备失败的方案才有可能是成功的方案。咨询公司除了给客户提供成功方案外，还会为客户提供一份详细的关于失败结果的描述。而国内的一些管理咨询公司，提供给企业的全部是成功方案，因为客户只有承受成功的实力，而没有承担失败的能力。恰恰是这些企业家，最终败得一塌糊涂。

世上没有人喜欢失败，因为，失败大多是一些痛苦的经验，甚至让我们的人生受到重创。一些意志力稍差的人可能会一蹶不振，从此在唉声叹气中度过自己的余生。不过，一生顺利未曾尝过失败滋味的人，恐怕是少之极少，每个人或多或少都经历过失败，只是程度轻重的差别而已。无论经受多么大的打击，我们都不能失去追求成功的信念，因为失败是一种必经的过程，也是一种必要的投资。如果我们在失败面前绝望了，就会失去东山再起的机会。

3. 命运不是机遇，而是选择

美国加州有位刚毕业的大学生，在冬季大征兵中被选中，即将到最艰苦也最危险的海军陆战队去服役。

这位年轻人自从获悉自己被海军陆战队选中的消息后，便显得忧心忡忡。他在加州大学任教的爷爷见到孙子一副魂不守舍的模样，便开导他说："孩子啊，这没什么好担心的。到了海军陆战队，你将会有两个机会，一个是留在内勤部门，一个是分配到外勤部门。如果你分配到了内勤部门，就完全用不着去担惊受怕了。"

年轻人问爷爷："那要是我被分配到了外勤部门呢？"

爷爷说："那同样会有两个机会，一个是留在美国本土，另一个是分配到国外的军事基地。如果你被分配在美国本土，那又有什么好担心的？"

年轻人问："那么，若是被分配到了国外的基地呢？"

爷爷说："那也还有两个机会，一个是被分配到和平而友善的国家，另一个是被分配到维和地区。如果把你分配到和平友善的国家，那也是件值得庆幸的好事。"年轻人问："爷爷，那要是我不幸被分配到维和地区呢？"爷爷说："那同样还有两个机会，一个是安全归来，另一个是不幸负伤。如果你能够安全归来，那担心岂不多余？"年轻人又问："那要是不幸负伤了呢？"爷爷说："你同样拥有两个机会，一个是依然能够保全性命，另一个是完全救治无效。如果尚能保全性命，还担心它干什么呢？"年轻人再问："那要是完全救治无效怎么办？"爷爷说："还是有两个机会，一个是作为敢于冲锋陷阵的国家英雄而死，一个是唯唯诺诺地躲在后面却不幸遇难。你当然会选择前者，既然会成为英雄，有什么好担心的呢？"人有时可以支配自己的命运，若我们受制于命运，那么错不在我们的命运，而在我们自己的选择。不同的选择决定了不同的命运。

一个名叫热佛尔的黑人青年，他在很差的环境——底特律的贫民区里长大。他的童年缺乏爱抚和指导，跟别的坏孩子学会了逃学、破坏财物和吸毒。

刚满 12 岁，他就因为抢劫一家商店被逮捕了；15 岁时，他因为企图撬开办公室里的保险箱再次被捕；后来，又因为参与对邻近一家酒吧的武装打劫，他第三次被送入监狱。

一天，监狱里一个年老的无期徒刑犯看到他在打垒球，便对他说："你是有能力的，你有机会做些你自己的事，不要自暴自弃！"

年轻人反复思索老囚犯的这席话，做出了决定。虽然他还在监狱里，但他突然意识到他具有一个囚犯能拥有的最大自由：他能够选择出狱之后干什么；他能够选择不再成为恶棍；他能够选择重新做人，当一个垒球手。

5 年后，这个年轻人成了全美明星赛中底特律垒球队的队员。底特律垒球队当时的领队 B. 马丁在友谊比赛时访问过监狱，他的努力使热佛尔假释出狱。不到一年，热佛尔就成了垒球队的主力队员。

这个青年人尽管曾陷于生活的最底层，尽管曾是被关进监狱的囚犯，然而，他认识到了真正的自由，这种自由是人人都拥有的，它存在于自由选择的绝对权利之中。我们所有人都拥有这种权利。

热佛尔也可以推脱说："现在我在监狱里，我无法选择，我能选择什么呢？"但他说的是："我能够做出决定。"

这种自由选择的权利是一个人作为自己生活的主宰所拥有的最有力的工具。这种权利是区别人和动物的特征。

也有人说，世界上根本就不存在什么个性自由，也无法选择。他们认为决定人的行为的只是机遇。这种说法是比较偏激的。国际著名的精神病学家富兰克在第二次世界大战时曾被关进德国集中营，他说："只有一种东西是不可剥夺的，那就是人类的自由，在任何情况下选择自己态度的自由，选择自己独特的行为方式的自由。"

生活中，大多数人的问题是不想选择，因为一旦做出选择，便要承担责任。正因为如此，有些人一碰到自己做出的决定是错误的时候就去责备别人，或者推诿拖拉，再也不肯做出新的决定。然而，为了谋求生活的成功，我们必须做出自己的选择，我们必须运用自己自由选择的权利。

作为自己生活的主宰，你每天、每个小时都可以做出自由的选择。而且，你必须做出选择：你可以轻视自己，也可以诚实地对待自己；你可以觉得自己是人微言轻的无名之辈，也可以心灵充实；可以办事拖拉，也可以马上就做；你可以整天自寻烦恼、牢骚满腹，也可以心平气和地应付一切；你可以遵循箴言来生活，也可以按照别的生活原则来生活；你可以对生活悲观失望甚至逃避，也可以充满信心地投入行动。为人处世你可以选择善良，也可以选择邪恶；你可以奋起建设新生活，也可以毁坏一切；你可以成为你理想中的人，也可以满足现状止步不前；你可以逃避责任，也可以忠于职守。有关这一切的选择权都在你手中，因为你是你生活的主宰。

4. 行动创造机遇

一个寓言故事说，有个人在一天晚上碰到一个神仙。这个神仙告诉他说，有大事要发生在他身上了，他会有机会得到很大一笔财富，在社会上获得很高的地位，并且娶到一位漂亮的妻子。这个人一生都在等待这个奇迹发生，可是什么事也没发生。他穷困地度过了一生，最后孤独地死了。

当他死后，他又看见了那个神仙，他对神仙说：“你说过要给我财富、很高的社会地位和漂亮的妻子，我等了一辈子，却什么也没有得到。”

神仙回答说：“我没说过那种话。我只承诺过要给你机会得到那些，可是你让这些机会从你身边溜走了。”这个人迷惑了，他说：“我不明白你的意思。”神仙回答道：“你还记得你曾经有一次想到一个好点子，可是你没有行动，因为你害怕失败而不敢去尝试吗?”这个人点点头。

神仙继续说：“因为你没有去行动，这个点子几年以后被另外一个人想到了，那个人大胆地去做了，他后来变成了全国最有钱的人。还有，你应该还记得，有一次发生了大地震，城里大半的房子都毁了，好几千人被困在倒塌的房子里。你有机会去帮忙拯救那些存活的人，可是你怕小偷会趁你不在家的时候，到你家里去偷东西，你以这作为借口，没去帮助那些需要你帮助的人，而只是守着自己的房子。”这个人不好意思地点点头。

神仙说：“那是你去拯救几百个人的好机会，而那个机会可以使你在城里得到多大的尊崇和荣耀啊!”

“还有，”神仙继续说，“你记不记得有一个头发乌黑的漂亮女子，你曾经非常强烈地被她吸引，你从来不曾这么喜欢过一个女人，之后也没有再碰到过像她这么好的女人。可是你觉得她不可能会喜欢你，更不可能答应跟你结婚，你因为害怕被拒绝，就让她从你身旁溜走了。”

这个人又点点头，这次他流下了眼泪。

神仙说：“我的朋友啊，就是她！她本来该是你的妻子，你们会有好几个漂亮的小孩。而且跟她在一起，你的人生将会有许许多多的快乐。”

同样，我们身边每天都会围绕着一些机会，包括爱的机会、致富的机会等，可是我们经常像故事里的那个人一样，总是因为害怕而停下脚步，让机会溜走了。直到我们懂得每一个机会都属于主动找寻机会的人，却已经太晚了!

机会并不是苦苦等待就会降临的。斯迈尔斯说：“碰不到机会，就自己来创造机会。”

记住：机会不会因为等待而来，你必须自己去争取!

美国联合保险公司业务部有个叫贝尔·艾伦的人，一心想成为公司的王牌推销员。有一天，他买了一本杂志回来阅读，当读到一篇《化不满为灵感》的文章时，他非常振奋。文中，作者告诉读者如何利用积极的态度，实现自己的梦想。艾伦仔细地反复阅读，并在心中默想着，或许有一天可以将这个观念灵活运用到工作去。

那一年的冬天，艾伦在工作上遭遇困难，正巧让他有了试验这个观念的机会。

在寒风刺骨的冬天里，艾伦正在威斯康星市区里沿街拜访，然而，运气不好的他，全都吃了闭门羹。心情烦闷的艾伦，这天晚上回到家后，晚餐什么东西也吃不下，烦恼地翻看着手上的报纸。忽然间，一个突如其来的念头闪过脑际，他想起了《化不满为灵感》的文章，于是兴冲冲地将剪报找了出来，仔细地重温其中的要诀。接着，他告诉自己：“明天我一定要试一试！”

第二天，他到公司向其他同事报告昨天的情况。当他报告时，其他与他遭遇相同的同事，个个都表现出垂头丧气的模样，只有艾伦精神饱满。他说：“今天我还要再去拜访昨天那些客户，今天的业绩我一定会超越你们！”不知道是幸运之神听见了他的呼唤，还是文章里的秘诀真的有效，艾伦真的实现了他的诺言。

他又来到昨天到过的那个地区，再度拜访了每一位客户，结果，他一共签下了66份新的意外保险单。

积极的行动，让贝尔·艾伦为自己创造了辉煌的纪录，更让他重新树立了自信心。这是许多成功者从受挫中学得的重要技巧。他们常说：“采取积极的行动，才能化危机为转机。拥有积极的心态，就能看到命运的转机。”

机会偏爱有心人，它只留意那些有准备的头脑，只垂青那些懂得追求它的人，只喜欢那些有理想的实干家。倘若饱食终日，无所用心，或一处逆境就悲观失望、灰心丧气，那么，机会是不会自动来拜访的。

汤姆·邓普西生下来的时候只有半只左脚和一只畸形的右手，但父母从不让他因为自己的残疾而感到不安。结果，他能做到任何健全男孩所能做的事，如果童子军团行军5000米，汤姆也同样可以走完5000米。

后来他学踢橄榄球，他发现，自己能把球踢得比在一起玩的任何男孩都远。他请人为自己专门设计了一只鞋子，参加了踢球测验，并且得到了冲锋队的一份合约。但是教练却委婉地告诉他，他“不具备做职业橄榄球员的条件”，请他去试试其他的职业。最后，他申请加入新奥尔良圣徒球队，并且请求教练给他一次机会。教练虽然心存怀疑，但是看到这个男孩这么自信，不禁对他有了好感，于是就收下了他。

两个星期之后，教练对他的好感加深了，因为他在一次友谊赛中踢出了55码，并为本队挣得了分。这使他成为职业球员，而且在那一季中为他的球队挣得了99分。

他一生中最伟大的时刻到来了。那天，球场上坐了6.6万名球迷。球是在28码线上，比赛只剩下了几秒钟。这时，球队把球推进到45码线上。“邓普西，进场踢球。”教练大声说。当汤姆进场时，他知道他的队距离得分线有55码远。邓普西一脚全力踢在球上，球笔直地飞出去。但是踢得够远吗？6.6万名球迷屏住气观看，球在球门横杆之上几英寸的地方越过，接着终端得分线上的裁判举起了双手，表示得了3分，邓普西的队以19比17获胜。球迷狂呼乱叫为这踢得最远的一球而兴奋，因为这是只有半只左脚和一只畸形的右手的球员踢出来的！

“真令人难以置信！”有人感叹道，但是邓普西只是微笑。他想起他的父母，他们一直告诉他的是他能做什么，而不是他不能做什么。他之所以创造了这么了不起的纪录，正如他自己说的：“他们从来没有告诉我，我有什么不能做的。”

易卜生说：“不因幸运而故步自封，不因厄运而一蹶不振。真正的强者，善于从顺境中找到阴影，从逆境中找到光亮，时时校准自己前进的方向。”这也就是一个强者、一个有信心的人的伟大之处。

机会，寻可得，坐可失。要想得到它，你必须积极地寻找机会，敏锐地识别机会，果断地抓住机会，准确地利用机会，而决不能把希望寄托在偶然事件上，抱着守株待兔的侥幸心理，消极地等待机会。

5. 改造命运，活出自尊

马斯洛说："自尊需要的满足导致一种自信的感情，使人觉得自己在这个世界上有价值、有力量、有能力、有位置、有用处和必不可少。"

著名企业家迈克尔出身贫寒，他的家庭穷困潦倒。在从商以前，他曾是一家酒店的服务生，负责给客人搬运行李、擦车。

有一天，一辆豪华的劳斯莱斯轿车停在酒店门口，车主人吩咐道："把车洗洗。"迈克尔当时刚刚中学毕业，还没有见过世面，从未见过这么漂亮的车子，不免有几分惊喜。他边擦洗边欣赏这辆车，擦完后，他忍不住拉开车门，想坐上去享受一番。这时，领班正好走了出来。"你在干什么？穷光蛋！"领班训斥道，"你不知道自己的身份和地位吗？你这种人一辈子也不配坐劳斯莱斯！"

受辱的迈克尔从此发誓："这一辈子我不但要坐上劳斯莱斯，还要拥有自己的劳斯莱斯！"他的决心是如此坚定，以至于成了他人生的奋斗目标。感谢那位领班，许多年以后，当迈克尔事业有成时，果然买了一部劳斯莱斯轿车！

如果迈克尔也像领班一样认定自己的命运不会改变，那么，也许今天他还在替人擦车、搬运行李，最多做一个领班。

霍兰德说："在最黑的土地上生长着最娇艳的花朵，那些最伟岸挺拔的树木总是在最陡峭的岩石中扎根，昂首向天。"而高普更是一语道破天机，他说："并非每一次不幸都是灾难，早年的逆境通常是一种幸运，与困难做斗争不仅磨炼了我们的意志，也为日后更为激烈的竞争准备了丰富的经验。"

美国 NBA 联赛中有一个夏洛特黄蜂队（现为新奥尔良鹈鹕队），黄蜂队里有一位身高仅 160 厘米的球员，他就是蒂尼·伯格斯——NBA 最矮的球星。伯格斯这么矮，怎么能在巨人如林的篮球场上竞技，并且跻身于大

[illegible]就是光明的。伯格斯自幼十分喜爱篮球，但由于身材矮小，伙伴们都瞧不起他。有一天，[illegible]：“孩子，你能长高，长得很高很高，[illegible]前还没有过盲人进入[illegible]的努力。转眼之间，50 年过去了，昔日的小盲童竟然[illegible]。“别人说我矮，反倒成了我的动力，我偏要证明矮个子也能做大事情。”[illegible]都被他收走……

[illegible]不漂亮，我看你很难在歌坛有所发展。”听了这话，女孩并没有[illegible]这样的口号。许多人都赞同这一说法，许多广告商也推出了[illegible]并不惊艳但却很温暖的[illegible]长得很高很高，但可以告慰母亲的是，他已经成为人人都知道的大球星了。

还有一个人，12 岁随亲戚到美国，后来边工作边读书。他曾经做过 18 份工作[illegible]角色的卑微而否定自己的智慧，因自己地位的低下而放弃自己的梦想[illegible]他们强化了我们的自尊和自信。

[illegible]

片钉在卧室的墙壁上，天天看，并朝着这个目标奋斗，最终梦想实现了。

其实，他这样做已经不是第一次了。他的家具、书桌、手表以及汽车都是先有梦想，并把它们贴在梦想板里，再一个个去实现的。

他说，他一直把梦想贴出来，挂在自己的房间里，实现一个，收起来一个，放到抽屉里。从小目标到大目标，最后他所定的目标基本上都实现了。现在他已身价数亿。他就是当今华人中最著名的成功学专家陈安之先生。

事实上，很多梦想是可以实现的，关键是你有没有给自己确立一个好的目标。坚持你的梦想，无论小梦想还是大梦想，不要怕被别人嘲笑，只要你专心致志地追随它，就会梦想成真，赢得光辉灿烂的未来。

3. 欲望是人生的发动机

人活着，要有活着的理由，这个理由，便是欲望和追求。欲望好比一颗种子，一旦准备好种植的土壤并且把微小的种子放入其中，只要很短的时间它们就生根发芽了。它们决心要破土而出，为了寻找阳光和水分、穿过土壤向上生长时障碍物对它们来说根本不算什么。如果无法推开石头或小块木头，它们就会伸展自己，绕过障碍物生长。接着，它们继续生长、开花、结果，除非有某种比它们更强大的力量把它们摧毁。

对人类来说，有时欲望就是引领人生成长的航标，催人奋进的动力。比如，成为富人，这是许多人的共同愿望，但要达到这一目标，强烈的致富欲望便是成功的先决条件。

法国曾经有一位很穷的年轻人，后来，他以推销装饰肖像画起家，在不到 10 年的时间里，迅速跻身于法国富豪排行榜前 50 名，成为一位年轻的媒体大亨。不幸的是，就在他的事业蒸蒸日上的时候，他患上了前列腺癌，并于 1998 年在医院去世。

他去世后，法国的一份报纸刊登了他的一份遗嘱。在这份遗嘱中，他了怎样的代价，是得大于失，还是失大于得。

对成功的定义，向来是“仁者见仁，智者见智”。有的人认为腰缠万贯才是成功，可是财富却往往与幸福无关。纽约康奈尔大学的经济学教授罗伯特·弗兰克说，虽然财富可以带给人幸福感，但并不代表财富越多人越快乐。从研究结果来看，一旦人的基本生存需要得到满足，每一元钱的增加对快乐本身都不再具有任何特别意义。换句话说，到了这个阶段（已满足生存需求），金钱就无法换算成幸福和快乐了。

古人说：“不以物喜，不以己悲。”这是中国先哲安身立命的处世原则。如果我们把个人的得失看得过重，势必为名利所累，陷入一张无形的网中，不可自拔。

爱迪生70多岁的时候，一场大火把他几十年的财产包括房屋烧得一干二净。他的儿子在失火的时候，四处寻找他，终于在不远处看到了爱迪生。火光映照着爱迪生苍老的脸，他的白发和胡须在火光中随风飘动，他默默地注视着无情的火苗吞噬着自己多年的心血。他的儿子要把他拉开，他却对儿子喊道：“快去叫你母亲来观看这罕见的场面吧！恐怕她以后再也没有机会见到这种壮观的景象了，让我们的过失都被烧得一点不留吧！真好，我们有了重新开始的机会。”一年后，他的又一项重要发明——留声机问世了。

如爱迪生那样，对得失淡然视之，是我们应有的感恩心态。因为失去的永远不会再回来，得到的也不可能永远拥有，轻松快乐地生活，努力地为未来的事业奋斗，才是人生的真谛。

如果一个人在拼命追求金钱的过程中，忽略了亲情，失去了友谊，也放弃了对生命其他美好方面的享受，到最后即便成了亿万富翁，不也难以摆脱孤独和迷惘的纠缠吗？所以，并非金钱决定了我们的愿望和需求，而是我们的愿望和需求决定了金钱和地位的意义。你比陶渊明富足千倍又怎么样，你能得到他那份“采菊东篱下，悠然见南山”的怡然吗？

美国新泽西州有一位叫莫莉的著名兽医，劝告人们向动物学习。她拿鸟做例子说：“鸟懂得享受生命。即使最忙碌的鸟儿也会经常停在树枝上唱歌。当然，这可能是雄鸟在求偶或雌鸟在应和，不过，我相信它们大部分时间是为了生命的存在和活着的喜悦而欢唱。”

可是，作为万物之灵的人类，在对待生命的态度上却未必拥有这种豁达，有的人穷其一生，都无法达到这样的境界。仍然有很大一部分人认为，得到了金钱就得到了幸福。这是多么可笑的想法！他们不知道金钱和幸福是没有必然联系的。金钱并不一定会带来幸福，因为金钱而引发不幸的事例反而比比皆是。

也有的人认为只有拥有了盛名，才意味着成功。殊不知，功名利禄不过是过眼云烟，生命的辉煌恰恰隐藏在平凡生活的点滴之中。还有的人认为权倾一时就是成功，[illegible]么样，你能像他那样青史留名吗？

哥伦比亚大学的政治学教授亚力克斯·迈克罗斯发现，那些脚踏实地、平平凡凡的人，往往比那些好高骛远的人快乐得多。

其实，谁也不至于活得一无是处，谁也不可能活得了无遗憾。一个人不必太在乎自己的平凡，平凡可以使生命更加真实；一个人不必太在乎未来会如何，只要努力奋斗，未来一定不会令人失望；一个人不必太在乎别人如何看自己，只要做人堂堂正正，别人一定会给予尊重；一个人不必太在乎得失，人生本来就是有得有失。

一个人要想生活得快乐，就要学会根据自己的实际情况来调整奋斗目标，适当压制心中的欲望，不要因为自己未能平步青云而闷闷不乐。智慧与快乐[illegible]皆是。

230 | 每一次流泪，都是一次成长 |

第一节　天生我材必有用

1. 志当存高远

立志就是一个人的心意所向，是梦想和奋斗目标。

古代，王子塾问：“士做何事？”孟子回答：“尚志。”其含义就是要把立志放在第一位。

古人历来重视立志，认为先立定好志向，自己的一生才有奋斗的方向，这是做人的根本。因为人生就像在大海中行船，人不立志，就像船没有舵一样，一生在世事的大海中漂浮，不会有任何成就。反过来说，一个人有了高远而坚定的志向，自然就有了明确的目标，从而也会形成坚强的意志和克服一切困难的决心及力量，因此“有志者事竟成”。孔子曾说他自己修养成人的过程是：“吾十有五而志于学，三十而立，四十而不惑，五十而知天命，六十而耳顺，七十而从心所欲，不逾矩。”这都是由志而来的。若没有了十五岁的立志，后来的一切也就无从谈起。

所以，要想真正成就一番事业，必须树立起真正的理想。正如贾泉林[illegible]高度不会超过它的源头，一个人的成就也绝不会超过他的理想。”理想就像夜空中的明星一样，也许我们无论何时也不能摸到它，但我们却能借着它的一点点光亮在漆黑的大海里航行而不迷失方向。

有人问3个正在砌砖的工人："你们在做什么?"第一个工人说："砌砖。"第二个工人说："赚钱。"第三个工人则说："我正在建造世界上最富有特色的房子。"

同样一份工作，3种截然不同的回答，3个人的命运也完全不同。3个人不同的回答，反映了这3个人不同的目标和对工作的不同态度。第一个工人对这一工作根本没有任何想法，砌砖就是砌砖，叫干什么就干什么，处于被动地位，自己没有目标，只要将工作任务完成即可。这种人也不会动脑筋想办法把工作做得更好，不会有进取心。第二个工人的工作目的很明确，是为了赚钱，怎么赚钱多就会怎么做，是钱的奴隶，砌砖时有可能只顾数量不顾质量，这种人技术上不会有多大长进。第三个工人则和他们不一样，他把自己的工作看成是一种创造，基于这种认识，他会热爱这份工作，也一定会想尽一切办法把工作做到最好。这种人有理想、有追求、有上进心，后来他成为有名的建筑师也就不足为奇了。

有了高远之志才能成就大事："志小则易足，易足则无由进。"日标细小，容易达到，达到之后就再也没有前进的目标，也就无法前进。因此，你要明白，有些事情其实是逼出来的。

比如，盲人的嗅觉、听觉甚至是触觉都比正常人要灵敏许多，是他们天生就有什么"特异功能"吗？当然不是——其实是生活的残缺造就、培养了他们身体某一部分的发达。生活在北极圈内的爱斯基摩人体内保存热量的能力是人类中最强的，这是冰天雪地赋予他们的特殊能力。要知道爱斯基摩人的祖先来自亚洲的温暖地带，是生活磨砺了他们，是恶劣的环境逼迫了他们。所以，我们要感谢那些逼迫自己立大志的人。

公元前613年，楚成王的孙子楚庄王即位，做了楚国的新国君。晋国趁这个机会，把几个一向归附楚国的国家又拉了过去，订立盟约。楚国的大臣们很不服气，都向楚庄王提出要他出兵争夺霸权。

无奈楚庄王不听这一套，他白天打猎，晚上喝酒、听音乐，对于国家大事全不放在心上，就这样窝窝囊囊地过了三年。他知道大臣们对自己的作为很不满意，还下了一道命令：谁要是敢劝谏，就判谁的死罪。

有个名叫伍举的大臣，实在看不过去，决心去见楚庄王。楚庄王正在那里寻欢作乐，听到伍举要见他，就把伍举召到面前，问："你来干什么?"

伍举说："有人让我猜个谜，我猜不着。大王是个聪明人，请您猜猜吧。"

楚庄王说："那你说说看。"

伍举说："楚国山上，有一只大鸟，身披五彩，样子挺神气。可是一停三年，不飞也不叫，这是什么鸟?"

楚庄王心里明白伍举说的是谁，他回答说："这可不是普通的鸟。这种鸟，不飞则已，一飞将要冲天；不鸣则已，一鸣将要惊人。你去吧，我已经明白了。"

过了一段时期，另一个大臣苏从见楚庄王没有动静，又去劝说楚庄王。

打这以后，楚庄王决心改革政治，把一批只会阿谀奉承的人撤了职，把敢于进谏的伍举、苏从提拔起来，帮助他处理国家大事。楚国一面制造武器，一面操练兵马，当年就收服了南方的许多部落；第六年，打败了宋国；第八年，又打败了陆浑的戎族，一直打到周都洛邑附近。不久，楚国就称霸中原。

楚庄王虽说是被迫立志，但他最终一鸣惊人，这不能不感谢那些逼迫他的臣子们。

立志，是事业上取得成功的基本保证。只要你有信心，有理想，有不懈拼搏的精神，请相信，你的人生也会十分精彩。

2. 坚持，哪怕只是小小的理想

汇入大海是小溪的梦想，鲜花怒放是种子的梦想，翱翔蓝天是雏鹰的梦想。人更不能没有梦想，但很多人在向别人描述自己梦想的时候，通常会遭到嘲笑。在这样的情况下，该何去何从呢？

巴斯德出生于士兵之家，父亲是拿破仑麾下的一名骑兵。这在19世纪80年代的法国，算是颇有社会地位的家庭。

可是巴斯德很羡慕那些读书人，他从小的理想就是做一个有学问的人，却始终不明白怎样才能成为那样的人。叔叔用嘲笑的口吻对他说："如果你能够成为博士，那就是一个有学问的人了！"

虽然对"博士"没有概念，家族中也没有一个靠文凭吃饭的人，但巴斯德心想，叔叔的话总有道理。从此他认认真真地读起了书，并在25岁时获得了物理学博士学位。拿到博士学位后，巴斯德又陷入了迷茫。战乱年代，他不知道自己能研究点什么，毕业很长一段时间，他都没有找到一个研究课题。这时又有人拿他开涮："巴斯德，你可以研究一下'生命的奥秘'。"

当时的欧洲大陆流行"自然发生论"，认为生命可以从没有生命的物质中自然产生。比如腐烂的木头可以生出蛆来，腐烂的肉里可以长出苍蝇。甚至还有更神奇的说法，比如只要在老鼠的笼子里撒些面包屑，笼子里就能跑出老鼠来。"生命奥秘"属于学术界极其高端、前沿的课题，只有学富五车的科学家才有资格涉猎，但巴斯德认为这还真是一个很有意思的课题，值得自己好好研究一下，于是，他在别人的冷嘲热讽中，"不知天高地厚"地做起了实验。

随着研究的深入，巴斯德发现那些大科学家的理论居然都是错误的。从1859年到1861年，巴斯德将自己关进实验室。他把加温煮沸的肉放进开口弯曲的瓶中，结果里面什么虫也没长出来。他还将面包屑撒进老鼠笼，甚至在笼内丢了火腿肠，但里面一只老鼠也没有跑出来。

然而，几乎所有科学家都站出来反对巴斯德，他的研究成果对业已形成的“科学理论”不能产生丝毫的说服力，但巴斯德仍然坚持自己的观点，指出食物的腐烂是微生物在起作用。他认为微小的细菌看起来是静止的，但只要有合适的环境，就会遵循生命的法则运动。这一结论使得反对他的人更加激进，并纷纷提出了更为棘手的问题刁难他。

1867 年，有人质问他：法国的蚕为什么会生病？巴斯德为此做了三年的实验，分离出了两种致病的杆菌，发现了治疗这种疾病的方法，并且无意间拯救了法国的养蚕业与服装业。又有反对他的人提出：酒为什么会自然变酸？1870 年，巴斯德发现那是微生物在起作用，并且提出高温杀菌法可使酒保持新鲜，同样的方法也可使牛奶保持新鲜。巴斯德又拯救了食品业，反对他的人只好勉强送他一枚勋章。

后来的 12 年里，有人陆续刁难巴斯德，问羊的炭疽病、猪的红斑丹毒病、鸡瘟与被视为绝症的狂犬病产生的原因是什么？他不但做出科学的解释，还一一找到病毒，发现治疗和预防疾病的方法，并最终开创免疫学与传染病控制学的先河。

1888 年，巴斯德成为世界公认的对人类最有贡献的科学家。他发现微生物是造成人类疾病的主要原因，控制病菌就可以治疗疾病，甚至可以预防疾病。他在传染病与免疫学上的贡献，使世界上每一个角落的人都得到了帮助。

有一次接受记者采访，巴斯德感慨道：“很多人认为大人物之所以能成为大人物，肯定是从小就树立了远大的理想、崇高的目标。其实在现实生活中，琐屑的理想才是支撑我前进的动力。假如你看到一个小男孩在学木工，千万别以为他日后就会成为出色的木匠，也许他会成为总统；假如你听到一个小女孩说，她的理想是成为一名合格的家庭主妇，你也别过于惊讶，也许她将来会成为影后。当年我的理想就微不足道。所以千万别嘲笑一个人的理想，哪怕它像一棵弱小而丑陋的树苗，但无论土层有多厚，压住它的石块有多重，只要它努力的方向正确，那么它的未来就是光明的。”

梦想是力量的源泉，梦想是激情的酵母，梦想是成功的跳板。

有一位小盲童，在刚开始读书的时候写了一篇《未来我是内阁大臣》的作文，他认为自己将来必定是一位内阁大臣，因为在此之前还没有过盲人进入内阁的先例。从此，小盲童便把这个梦想保存在自己的大脑中，并且一天也没有放弃过对梦想的努力。转眼之间，50 年过去了，昔日的小盲童竟然真的成了一位盲人大臣——他就是英国著名的内阁教育大臣布伦克特。

布伦克特曾经在英国《太阳报》撰文劝勉世人：“只要不让年轻时的梦想随岁月飘逝，成功总有一天会出现在你的面前。”

有一位女孩，曾经有一个梦想：在自己的舞台上唱自己的歌。但有一天，在一位著名音乐人的工作室里，一盆冷水向她泼了过来：“你的嗓音和你的相貌一样不漂亮，我看你很难在歌坛有所发展。”听了这话，女孩并没有离开，而是默默地留了下来——端茶、倒水、制作演出时间表、替歌手拿演出服装……有人问她为什么，女孩郑重地说：“不为什么，这里是离我的梦想最近的地方。”

终于有一天，女孩微笑着站在了自己的舞台上，用并不惊艳但却很温暖的嗓音感动了所有在场的人——她就是曾被评为“最具真实感的歌手”刘若英。

还有一个人，12 岁随亲戚到美国，后来边工作边读书。他曾经做过 18 份工作，卖过菜刀，卖过汽车，当过餐厅服务员……当他 20 岁的时候，他还是一贫如洗。

一次，在看车展时，一辆奔驰 S600 令他艳羡不已。羡慕之余，他站在车子旁边，让人给他拍了一张与车的合影。

照片冲洗出来后，他左瞧瞧右看看，激动得心里“怦怦”跳个不停。开始他觉得它实在太贵，不敢有买的念头。后来，为了激励自己，他把照片钉在卧室的墙壁上，天天看，并朝着这个目标奋斗，最终梦想实现了。

其实，他这样做已经不是第一次了。他的家具、书桌、手表以及汽车都是先有梦想，并把它们贴在梦想板里，再一个个去实现的。

他说，他一直把梦想贴出来，挂在自己的房间里，实现一个，收起来一个，放到抽屉里。从小目标到大目标，最后他所定的目标基本上都实现了。现在他已身价数亿。他就是当今华人中最著名的成功学专家陈安之先生。

事实上，很多梦想是可以实现的，关键是你有没有给自己确立一个好的目标。坚持你的梦想，无论小梦想还是大梦想，不要怕被别人嘲笑，只要你专心致志地追随它，就会梦想成真，赢得光辉灿烂的未来。

3. 欲望是人生的发动机

人活着，要有活着的理由，这个理由，便是欲望和追求。欲望好比一颗种子，一旦准备好种植的土壤并且把微小的种子放入其中，只要很短的时间它们就生根发芽了。它们决心要破土而出，为了寻找阳光和水分、穿过土壤向上生长时障碍物对它们来说根本不算什么。如果无法推开石头或小块木头，它们就会伸展自己，绕过障碍物生长。接着，它们继续生长、开花、结果，除非有某种比它们更强大的力量把它们摧毁。

对人类来说，有时欲望就是引领人生成长的航标，催人奋进的动力。比如，成为富人，这是许多人的共同愿望，但要达到这一目标，强烈的致富欲望便是成功的先决条件。

法国曾经有一位很穷的年轻人，后来，他以推销装饰肖像画起家，在不到10年的时间里，迅速跻身于法国富豪排行榜前50名，成为一位年轻的媒体大亨。不幸的是，就在他的事业蒸蒸日上的时候，他患上了前列腺癌，并于1998年在医院去世。

他去世后，法国的一份报纸刊登了他的一份遗嘱。在这份遗嘱中，他说：我曾经是一位穷人，在以一个富人的身份跨入天堂的门槛之前，我把自己成为富人的秘诀留下，谁若能通过回答“穷人最缺少的是什么”而猜中我成为富人的秘诀，他将能得到我的祝贺。我留在银行私人保险箱内的100万法郎，将作为睿智地揭开贫穷之谜的人的奖金，也是我在天堂给予他的欢呼与掌声。

遗嘱刊出之后，有48 561个人寄来了自己的答案。这些答案五花八门，应有尽有。绝大部分人认为，穷人最缺少的当然是金钱，有了钱，就不会再是穷人了；另有一部分人认为，穷人之所以穷，最缺少的是机会，穷人之穷是穷在背时上面；又有一部分人认为，穷人最缺少的是技能，一无所长所以才穷，有一技之长才能迅速致富；还有的人说，穷人最缺少的是帮助和关爱，是漂亮，是名牌衣服，是总统的职位等。

在这位富翁逝世的周年纪念日，他的律师和代理人在公证部门的监督下，打开了银行内的私人保险箱，公开了他致富的秘诀——穷人最缺少的是成为富人的野心（强烈的欲望）！

般说来，具有较高成就的人，内心都具有强烈的对于成功的渴求。我们要想成功，就要有对成功的强烈欲望。如果我们连对成功的欲望都没有的话，获得成功的概率肯定是很低的。

但从深层次来讲，大多数人都觉得成功离自己太远了，他们都会不知不觉地接受别人给予的评价：“以你的条件，成为富翁，怎么可能？”于是他们也就大都安于现状，不再考虑改变自己的生存状态。还有一部分人则相反，正是因为他们对现状极端不满，才产生了改变现状的欲望，并借助这一欲望，最终成就了一番事业。

20世纪80年代中期，许安从技校毕业后成为了一名汽车修理工。修理工的工作是平淡的，但许安却是耐不住寂寞的。“我不能就这样混下去！”回忆起当时的情景，现在的他仍然有些意犹未尽：“我在厂里有一位好朋友，外号叫‘大块头’，当时我劝他和我一起下海，但他想了半天还是拒绝了，说是虽然也想发财，但手中的这个‘铁饭碗’怎么也舍不得丢掉。”

于是，许安独自离开了修理厂，干起了个体户，做的是服装生意。批发、进货、出售，那段岁月是相当艰苦的，但却使他逐渐看到了胜利的曙光。那几年我国刚实行改革开放，人们对服装也出现了多样化的需求，许安觉得自己找对了方向。随着时间的推移，他手中的资金慢慢多了起来。

到 20 世纪 90 年代初，他终于拥有了第一个 100 万元，这在当时是一个不小的数字，他开始思考接下来该如何发展。“大块头”劝他可以收手了，到“大户室”去炒炒股票岂不乐悠悠；也有人劝他出国，到国外去开开眼界，享受享受。是进是退，他一时拿不定主意。

“不行，不能停下来，我一定要成为真正的‘富人’。”就是这样一句简单而朴实的语言，最终使许安的财富出现了爆发式的增长。他到国外去转了一圈，阅读了许多相关书籍，凭着自己多年在服装行业积累的经验，最终决定投资开办服装厂。“当时我觉得要实现财富的稳定增长，实业致富的路是肯定能走下去的。”而更为超前一步的是，他把销售的地点定位在了东欧地区，这也使他的服装厂业务蒸蒸日上，他的财富出现了几何级数的增长。

许安的出身实在太过于平凡，学历也并不高，从这一点来说，我们中的许多人都要比他强出不少。但就是这样一位不起眼的“穷小子”，经过 10 多年的努力，他的“身价”超过了 2000 万元，仅每年房产的租赁收益就有 60 多万元。不过，说起成功的秘诀，他只说了一句：“我的家庭经济条件并不好，但我相信自己总有一天会成功，所以积极为自己设计未来，也非常留意去把握各种机会。”

生活中，常常听到有人发出这样的哀叹：“唉！命运真是太不公平了，财富的大门为什么不向我敞开呢？”其实不是命运不公，而是内心的目标不清晰，欲望不强烈。

欲望是指引我们走向成功的伟大力量。这种欲望是“我要，我一定要”的勇气和坚定，是一种志在必得、专心致志的心态。我们只有树立起强烈的信念，才能克服一切困难，最终取得成功。

4. 把梦想交给自己

在人生的舞台上，谁没有自己的梦想呢？又有谁不希望梦想成真呢？但是，梦想不是轻易就能够实现的。实现梦想首先要“把握现在，放飞梦想”。

19 世纪初，在美国一座偏远的小镇里住着一位远近闻名的富商，富商有个 19 岁的儿子叫伯杰。

一天晚餐后，伯杰欣赏着深秋美妙的月色。突然，他看见窗外的街灯下站着一个和他年龄相仿的青年，那青年身穿一件破旧的外套，清瘦的身材显得很羸弱。

他走下楼去，问那青年为何长时间地站在这里。

青年满怀忧郁地对伯杰说：“我有一个梦想，就是自己能拥有一座宁静的公寓，晚饭后能站在窗前欣赏美妙的月色。可这些对我来说简直太遥远了。”

伯杰说：“那么请你告诉我，离你最近的梦想是什么？”

“我现在的梦想，就是能够躺在一张宽敞的床上舒服地睡上一觉。”

伯杰拍了拍他的肩膀，说：“朋友，今天晚上我可以让你梦想成真。”

于是，伯杰领着他走进富丽堂皇的公寓，把他带到自己的房间，指着那张豪华的软床说：“这是我的卧室，睡在这儿，保证像天堂一样舒适。”

第二天清晨，伯杰早早就起床了。他轻轻推开自己卧室的门，却发现床上的一切都整整齐齐，分明没有人睡过。伯杰疑惑地走到花园里，发现那个青年正躺在花园的一条长椅上甜甜地睡着。

伯杰叫醒了他，不解地问道：“你为什么睡在这里？”

青年笑了笑说：“你给我这些已经足够了，谢谢……”说完，青年头也不回地走了。

30 年后的一天，伯杰突然收到了一封精美的请柬，一位自称是他“30

年前的朋友”的男士邀请他参加一个湖边度假村的落成庆典。

在那里，伯杰不仅领略了眼前典雅的建筑，也见到了众多社会名流。接着，他看到了即兴发言的庄园主。

“今天，我首先要感谢的是在我成功的路上，第一个激励我的人。他就是我30年前的朋友——伯杰。”说着，他在众人的掌声中径直走到伯杰面前，并紧紧地拥抱他。

此时，伯杰才恍然大悟，眼前这位名声显赫的大亨特纳，原来就是30年前那位贫困的青年。

酒会上，那位名叫特纳的“青年”对伯杰说：“当你把我带进卧室的时候，我真不敢相信梦想就在眼前。那一瞬间，我突然明白，那张床不属于我，这样得来的梦想是短暂的。我应该远离它，我要把自己的梦想交给自己，去寻找真正属于我的那张床！现在我终于找到了。”

从小到大，我们谁不曾有过梦想，但大多数梦想都随着年龄的增长而渐渐淡去。因此，有人抱怨说，未来太迷茫了，拥有的时间也转瞬即逝，想做点什么都觉得时间不够用。

诗人海子说：“在这个世界上秋天深了，该得到的尚未得到，该丧失的早已丧失。”所以，把握时光，把握现在，把梦想交给自己，才能得到“尚未得到的”。

或许生活中充满了许多无奈与无知，但未来的人生旅途还在眼前延伸，一切的成功与辉煌都来自于人生的梦想与希望。梦想是成功的源泉，是努力的动力，是人生的指明灯。那么，我们何不拥有一个属于自己的梦想，让它为自己开花、结果，长出一片属于自己的美丽天地呢？

第二节 你的未来不是梦

1. 把希望化为前进的力量

每个人都应该有一个美丽的梦想，因为心中有梦想，我们便会为了这个梦想而努力进取、积极生活；也因为心中有梦想，我们的生活才会充满希望与无限活力。

有一位弹奏三弦琴的盲人，非常渴望在有生之年能睁开眼睛看看这个世界，为此他遍访各国名医，却找不到一个人能帮他达成这个愿望。

有一天，这位盲人琴师碰见了一位江湖道士。这位道士对他说："我可以给你一张保证治好眼睛的药方，不过你得弹断 1000 根琴弦，才可以打开这张纸，否则这帖药方就无法生效。"

拿到这个秘方的琴师，开心地带了一位也是双目失明的小徒弟，四处行走卖艺，尽心地以弹唱为生。他的生命充满了希望的能量。

一年又一年过去了，当他弹断了第 1000 根弦的时候，便急着找出藏在怀里的药方，请明眼的人代他看看上面写了些什么样的药材。明眼人接过纸条一看，不解地说："你会不会是被人耍啦？这只是一张普通的白纸，上面并没有任何字啊！"

琴师一听，感到好似晴天霹雳，忍不住流下了难过的眼泪。

但转瞬间，他突然明白道士要求他“弹断 1000 根弦”的真正意义，正因为有着这个“希望”，才支持着他尽情地表演下去，更让他带着自信与希望走过了 53 个年头。

午后，这位盲眼的老琴师，找来同样双眼失明的徒弟，郑重地将这张白纸，转交给这个也渴望看见光明的弟子——同样，老琴师没有告诉徒弟纸上的答案。

他认真地对徒弟说：“我这里有一张秘方，保证能治好你的眼睛。不过，你得在弹断 1000 根琴弦之后才能打开这张纸，否则药方将会失效。现在，你已经有资格收徒弟了。去吧！认真、尽情地到各地去弹唱吧！等到第 1000 根琴弦断的时候，你就会有答案了。”

“内心存在着希望，生命就会充满活力。”这是盲人琴师在弹断第 1000 根琴弦后的领悟。

现实的人生何尝不是如此，当每个人都在抱怨环境不佳、不断给自己注入负面能量时，又如何能振奋起精神，积极地跨步向前呢？

台湾有个大学生，毕业后很想创业，但他一直举棋不定。转眼间，他已经娶妻生子，拥有了稳定的工作、和谐的家庭，但创业的梦想仍然时刻“侵扰”着他。

他把自己的想法向岳父倾诉，岳父并不赞成，跟他算了笔账：“以我几十年的经验来看，在你们年轻人中，有 90% 的人想过创业；在想过创业的人中，有 90% 的人只是想想而已；在付诸实践的创业者中，有 90% 的人失败了——失败的原因不在于努力不够，而是没有碰到好的项目；在碰到好项目的人中，有 90% 的人只是小有成就而已。要想成就一番大事业，好比爬上金字塔的顶尖，难上加难呀。”

他岳父的话说得很明白，成功者只有 N 次递减后的 10%，本意是想让他知难而退，没想到他兴奋地说：“谢谢您的点拨，我知道该怎么做了。”

不久他便辞去工作，取出所有积蓄，又向父母借了点钱，果断地踏上了创业的征途。他从电视机零件生产做起，淘到了第一桶金后，又投资建模具厂。

那年台湾的房地产市场红火，商人们纷纷转战地产界。他没有买房置地，一心经营自己的模具厂。一年以后，地价整整翻了一番，不少人劝他把模具厂卖了，进军房地产市场，他固执地拒绝了。几年后，房地产市场逐步萎缩，而他的模具厂无论技术水平还是效益都突飞猛进，成为同行业中的佼佼者。

20世纪80年代，电脑工业起飞，他以成熟的模具技术进入个人电脑连接器领域，从此，他的连接器王国建立起来了。1999年，他一口气吞并众多中小企业，使公司从地区性企业摇身一变成为世界级集团，企业员工由最初的10名增加到遍布全球的5万多人。他便是如今在商界叱咤风云的台湾科技首富——鸿海集团董事长郭台铭。

记者问他："您在30岁时还名不见经传，后来是如何一步步走向成功的?"

他幽默地说："长辈们告诉过我，最后的成功者好比爬上金字塔的顶尖，我的成功正是一步步地'算'出来的。"

记者不解，他笑而不答，似乎颇有玄机。几年后，在一个企业家论坛上，他发表演讲，这样描绘自己的发展轨迹："有人说，想创业的人90%没有付诸实践。我想当那10%，因此，我果断地创业。有人说，付出创业行动的人90%没有成功，主要是因为项目没选对。我要当那10%，因此，当房地产市场火爆时，我冷静观察，理性分析，坚持选择了更熟悉、更感兴趣的模具行业。有人说，项目选对的人中90%只是小有成就。我想当那10%，因此放眼全球，进行了一番科学规划，有效地整合资源，大胆创新，这才有了鸿海集团的今天。"

是的，有梦想就有希望，有希望就有动力，哪怕机会只有10%。失败者与成功者的区别就在于，前者总是看到90%的失败而畏惧不前，后者却看到10%的希望而欣喜若狂。而金字塔尖向来只属于看到并乐于追求那10%的人。

2. 永不放弃梦想

迪恩·威顿说：“人什么都可以放弃，但不要放弃梦想，一旦开始了，就要坚持下去。”

追求梦想正如登山。登山前，你对自己说，我一定要到山顶看到最美丽的日出。但是在登山的路上，有可能会遇到悬崖或者茂密的树林，所以你只能绕道而行。随着身体越来越疲惫，你开始后悔。你开始反问自己：“到底什么时候才能到达山顶呢？为什么我一定要那么辛苦地登上山顶，其实平地上看日出也不错。”经过反复激烈的挣扎，你或许会选择放弃，而你的梦想也绝不会实现。

是的，我们可以选择自己的梦想，却无法预测追求梦想的途中所遇到的种种问题。但你可以做到一点，那就是在每一个挫折面前绝不轻言放弃。

美国有一个大学篮球教练，执教一个因为刚刚连输了10场比赛而开除了教练的大学球队。这位教练给队员灌输的观念是：“过去不等于未来”；“没有失败，只有暂时停止成功”；“过去的失败不算什么，这次是全新的开始”。

结果，第十一场比赛打到中场时，该队又落后了30分。休息时每个球员都垂头丧气。教练问道：“你们要放弃吗？”球员嘴上说不要放弃，可肢体动作表明已经承认失败了。

于是，教练开始问问题：“各位，假如今天是篮球之神迈克尔·乔丹遇到连输10场，在第十一场又落后30分的情况，乔丹会放弃吗？”

球员道：“他不会放弃！”

教练又问：“假如今天是拳王阿里被打得鼻青脸肿，但在钟声还没有响起、比赛还没有结束的情况下，拳王阿里会不会选择放弃？”

球员答道：“不会！”

“假如美国发明大王爱迪生来打篮球，他遇到这种状况，会不会放弃?”

球员回答：“不会!”

接着，教练问他们第四个问题：“米勒会不会放弃?”

这时全场非常安静，有人举手问：“米勒是什么人物，怎么连听都没听说过?”

教练带着一个淡淡的微笑说：“这个问题问得非常好，因为米勒以前在比赛的时候选择了放弃，所以你们从来就没有听说过他的名字!”

哥伦布发现了一个世界，却没有用海图，他用的是在天空中释疑解惑的信心和永不放弃的力量。所以，不论做什么事，相信你自己，别因为别人的一句否定而将你的梦想击碎。

我们来看一个立志成功的故事。

一位小男孩读初中时，有一次老师叫全班同学写报告，题目是“长大后的志愿”。

那晚他洋洋洒洒地写了7张纸，描述他的伟大志愿——想拥有一座属于自己的牧马农场，并且仔细画了一张200亩农场的设计图，上面标有马厩、跑道等的位置，然后在这一大片农场中央，还要建造一栋占地4000平方英尺的豪宅。

他花了很多心血才把报告完成，第二天交给了老师。两天后他拿回了报告，第一页上打了一个又红又大的F，旁边还写了一行字：下课后来见我。

脑中充满幻想的他下课后带着报告去找老师：“为什么给我不及格?”

老师回答道：“你小小年纪，不要老做白日梦。你没钱，没家庭背景，什么都没有。盖座农场可是个花钱的大工程：你要花钱买地，花钱买纯种马匹，花钱照顾它们。你别太好高骛远了。”老师接着又说，“如果你肯重写一个比较不离谱的志愿，我会重新给你一个满意的分数。”

男孩回家后反复思量老师的话，然后征询父亲的意见。父亲只是告诉他：“儿子，这是非常重要的决定，你必须自己拿主意。”

考虑了好几天后，他决定将原稿交回，一个字都不改。他告诉老师：“即使拿个大红 F，我也不愿放弃梦想。”

20 年后的夏天，他的这位初中老师应邀带着 30 个学生来到一座农场庄园度假，老师见到庄园主时非常惊讶，他竟然是那个宁愿老师给他打下红字 F，也不愿意放弃梦想的学生。离开之前，老师对他说：“蒙提·罗伯兹，说来有些惭愧，你读初中时，我曾泼过你冷水。这些年来，我也对不少学生说过相同的话，幸亏你有这个毅力坚持自己的梦想。”

社会上想改变自己处境的人很多，但是能够将这种改变处境的欲望，具体化为一个个清晰明确的目标，并为之奋斗的人却很少。所以，只有追随自己的梦想，永不放弃，才能最终梦想成真。

3. 抵达罗马的路只有一条

人生苦短，路途却漫长，沿途风大浪恶，机遇与挑战并肩，诱惑与陷阱共存，你要谦卑，更要自信；你要知彼，更要知己；你要辛勤劳作，更要循天分而动。通往罗马的大路只有一条，多一条都是歧途。这条路是什么呢？那就是坚持不懈。海格门斯顿说：“努力不懈的人，会在人们失败的地方获得成功。”

记住，当你发现某种天分，请盯紧它，然后坚持不懈朝着它来的方向寻去，直到它逃无可逃，撞进你的怀里。

那么，何为坚持？两个字：一个“勤”，一个“忍”。

说起“勤”字，或许首先会让人想到“勤能补拙”这个质朴又带点褒奖意味的成语。但勤是补天的，不是补拙的。让勤去补拙，无异于哪壶不开提哪壶，让自己谋杀自己。人倘不能循天赋而动，越是坚持，越是自我为难、自我损耗，最后即便成功也是范进中举式的成功。天道酬勤，是天在先。这里的“天”字，既代表青天，也代表个人天赋。人人都有自己的天赋，把事业种在天赋的土壤上，做自己擅长做的事，埋下的种子才会生根发芽。

再说“忍”字。人天生最怕忍字，在忍耐中坚持，如同热锅上的蚂蚁，只想逃生，是做不了事的。但没有一个读书人会把天天掌灯读书当受罪，因为习惯使然。习惯既是生活方式，也是生活的内容，在习惯中做事，就能把“忍”做到自然，比较容易坚持下去。

他是一位匈牙利木材商的儿子，由于从小生得呆笨，人们都喊他“木头”。12 岁时，他做了一个梦，梦到有个国王给他颁奖，因为他写的文章被诺贝尔看上了。当时，他很想把这个梦告诉别人，但因害怕遭到嘲笑，最后只告诉了母亲。

母亲说：“假若这真是你的梦，你就有出息了！我曾听说，当上帝把一个美好的梦想放在谁心中时，他一定是真心想帮助那个人完成梦想。”

男孩信以为真，从此真的喜欢上了写作。

“倘若我经得起考验，上帝会来帮助我的！”他怀着这样的信念开始了他的写作生涯。

3 年过去了，上帝没有来；又 3 年过去了，上帝还没有来。就在他期盼上帝前来帮助他的时候，希特勒的部队先来了。他作为犹太人，被送进了集中营。

在那里，600 万人失去了生命，他受尽种种折磨，终于活了下来。1965 年，他写出了自己第一部小说《无法选择的命运》；1975 年，他又写出了第二部小说《退稿》；接着他又写出一系列的东西。

就在他不再关心上帝是否会帮助自己时，瑞典皇家文学院宣布，把 2002 年的诺贝尔文学奖授予匈牙利作家凯尔泰斯·伊姆雷。他听到后大吃一惊，因为这正是他的名字。

当人们让这位名不见经传的作家谈谈获奖的感受时，他说：“没有什么感受！我只知道，当你说‘我就喜欢做这件事，多困难我都不在乎’时，上帝会抽出身来帮助你。”

命运并不存在于一小时的决定中，而是建筑在长时间地忍受、考验和默默无闻地工作的基础上。那些出类拔萃的人，无论身处何种境地，都不会轻言放弃。人可以忍受不幸，也可以战胜不幸，每个人的身体里都有着惊人的潜能，只要把它发挥出来，生活中就没有克服不了的困难，没有过不去的难关。

下面这个故事，离我们的生活更近。

1987 年，她 14 岁，在湖南益阳的一个小镇上卖茶水，一毛钱一杯。因为她的茶杯比别人的大一号，所以她的茶水卖得最快。那时，她总是快乐地忙碌着。

1990 年，她 17 岁，她把卖茶水的摊点搬到了益阳市，并且改卖当地特有的“擂茶”。擂茶制作比较麻烦，但也卖得上价钱。那时，她的小生意不像别的茶摊那样清闲，总是忙忙碌碌。

1993 年，她 20 岁，仍在卖茶水，不过卖的地点又变了，在省城长沙，摊点也变成了小店面。客人进门后，必能品尝到热乎乎的香茶，在尽情享用后，他们或多或少会掏钱再拎上一两袋茶叶。

1997 年，她 24 岁，长达 10 年的光阴，她始终在茶叶与茶水间滚打。这时，她已经拥有 37 家茶庄，遍布于长沙、西安、深圳、上海等地。福建安溪、浙江杭州的茶商们一提起她的名字，莫不竖起大拇指。

2003 年，她 30 岁，她最大的梦想实现了。“在本来习惯于喝咖啡的国度里，也有洋溢着茶叶清香的茶庄出现，那就是我开的……”说这句话时，她已经把茶庄开到了香港和新加坡两个城市。她就是孟乔波。

每个人都曾充满梦想，那成功的花儿度在你我的心灵深处摇曳，那无限风光就像是在我们眼前。然而，很多人因为经历了上一季的荒芜，往往轻率地将下一个春天弃之门外。将梦交还于梦，这梦便永远是梦！其实，每个人离梦想的距离都是相等的，只要你不断地坚持下去，你会发现，你离梦想的距离越来越近。

4. 总有一条道路适合你

成功学家卡耐基小时候，曾梦想要成为一个足球健将。一位大学教练告诉他，这个梦想他不会达到，而且不可能达到。卡耐基毫不犹疑，开始分析自己的问题。他记下了自己真正想要达到的目标，并研究如何达到这些目标。令他大感惊异的是，他发现真正想要的不是做一个足球明星，而主要是希望获得足球明星所享有的如雷掌声与名气。不久，他发现，如果发挥他的天赋，成为一名公开演说家，可以赢得更长久而热烈的掌声。果然，他的演说极为成功，后来竟写了一本关于公开演讲的专著，并借着著名的演讲学校，帮助了成千上万的人成为了不起的演讲家。

这就是说，你所坚守的梦想，一定要是你真正想要的，否则，还不如放弃再重新选择。因为人生的道路虽然漫长，一个人要走很多的路，但决定命运的也就是那几步。

1933 年 11 月 19 日，他出生在纽约布鲁克林一个普通的工人家庭。从小，他说话就十分笨拙，即使一句简单的话，他说起来也总是结结巴巴，表述不清。从小学到高中，他的学习成绩一直很差，每次考试，英语都不足 70 分，口语朗读部分甚至常常不及格，连老师都说他仅仅能混张毕业证书。高中毕业后，他打了几年零工，做过搬运工，卖过冰棍，跟车送货，在澡堂做过搓澡工，还曾在一家 UPS 公司当过邮差。但是，由于不善于和人沟通，他的每一份工作都没有超过半年。

19 岁那年，他决心下海做生意。他拿着从亲戚朋友那里借来的 4000 美元，在纽约的一个小镇上开了一家餐厅。由于经营不善，首次创业他几乎血本无归。

21 岁那年，他和朋友在旧金山合资开了一间海鲜批发部，由于缺乏商业头脑，再次以失败告终。

那段时间，几乎是他人生中最为黑暗的时期，他甚至产生了自杀的念头。

面对颓废万分的儿子，母亲不停地安慰他："我们无法因为'话'而知道更多的事情，因此，如果你今天想要知道一些事情，你首先要做的，就是'聆听'，然后才是很好地表达自己。"从此，他开始发奋学习，并且开始尝试主动与别人沟通。

22 岁那年，他只身从纽约来到南方城市迈阿密，在当地的一家小电台当看门人。那段时间，每逢节假日，他都会到郊外苦练英语发音，旁若无人地对着山谷河流大声呼喊。后来，他从一本书上得到启示，甚至经常用嘴叼着东西说话，力求在这种情况下也能发出准确的音调。

一个偶然的机会，台里的一个主持人生病，他有幸主持了当天的节目，并得到了台长和观众的好评。从此，他跻身主持人的行列。由于他主持风格幽默，话题辛辣，还能照顾被采访人的情绪，并且能够极好地临场发挥，总能在不经意间打开他们的话匣子，这使他在业界逐渐有了名气。

1985 年，CNN 看中了他，高薪聘请他担任节目主持人。从那年开始，他在 CNN 主持一档现场直播栏目。很快，该节目一炮打响。他的脱口秀节目成为世界上第一个接听全球听众来电的电视谈话类节目，并且逐渐成为整个电视网中收视率最高的一档王牌节目。

他先后采访过 5 万多个知名人士，其中包括世界各地的政府首脑、商业巨鳄、娱乐天王和社会群团领袖。据巴基斯坦传记作者哈米德·米尔记载：这位恐怖魔头（指本·拉登）自称经常看他的直播节目，因为"我必须通过这些电视频道监视我的敌人的活动"。这也足以窥见该节目的影响力之大。CNN 总裁吉姆·沃尔顿曾这样形容他，说他是"我们这里识别率最高的一张脸，也是这个国家识别率最高的面孔之一"。

他就是拉里·金。CNN 成立至今 30 年来，他主持的"拉里·金直播"成功播出了 25 年，并被"吉尼斯世界纪录大全"收录为世界上持续时间最长的晚间电视谈话节目。该节目影响了几代美国人，拉里·金本人也被美国《时代》杂志称为“麦克风霸主”。

人生之路，本来没有平坦的大道可走，难免会遇到许多的挫折与磨难，关键是历经失败而绝不气馁，从失败中找到自己的优势。在这个世界上，总有一条道路适合你，就像拉里·金一样。

第三节　看淡得失，去留无意

1. 不要跑丢了自己的灵魂

虽然追求梦想、追求成功人生才有意义，但在这个浮躁的时代，我们更应该保持一份淡定和从容，不要因为盲目追求而跑丢了自己的灵魂。

为了探索古印加帝国文明的遗迹，一个探险家来到南美。

探险家雇用了几个土著当向导。尽管当地土著肩负着沉重的背囊，可在茂密的丛林中或者陡峭狭窄的山路上，仍然健步如飞。

这样一直飞奔了3天。第四天早晨，当探险家一觉醒来，发现宿营帐篷内静悄悄的，没有一点动静。前3天的每天清晨，都是他们闹哄哄地吵醒自己，可今天是怎么了？探险家催促他们快点起床上路，可他们却拒绝行动。

探险家恼了，大声说："你们这样做会打乱我的计划的！"可是那些土著依然不肯动身。

满腹狐疑的探险家连连追问为什么。经过反复沟通，总算弄明白了——原来这里流传着一个独特的习俗：在3天的赶路时间内，每个人都会竭尽全力往前赶，但每走3天，便要雷打不动地休息1天。

探险家对于这一习俗深感奇怪。后来，当地土著的一个翻译人员十分庄重地告诉他："他们认为人的灵魂会随着过度地奔跑操劳而飞走，他们每隔 3 天便休息 1 天，为的就是不跑丢自己的灵魂。"

是啊，有时候，我们为了追求目标而一味加速前进，但若过于急躁，过于贪心，难免会迷失自己。

俄国作家托尔斯泰写过一个故事，相信对你会有一些启示。

有一位农夫每天在一小块贫瘠的土地上辛苦劳作，收成却少得可怜。农夫的不幸得到了一个天使的怜悯，天使对农夫说，只要他努力向前跑，所经过地方的土地，无论多大，全都归他所有。

农夫喜出望外，兴奋地向前跑去。他不停地跑啊跑，跑累了想停下来休息的时候，突然想到家里妻子儿女期待的眼神，于是又接着跑下去；实在跑不动时，农夫又想到要为将来年纪大了攒一些养老的钱，就又拖着疲惫的身体向前跑去……最后，他终于因体力不支而倒在地上死了。

面对诱惑，需要有强大的自控能力，它能让我们不生贪婪之心，在得到时不过分惊喜，在失去时也不沮丧失望。

如果一味地求取，而不知道回馈，人心就会迷失方向，患得患失，又怎么谈得上有所成就呢？

有两个人来到一个苹果园，看到里面的苹果成熟了，于是就和主人商量，可不可以摘两个尝一尝。苹果园的主人同意了，但是只许一人摘一个，不论大小，而且要在规定的时间里出来。

第一个人走进苹果园后，就不停地寻找，希望找到一个最大的苹果。于是，他在不断地挑选中放弃了很多大苹果，到了规定的时间，他只好随便摘了一个苹果走出来。

第二个人走进苹果园后，观察了一段时间，很坚决地挑选了一个相对较大的苹果，然后就悠闲地欣赏起了苹果园的风景，到了规定的时间后就走出了苹果园。两个人把自己摘的苹果做了一下比较，结果第二个人的苹果比第一个人的大很多。

这个故事说明了一个深刻的道理：人生要学会选择，学会放弃。生活中最珍贵的不是欲得而得不到、欲留却已失的东西，而是现在所拥有的东西。

很多公认的成功者，自己并不快乐。事实上，很多达到成功的人悔不当初，他们直到后来才终于了解，自己奋力追求的成功根本没有尽头，他们被囚禁在自己辛苦塑造起来的角色里，郁郁寡欢，苦不堪言。

其实，每个人来到世间时仅是一张白纸，而后在漫漫岁月的磨炼中，他所做的一切便是尽可能多地为这张白纸增添色彩，一幅绚丽的彩画才是我们最圆满的结局。许多饱尝世事滋味的成功者早已将人生的画卷涂抹得色彩斑斓，他归于平静的原因只是想静下心来做一些最后的修改。

蔡志忠说："我用10年的时间名满天下，赚了1000万。倘若重新给我10年选择的机会，我只用这10年去看看高山，听听流水，别的什么也不做。"

王蒙说："我更倾向未成名前简简单单的读书生活。"

对于早已体验了世间百味，经历了无数荣誉与挫折，走过了不尽弯曲与坎坷的人，说出这样的话是毫不为怪的。当人们为了成功极大地付出之后，终会归于平淡。

倘若真的让时光倒流，想必蔡志忠依旧会不懈地涂描他的漫画，王蒙仍然会不倦地作他的文章写他的书。因为努力去追求成功并不代表你达到了目的，努力之后能获得快乐和满足才是最重要的。体验奋斗过程中的酸甜滋味和快乐，这是人心灵的升华。

也许你已经习惯了平凡，更习惯了庸俗的快乐，但这真的不是你想要的生活，因为它离你的梦想太遥远！

所以，先努力吧！努力成功之后再来说淡泊。这才是你真正想要的，也是你灵魂的归宿。

2. 看淡人生得失

玫瑰因为它的美丽而被人们喜爱，然而人们对它身上的刺却不免有些畏惧。

牡丹因为它的高贵而被人们仰慕，但人们又多么希望它有茉莉的芳香。

月亮因为它的阴晴圆缺而被人们吟诵，可人们希望头顶总是一轮圆月，这样就不用感叹“月是故乡明”了。

难怪有人总是感叹造化弄人，或许指的便是这圆与缺、得与失。

在每个人的潜意识中，都无一例外地希望自己的人生一帆风顺，没有波澜。然而现实往往是残酷的，我们都会经历人生的低谷，遭遇一些我们不愿碰到的人和事。坚强的人会把不幸看作是上天对自己的考验，默默地忍受一切，并积极寻找自救的方法，或者养精蓄锐，期待有一天自己能东山再起。而对于性格比较脆弱的人，他们可能就会怨天尤人，感叹命运对自己的不公，并就此一蹶不振。

在上述两种人中，值得欣赏的是第一种人的做法，人生并不都是一帆风顺的，福和祸有时真的说不清楚。有句古话说得好：“祸兮，福之所倚；福兮，祸之所伏。”有些当时我们认为是福运的事，其实暗中潜藏着多少危机也说不准。

李白“仰天大笑出门去”，本想去成就一番济世伟业，但世态的炎凉、朝廷的腐败让他心灰意冷，于是诗与酒成为他一生的寄托。他高呼“古来圣贤皆寂寞，唯有饮者留其名”，历史证明了他的价值，华夏的天空中升起了一颗璀璨的明星。

“一去紫台连朔漠，独留青冢向黄昏。”王昭君带着大汉的诚意，踏上了那条荒凉的不归路，从此告别了大汉的豪华宫殿。她失去了世人眼中的荣华富贵，却换回汉匈数十年的和平与安定，以及后人对她的景仰与歌颂。

有了这样的双向思维，也许我们就不会认为失败是失去，而明白失败只是成功的必经之路。或许这一次失败之后，我们得到的就是期盼已久的成功。

人这一辈子，一帆风顺也好，跌宕起伏也罢，都是自己的命运。那些走过的，偶遇的，相逢的，别离的，都是唯一。无论处于何种境地，都不要抱怨世态炎凉，不能放弃底线，不必嫉恨他人。不贪，欲念就少；不嗔，心就易平；不求，就常知足。遇上了，请珍惜；别过了，道声珍重。

真正成功的人生，不在于成就的大小，而在于是否努力去实现自我，喊出自己的声音，走出属于自己的道路。只要你努力过、付出过，无论结果如何，你都将无愧于自己的人生。

3. 功过是非都付笑谈中

人生的优雅并非训练或装扮出来的，而是阅尽千帆后的坦然，饱经沧桑后的睿智，无数沉浮后的淡泊。把尘事看轻些，在沟壑纵横的生活中，学会舍得与放下，轻装才可疾行；把人际看浅些，少些倾轧与争斗，最大的珍惜莫过珍惜易逝的时光；把得失看淡些，宠辱不惊来去无意，如此便能心宁气静，优雅自如。

很多人总想超越自己，成为纵横驰骋的骏马，搏击长空的雄鹰……这是人类的优点，但有时又是不幸的根源。对绝大多数人来说，成功是他们一生追求的目标，可在人生的道路上，衡量成功还是失败绝非只有结果这个唯一的标准。此外，我们还应该考虑一下，我们为了这个“成功”付出了怎样的代价，是得大于失，还是失大于得。

对成功的定义，向来是“仁者见仁，智者见智”。有的人认为腰缠万贯才是成功，可是财富却往往与幸福无关。纽约康奈尔大学的经济学教授罗伯特·弗兰克说，虽然财富可以带给人幸福感，但并不代表财富越多人越快乐。从研究结果来看，一旦人的基本生存需要得到满足，每一元钱的增加对快乐本身都不再具有任何特别意义。换句话说，到了这个阶段（已满足生存需求），金钱就无法换算成幸福和快乐了。

古人说：“不以物喜，不以己悲。”这是中国先哲安身立命的处世原则。如果我们把个人的得失看得过重，势必为名利所累，陷入一张无形的网中，不可自拔。

爱迪生70多岁的时候，一场大火把他几十年的财产包括房屋烧得一干二净。他的儿子在失火的时候，四处寻找他，终于在不远处看到了爱迪生。火光映照着爱迪生苍老的脸，他的白发和胡须在火光中随风飘动，他默默地注视着无情的火苗吞噬着自己多年的心血。他的儿子要把他拉开，他却对儿子喊道：“快去叫你母亲来观看这罕见的场面吧！恐怕她以后再也没有机会见到这种壮观的景象了，让我们的过失都被烧得一点不留吧！真好，我们有了重新开始的机会。”一年后，他的又一项重要发明——留声机问世了。

如爱迪生那样，对得失淡然视之，是我们应有的感恩心态。因为失去的永远不会再回来，得到的也不可能永远拥有，轻松快乐地生活，努力地为未来的事业奋斗，才是人生的真谛。

如果一个人在拼命追求金钱的过程中，忽略了亲情，失去了友谊，也放弃了对生命其他美好方面的享受，到最后即便成了亿万富翁，不也难以摆脱孤独和迷惘的纠缠吗？所以，并非金钱决定了我们的愿望和需求，而是我们的愿望和需求决定了金钱和地位的意义。你比陶渊明富足千倍又怎么样，你能得到他那份“采菊东篱下，悠然见南山”的怡然吗?

美国新泽西州有一位叫莫莉的著名兽医，劝告人们向动物学习。她拿鸟做例子说：“鸟懂得享受生命。即使最忙碌的鸟儿也会经常停在树枝上唱歌。当然，这可能是雄鸟在求偶或雌鸟在应和，不过，我相信它们大部分时间是为了生命的存在和活着的喜悦而欢唱。”

可是，作为万物之灵的人类，在对待生命的态度上却未必拥有这种豁达，有的人穷其一生，都无法达到这样的境界。仍然有很大一部分人认为，得到了金钱就得到了幸福。这是多么可笑的想法！他们不知道金钱和幸福是没有必然联系的。金钱并不一定会带来幸福，因为金钱而引发不幸的事例反而比比皆是。

也有的人认为只有拥有了盛名，才意味着成功。殊不知，功名利禄不过是过眼云烟，生命的辉煌恰恰隐藏在平凡生活的点滴之中。还有的人认为权倾一时就是成功，可是，你比李白官高五品又怎么样，你能像他那样青史留名吗?

哥伦比亚大学的政治学教授亚力克斯·迈克罗斯发现，那些脚踏实地、平平凡凡的人，往往比那些好高骛远的人快乐得多。

其实，谁也不至于活得一无是处，谁也不可能活得了无遗憾。一个人不必太在乎自己的平凡，平凡可以使生命更加真实；一个人不必太在乎未来会如何，只要努力奋斗，未来一定不会令人失望；一个人不必太在乎别人如何看自己，只要做人堂堂正正，别人一定会给予尊重；一个人不必太在乎得失，人生本来就是有得有失。

一个人要想生活得快乐，就要学会根据自己的实际情况来调整奋斗目标，适当压制心底的欲望。不要因为自己才华平庸而闷闷不乐，智慧与快乐并无联系，反倒是“聪明反被聪明误”、“傻人自有傻福”的例子俯拾皆是。

很多人年轻的时候无忧无虑地生活，虽然没有钱，没有名，没有地位，但是他们真的很快乐，什么都不用想，只做自己喜欢做的事情。可是，当他们开始追求人人向往的传说能带给自己幸福快乐的各种东西之后，却渐渐发现自己不得不放弃那些自己喜欢做的事情，而得到的并没有给自己带来多少快乐，反而成了负担，压得自己无法追求别的东西，无法轻松地面对自己真正的梦想。这时，他们往往会痛苦不堪地一遍一遍追问自己："为什么得到的都不是我想要的，而我想要的却总是得不到？"

其实，从某种意义上讲，生活应该顺其自然，人生是公平的，你要活得随意些，你就只能活得平凡些；你要活得辉煌些，你就只能活得痛苦些；你要活得长久些，你就只能活得简单些。只有永远心怀感恩，我们才能在生命的尽头笑得出来，才会了无遗憾。